D1719668

LA GRANDE AVENTURE DE L'ARCHÉOLOGIE

Collection dirigée par
GUY RACHET

ISBN 2-221-50139-X

LA GRANDE AVENTURE DE L'ARCHÉOLOGIE
Collection dirigée par Guy Rachet

MERVEILLES DU MONDE PRÉCOLOMBIEN

ROBERT LAFFONT, PARIS

SOMMAIRE

INTRODUCTION

L'Amérique constitue un domaine particulier de l'archéologie, raison pour laquelle il nous a paru nécessaire de lui consacrer un volume de cette collection. Sans doute les méthodes de l'archéologie américaine sont-elles les mêmes que celles de l'archéologie de l'Ancien Monde ; le monde précolombien ou amérindien (ainsi appelle-t-on les peuples qui ont précédé la colonisation européenne) a eu aussi ses textes indigènes, rares il est vrai et cantonnés au Mexique, ses chroniqueurs d'origine espagnole, qui apparaissent quelque peu comme les Grecs devant les merveilles d'un Orient menaçant ruine, ses voyageurs, enfin ses premiers fouilleurs. Nous retrouverons dans ce livre la plupart de ces aspects qui contribueront à introduire le lecteur dans un monde qui reste cependant étrange et souvent lointain, en tout cas fascinant, peut-être du fait même de ce mystère et de ce dépaysement que ressent le nouveau venu en cette Amérique qui, pour les premiers Européens, apparaissait en quelque sorte comme une nouvelle planète. Mais, malgré la grande diversité des civilisations américaines qui vont des cultures de chasseurs prédateurs de type paléolithique (et qui subsistent encore à notre époque dans certaines régions de l'Amazonie ou du Grand Nord) jusqu'aux États hautement organisés de type socialiste comme l'Empire inca, il existe entre elles un lien qui tient à une certaine unité des populations dites indiennes et à l'isolement relatif du continent américain sur lequel se sont développées ces civilisations sans guère de contacts avec celles des autres régions de la Terre.

C'est ainsi que les plus hautes civilisations américaines n'ont jamais connu le fer ni la roue ni la traction animale, si bien qu'une civilisation aussi évoluée que celle des Mayas, qui avaient inventé un système idéographique d'écriture, se situait à un stade néolithique car elle n'a guère connu les métaux ; on peut même voir que par certains côtés les Mayas vivaient sur des normes prénéolithiques dans la mesure où ils ont ignoré la roue et quasiment la domestication. Nous voici donc dans un continent où sont remises en question toutes nos notions classiques de l'évolution des sociétés : la connaissance de la roue, l'usage des bêtes de trait et de monte, la métallurgie n'apparaissent plus comme des aboutissements nécessaires d'une évolution logique et les conditions premières de l'éclosion d'une haute civilisation. Un peuple peut ignorer tout cela et cependant posséder une écriture et témoigner d'une société fortement structurée. D'un autre côté, les Incas qui utilisaient les métaux mais ignoraient la roue, la bête de trait et sans doute l'écriture, n'en ont pas moins constitué un empire centralisé et admirablement organisé.

Par ailleurs, ces peuples qui possédaient de solides notions morales, de complexes conceptions religieuses, des connaissances astronomiques déjà remarquables, pratiquaient sur une large échelle les sacrifices humains qui nous paraissent comme le signe évident de la barbarie...

Aussi, dans ce volume, nous nous éloignerons parfois de l'archéologie pure, afin de mettre en valeur certains de ces aspects des civilisations américaines qui peuvent sembler déroutants à un esprit point averti : c'est ainsi qu'il sera question des sacrifices humains, des conceptions cosmologiques des Aztèques, des routes de l'Empire inca, de la métallurgie précolombienne. En revanche, on ne trouvera rien ici sur Tiahuanaco, la découverte de Machu-Picchu, les pyramides du plateau mexicain de l'Anahuac : ce sont là quelques aspects particuliers du monde américain dont il sera question dans de prochains volumes de cette collection. C'est aussi dans le tome consacré aux Rêveries, hypothèses et impostures qu'il sera question de contacts possibles entre l'Amérique et l'Ancien Monde. Sur ce sujet se sont penchés des dilettantes imaginatifs qui ont proposé les plus absurdes théories dépourvues de tout fondement scientifique, aussi bien que des spécialistes qui ont avancé diverses hypothèses étayées d'arguments souvent peu convaincants.

En définitive, malgré tout ce qu'on a pu prétendre — d'aucuns atteints de psittacisme ne faisant d'ailleurs que reprendre les assertions d'autrui ou broder tout à loisir sur des données purement imaginaires — c'est bien un certain Christophe Colomb, avec ses compagnons, qui a

Dessins et gravures rupestres se retrouvent à travers le monde entier, révélant ce besoin fondamental de l'homme de représenter la réalité, ou plutôt sa réalité. Ces dessins, gravés dans la roche par piquetage à l'aide de burins en pierre, se trouvent dans le Monument Valley (Utah, U.S.A.) et sont sans doute dus aux ancêtres des Indiens hopis.

Mesa Verde est le plus remarquable des sites pueblos aménagés dans d'immenses anfractuosités de la falaise. Ici, page ci-contre, la « Longue Maison » (Long House) dont la façade mesure 10,30 m. On y accédait par des échelles. (U.S.A. Colorado)

découvert l'Amérique, un jour, ou plutôt par une nuit d'octobre de l'an de grâce 1492. Peu importe qu'auparavant des aventuriers vikings ou vénitiens (les frères Zeno), des navigateurs portugais ou français, soient parvenus en Amérique du Nord, car cela n'a en rien modifié l'évolution des civilisations dans deux mondes qui continuaient de s'ignorer. Pour qu'une découverte puisse être considérée comme telle et prenne toute sa valeur, il faut qu'elle soit consciente et exploitée, et qu'elle modifie ainsi l'ancien état des choses ; c'est ce qui se passa en 1492. Dès lors, dans le sillage de Colomb, vont se ruer quelques aventuriers, des hommes d'épée, des religieux, des savants. Moins d'un demi-siècle après la découverte de l'Amérique par Colomb, le destin des civilisations de ce continent sera scellé : les grands empires aztèques, incas, auront disparu sous les coups des conquistadores, l'Amérique du Sud sera partagée entre Portugais et Espagnols à la suite du traité de Tordesillas signé dès 1494 entre les deux pays, traité qui fixait le partage longitudinal de l'Amérique à trois cent soixante-dix lieues à l'ouest des îles du Cap-Vert ; les territoires encore à découvrir (ils ne le seront que six ans plus tard) situés à l'est de cette ligne revenaient aux Portugais et ceux se trouvant à l'ouest devaient appartenir à l'Espagne. Le Brésil ira aux Portugais et aux Espagnols le Pérou, conquis par Pizarre une quarantaine d'années plus tard. D'un autre côté, l'Amérique va peser de plus en plus lourdement dans l'économie de l'Europe et dans l'évolution de la politique des nations européennes pour lesquelles commence réellement l'aventure coloniale.

Une fois passé la première fièvre de l'or qui avait attiré vers le nouveau continent tant de gens de sac et de corde, les Espagnols commencèrent à se poser des questions sur les populations qu'ils rencontraient en ces terres qui n'appartenaient décidément pas à l'extrême Asie, comme on le croyait à l'époque de Christophe Colomb, lui qui avait entrepris ses voyages dans le but d'atteindre la Chine (alors appelée Cathay), le Japon (Cipango) et le Sud-Est asiatique d'où venaient les précieuses épices tant prisées des gourmets de l'Europe *.

La question de l'origine des Indiens revêtit la plus grande importance, en particulier aux regards des autorités religieuses. En effet, interprétant la tradition biblique considérée comme révélée par Dieu, donc incontestable, les Espagnols se trouvèrent devant l'alternative suivante : les Indiens descendaient, comme tous les hommes, de Noé, seul survivant du déluge avec sa famille, ou bien ils n'étaient pas des êtres humains. Nombre de conquistadores adoptèrent la seconde

---

* Je rappelle que c'est parce que Colomb pensait avoir atteint l'Asie orientale et les Indes par cette route de l'Occident, que l'Amérique a aussi été appelée « Indes occidentales » et que finalement ses habitants autochtones ont reçu le nom d'Indiens, bien qu'ils n'aient en réalité aucun rapport avec l'Inde et avec les véritables Indiens.

Au milieu du site de Palenque, l'une des plus prestigieuses cités mayas se dresse la tour du monument appelé le « Palais ». (Mexique)

La tradition du tressage des paniers s'est conservée parmi nombre de populations indiennes de l'Amérique du Nord. Ce panier (à gauche, en bas), orné de dessins comme une poterie, appartient aux Wasco de l'Orégon. (Museum of the American Indian, New York)

L'autel monolithique de basalte est caractéristique de l'art des Olmèques (ci-dessous). La signification du personnage assis, qui semble surgir d'une niche, nous échappe complètement. (La Venta)

A Uxmal (Yucatan), cette porte à couverture en oblique, obtenue par la technique de l'encorbellement, démontre la maîtrise des architectes mayas : elle est aménagée dans les murs du quadrilatère des Nonnes, nom donné par les Espagnols à ce monument.

A gauche, vase inca (ou kéro) aux vives couleurs, en bois. On voit sur le registre supérieur un défilé de guerriers, et en bas, des fleurs de quantù. L'origine de ce type de vase remonte à l'époque de Tiahuanaco IV, entre le Ve et le VIIe s. (Museo de la Universidad national de San Agustin, Pérou)

Ce pont suspendu sur la rivière Apurimac, au Pérou, nous ramène en pleine époque inca, lorsque les courriers de l'État sillonnaient l'immense empire des Andes.

Voici une aquarelle étonnante qui représente Tenochtitlan, l'antique Mexico, capitale de l'Em

que. La cité royale fut bâtie sur les lagunes de Tezcoco, entourées de montagnes et de volcans.

Le caracol (l'escargot) : les Espagnols ont
nommé ainsi ce monument de Chichen
Itza, l'une des villes principales du
nouvel empire maya-toltèque du Yucatan.
Près de là se trouvait le fameux cénote.
le puits des sacrifices.

Cette peinture d'un manuscrit en langue
nahuatl, d'époque espagnole, illustre un
épisode des guerres entre les Toltèques
et les barbares chichimèques : une pluie
de sang tombe du ciel ; le symbolisme
de ces représentations reste à déchiffrer.
Ces guerres fournissaient des captifs
pour les sacrifices humains.
(Bibliothèque nationale)

solution, ce qui leur permit de perpétrer leurs massacres et d'agir avec autant de cruauté que de perfidie sans que le moindre remords ne vienne troubler leur conscience. Cependant, en 1537, le pape Paul III édicta une bulle stipulant que les Indiens devaient être regardés comme des humains à part entière.

Il convint dès lors de chercher leur origine. Ceux qui n'avaient pas attendu la bulle papale pour être convaincus que les Indiens étaient bien des hommes y avaient déjà songé. Tel fut le cas de Jérôme Frascator (1483-1553), médecin de Vérone et poète à ses heures, qui en 1530 suggéra que les Indiens étaient les descendants des rescapés du continent englouti de l'Atlantide. Cette idée fut reprise par Gonzalo de Oviedo y Valdez (1478-1557), intendant général des mines et du commerce en Amérique, sous Charles Quint, dans son Histoire générale et naturelle des Indes occidentales, *publiée à Madrid en 1535.*

Une autre hypothèse, longtemps populaire, voyait dans les Indiens les descendants des dix tribus d'Israël prétendument perdues. Ces tribus, qui constituaient le royaume d'Israël après la scission qui suivit la mort de Salomon au Xe siècle av. J.-C., auraient été dans leur ensemble déportées par les Assyriens après que ces derniers eurent pris Samarie, capital du royaume d'Israël, en 721 av. J.-C. Comme il n'est plus ensuite question d'eux dans la Bible, on a ainsi supposé qu'ils auraient alors émigré soit vers l'Angleterre, soit jusqu'en Amérique, de manière que les Indiens seraient tous des Juifs... Un dominicain, Diego Duran (mort en 1588), qui écrivit une Histoire des Mexicains *(1581) où il traite longuement des Aztèques, fut l'un des premiers à avancer cette extravagante supposition qui sera régulièrement reprise jusqu'au siècle dernier.*

Au XVIIe siècle, les savants hollandais proposèrent des solutions plus proches de la réalité. Le célèbre humaniste Hugo de Groot, connu sous le nom latin de Grotius (1583-1646), dans son ouvrage sur l'origine des peuples des Amériques (De Origine gentium Americanarum) *place le berceau des Indiens en Scandinavie ; en fait, ils auraient suivi la route nordique des Vikings avec lesquels de Groot paraît les confondre. Deux autres auteurs restés obscurs, de Laet en 1643 et Horn en 1652, virent en eux des Scythes venus d'Asie centrale. Cette théorie d'une origine centre-asiatique n'était pas toute nouvelle puisque dès 1590 Fray José de Acosta avait soutenu, dans son* Historia natural y moral de las Indias, *que l'Amérique avait été peuplée par vagues successives de migrations de populations asiatiques ; il eut même l'audace de situer ces migrations deux mille ans avant la conquête ! Cette thèse a été reprise par nombre de savants et en particulier en 1648 par le voyageur anglais Thomas Gage (1597-1655) qui, dans sa* Description des Indes occidentales *propose le détroit de Béring (non encore découvert ni nommé, Béring n'ayant entrepris sa navigation de découverte qu'en 1728, mais soupçonné) comme voie naturelle des migrations asiatiques. Ainsi que nous l'avons vu dans le volume précédent, il a fallu attendre près de trois siècles pour que l'archéologie vienne confirmer cette hypothèse de l'origine asiatique des Indiens d'Amérique qui, en dernière analyse, sont les véritables « découvreurs » du Nouveau Monde.*

Chapitre I

LES INDIENS
DES
GRANDES PLAINES

L'archéologie des territoires qui sont devenus les actuels États-Unis demeure peu connue du public, du fait notamment que les civilisations des Indiens de l'Amérique du Nord sont beaucoup moins spectaculaires que celles du Mexique ou du Pérou. En Europe, on imagine volontiers les Indiens de ces régions plus ou moins comme des sauvages, chevauchant leur mustang et vivant dans les wigwams avec leurs squaws... images popularisées largement par de nombreux films de western. Il est vrai qu'à l'époque de la conquête du Far West par les « Américains » anglo-saxons, la plupart des civilisations villageoises des Grandes Plaines avaient disparu ou ne faisaient plus que se survivre, comme chez les Pueblos du Nouveau-Mexique et de l'Arizona. Phénomène curieux, au XVIIIᵉ siècle et au siècle suivant, qui voient l'expansion des Blancs à l'ouest du Mississippi à la suite de la cession de notre Louisiane aux États-Unis, les tribus indiennes nomades qui vivent de la chasse et de la cueillette dominent nettement, même dans des régions qui ont vu le développement de civilisations « urbaines » et agricoles, telle celle des « mounds » des rives de l'Ohio et du Mississippi.

Les recherches historiques et archéologiques sur les Indiens d'Amérique du Nord ont été ainsi tributaires de la progression des Européens vers l'intérieur des territoires indiens, de sorte que ce n'est qu'à la fin de la première moitié du XIXᵉ siècle que commenceront les recherches sur les civilisations du sud-ouest des États-Unis.

Le premier ouvrage d'ensemble sur l'Amérique où il est traité des Indiens de l'Amérique de Nord est dû à un pasteur écossais, William Robertson (1721-1793), qui s'était imposé par ses travaux sur l'histoire de l'Écosse et de Charles Quint. Entre 1777 et 1780 il publia en deux volumes une Histoire de l'Amérique (History of America). Le premier « archéologue » américain n'est autre que Thomas Jefferson (1743-1826), auteur avec Franklin de la déclaration d'Indépendance des États-Unis et troisième président de la jeune république, entre 1801

Le Rio Grande del Norte forme actuellement la frontière entre le Mexique et les États-Unis ; il n'a jamais été réellement une barrière pour les Indiens.

et 1809 (c'est lui qui acheta la Louisiane à la France). En 1784 il entreprit de fouiller des tertres funéraires (mounds) qui se trouvaient dans sa propriété de l'État de Virginie. Jefferson conduisit sa fouille avec une remarquable méthode, attaquant le tertre par niveaux, de manière qu'il put démontrer que les cadavres avaient été disposés sur le sol et ensuite recouverts de terre, ce qui avait constitué un premier tumulus sur lequel avait eu lieu une nouvelle inhumation dont la couverture de terre avait élevé encore le niveau et ainsi de suite. Les meilleurs archéologues modernes et, à leur tête, sir Mortimer Wheeler qui a mis au point les méthodes de fouille les plus parfaitement scientifiques, considèrent que Jefferson a conduit la première fouille scientifique, un siècle à l'avance.

Jefferson continua de s'intéresser à l'archéologie ; en 1799 il était président de l'American Philosophical Society sise à Philadelphie et à ce titre il signait une circulaire dans laquelle il déclarait que les antiquités étaient le premier objectif des recherches de la société, qui apparaît ainsi comme la première association archéologique américaine et, en fait, l'une des premières du monde. Cependant l'American Philosophical Society n'a pas une vocation exclusivement archéologique et historique et l'américanisme n'est qu'un département des recherches de ses membres. La première société dont le but unique était l'étude des antiquités américaines ne fut fondée qu'un peu plus tard, en 1812, par l'éditeur Isaiah Thomas : c'est l'American Antiquarian Society in Massachussets, dont la première publication, en 1820, fut consacrée à la Description des antiquités découvertes dans l'État de l'Ohio et dans divers autres États de l'Ouest. *Enfin, en 1846 fut fondée la célèbre Smithsonian Institution grâce au demi-million de dollars légué en 1826 à la République américaine par un mécène anglais, James Smithson. Cette institution se trouve à l'origine d'un nombre considérable de fouilles à travers tout le continent américain.*

Dès lors, les Américains se sont donné les structures qui vont leur permettre, après avoir conquis par l'épée les territoires des Indiens, de conquérir par la pioche le plus lointain passé de ces mêmes Indiens.

LES SEPT CITÉS DE CIBOLA

L'histoire de la découverte des civilisations indiennes de l'Amérique du Nord commence par une aventure extraordinaire, liée à une légende, celle des sept cités de Cibola. Pour conter cette aventure nous laisserons la parole à C.-W. Ceram dont le dernier ouvrage est consacré au premier Américain. Sans doute, C.-W. Ceram n'est pas un archéologue et il s'est fait connaître du grand public par un ouvrage publié en 1949, Des Dieux, des tombeaux, des savants, *qui n'est pas sans reproche. Mais si cet ouvrage fourmillait d'erreurs de détail, il donnait dans l'ensemble une certaine vue de l'archéologie qui s'est trouvée à l'origine de la vogue de cette discipline scientifique, car, auparavant, les ouvrages publiés par le professeur Parrot et dont nous avons donné des extraits dans le premier volume de cette collection, et les deux volumes de Marcel Brion sur les grandes découvertes de l'archéologie (sous le titre* Résurrection des villes mortes, *chez Payot en 1938), étaient passés inaperçus du public. Depuis lors, Ceram a approfondi ses connaissances dans le domaine dont il s'est fait, non sans talent, le reporter, et son ouvrage sur l'archéologie de l'Amérique du Nord apparaît comme une bonne introduction à la connaissance d'un secteur de l'archéologie qui reste encore une « terre inconnue » pour le public européen.*

Naissance d'une légende

Le nom de Cibola apparaît aussi sous la forme Ceuola ou Cevola. Chose étrange, ce sont les Espagnols qui ont importé d'Europe le mythe des sept villes. On raconte qu'un évêque, fuyant les Arabes au VIIIe siècle, avait quitté Lisbonne et traversé l'océan en direction de l'ouest pour fonder sept villes florissantes. Ce récit rejoignait un mythe indien du Mexique et de l'Amérique centrale, peut-être aussi ancien, celui des « sept grottes » dont plusieurs tribus tiraient leur origine. Dans une des très nombreuses *Histoires* écrites à une époque ancienne, on trouve le mot « Chicomuxtoque », formé sur le nahuatl *chicomoztoc*, qui signifie « sept grottes ». Les deux mythes se fondirent en une légende, un récit détaillé et puis finalement une relation d'apparence authentique. Il devait bien y avoir quelque part dans le Nord ces villes d'or, un tel n'aurait-il pas un camarade qui connaissait quelqu'un qui y était allé ? Les « sept villes de Cibola » et le nom de Cibola passèrent de bouche en bouche, de taverne en taverne, devenant le symbole de l'or, de la richesse et de la puissance réunis.

Plus tard, un soldat, qui n'aurait pourtant pas dû s'y laisser prendre, un certain Pedro de Castañeda au service du conquistador Coronado, en faisait encore la description suivante : « En l'an 1530, Nuño de Guzman, président de la Nouvelle-Espagne, possédait un Indien natif de la vallée ou des vallées d'Oxitipar... Cet Indien lui dit qu'il était fils d'un marchand mort depuis longtemps, et qui, alors que l'enfant était encore très jeune, parcourait l'intérieur du pays pour vendre les belles plumes dont les Indiens se font des coiffures. En échange, il ramenait chez lui des quantités d'or et d'argent, métaux très communs dans la région. Il ajouta qu'il avait lui-même accompagné son père une fois ou deux et vu des villes si grandes qu'il pouvait les comparer, pour les dimensions, à Mexico avec sa banlieue. Il y en avait sept, avec des files entières de rues habitées par des artisans qui travaillaient l'or et l'argent. Il dit en outre que pour atteindre ces sept villes, il fallait traverser pendant quarante jours un désert où il n'y avait aucune végétation, sauf une herbe qui n'atteignait pas huit centimètres de haut et la direction était celle du nord, entre les deux océans. »

Les mentions de Cibola dans les relations de l'époque sont innombrables. Le premier qui, trois cent cinquante ans après, les analysa scientifiquement et donc détermina l'emplacement réel de ces villes (elles n'étincelaient pas insolemment d'or et d'argent, mais elles étaient néanmoins très remarquables à un autre point de vue) fut le célèbre Adolph F. Bandelier, grand pionnier de l'anthropologie et de l'archéologie des régions sud-ouest de l'Amérique du Nord, qui ne trouva alors aucun éditeur américain pour son étude si détaillée ; c'est ainsi que, curieusement, le premier ouvrage scientifique sur Cibola a bien paru en Amérique mais en allemand dans le *Staatszeitung* de New York qui le publia en 1885-1886. [...] Ses sources étaient essentiellement des relations de voyage espagnoles dont deux écrites par d'extraordinaires aventuriers qui, même à l'époque extraordinaire de la Conquista, avaient fait sensation, voire scandale, et devaient pour la première fois mettre les Occidentaux en présence non seulement des aborigènes *nord*-américains mais des témoins de leur histoire.

« Tête de Vache »

Le premier Blanc qui traversa l'Amérique du Nord d'est en ouest, d'un océan à l'autre — encore que ce ne fût pas dans sa plus grande largeur — n'était pas du tout un conquérant sanglant, contraignant les Indiens à la pariade. C'était lui qui était chassé, poursuivi et pendant un temps réduit en esclavage ; son odyssée fut, comme l'écrit l'un de ses derniers biographes, « un voyage dans les ténèbres » sur lequel son journal devait néanmoins jeter par la suite la première lumière vive. (Voir sur la carte pp. 18-19 les tracés possibles de son périple.)

Le premier, cet homme qui portait le nom étrange de Cabeza de Vaca (Tête de Vache) révéla au monde occidental l'existence d'animaux aussi énormes ou étranges que le bison et l'héloderme suspect, ce reptile d'aspect repoussant, aux écailles tuberculées, mais surtout le fait, attesté pour la première fois avec certitude, que l'Amérique s'étendait immensément loin vers le nord, qu'elle était donc un continent. Que pouvait-il y avoir là-bas ? Bien entendu les « sept villes de Cibola » !

Le voyage accompli par Tête de Vache et qui dura huit ans est l'un des plus fertiles en aventures dans toute l'histoire des découvertes. Pourtant il ne doit son existence qu'à un malheureux hasard, c'est-à-dire que, mis à part les premiers débuts vite terminés par un échec, ces errances n'ont été gouvernées par aucun dessein, aucune intention — tout au plus l'unique volonté, soutenue pendant tant d'années, de survivre à n'importe quel prix.

Son nom bizarre lui venait d'un ancêtre qui gardait les troupeaux au temps où le roi de Navarre luttait contre les Maures, après 1200. Ce berger indiqua aux troupes de celui-ci un sentier de montagne ignoré, sur les arrières de l'ennemi, et pour que les soldats pussent le reconnaître, il planta à l'entrée la tête d'une vache fichée sur un pieu. Le roi vainquit, le berger fut récompensé et sa descendance autorisée à porter le nom de Cabeza de Vaca.

Voici comment les Indiens qui habitaient la région du canyon de Chelly (Arizona. U.S.A.) ont vu, au XVIe siècle, l'arrivée des conquérants espagnols auxquels Cabeza de Vaca et Coronado avaient ouvert le chemin.

Alvar Nuñez Cabeza de Vaca, notre héros (un de ceux qui sont beaucoup trop peu connus dans l'histoire nord-américaine de la découverte, très injustement rejetés dans l'ombre par des noms comme Coronado et de Soto), est trésorier d'une expédition commandée par Pánfilo de Narváez, bien décidé, comme tant d'autres, à conquérir une partie du monde inconnu qui doit s'étendre au nord. En avril 1528, sa flotte jette l'ancre devant la côte de Floride, près de l'actuelle baie de Tampa. Mais Narváez n'est pas l'un de ces grands chefs qui vont faire l'histoire de la Conquista : il est despotique sans supériorité, cruel sans courage, entreprenant sans prudence. Sur la vague rumeur d'un peuple riche en or établi dans le Nord, il abandonne ses navires et fonce avec ses troupes, sans savoir ce qu'il fait. Ce n'est pas ici le lieu de relater l'échec de cette expédition insensée. Les deux cent soixante hommes à pied et les quarante hommes à cheval périrent jusqu'au dernier, broyés par les effroyables tourments qu'infligent les jungles de Floride — aujourd'hui encore à peine a-t-on quitté la grand-route 41 que l'on tombe dans de mortelles étendues sauvages. [...] La flotte n'avait pas suivi l'expédition terrestre et quand la petite troupe décimée de Narváez atteignit enfin la mer, il fit construire d'autres bateaux (entreprise incroyable, car quelques-uns de ses hommes seulement étaient des charpentiers expérimentés et ils étaient obligés de forger chaque clou eux-mêmes). En septembre, il appareilla, relâcha ensuite dans des criques, et au large d'îles, rencontrant des Indiens hostiles ou bienveillants. Les souffrances endurées étaient quasi indescriptibles. Des tempêtes dispersèrent les navires, mais enfin, quatorze ans avant de Soto, ils traversèrent l'embouchure du Mississippi. A la fin d'octobre, « sauve qui peut » général. Tous les bâtiments furent détruits — personne ne sait dans quelles conditions misérables périrent Narváez et ses compagnons.

La première odyssée américaine

Cabeza de Vaca était parmi les survivants. Et c'est alors que commença l'odyssée qui allait préserver son nom de l'oubli. On aurait pu croire qu'ils avaient connu tous les tourments infernaux pendant la marche à travers la Floride et le catastrophique voyage en mer, mais ce qui les attendait était plus épouvantable encore.

De Vaca n'était pas seul. En haillons, affamés, jetés à terre comme Robinson Crusoé, il y avait avec lui sur la côte texane, probablement dans la presqu'île de Velasco au sud-ouest de l'actuelle Galveston, trois survivants : Andrés Dorantes, Alonso del Castillo Maldonado et, sans doute le personnage le plus insolite, un Noir qui devait jouer par la suite un rôle important, Estevanico, Maure d'Azamor, apparemment esclave de Dorantes.

Désespérés, ils n'en reprirent pas moins la lutte. Dès le début, Vaca se révéla un chef né — mais pour les conduire où ? Ils auraient certainement préféré se donner la mort, se laisser mourir de faim, se coucher tout simplement dans la jungle pour y périr s'ils avaient pu deviner que leur odyssée allait durer huit ans. S'ils avaient su aussi qu'au bout de ce temps, ils deviendraient célèbres pour avoir été les premiers Européens à traverser le continent nord-américain de la Floride à la Californie, cela aurait-il changé quelque chose à leur sentiment ?

Nous ne pouvons indiquer ici que très succinctement les étapes de leur trajet. De nombreuses tentatives ont été faites pour les porter sur une carte, mais il ne sera sans doute jamais possible d'arriver à une certitude absolue dans ce domaine, parce que les renseignements de Vaca sont des descriptions de paysages qui peuvent s'appliquer à de nombreux endroits et ses distances ont presque toutes été évaluées d'après une masse de journaux de voyages extrêmement variables dans leurs indications. Le grand archéologue Bandelier qui parcourut ces régions sur les traces de Vaca vers 1880 déclare en tout cas catégoriquement : « Je prouverai que Cabeza de Vaca et ses compagnons n'ont jamais foulé le sol du Nouveau-Mexique, ni apporté en Nouvelle-Espagne des informations de première main concernant les Indiens Pueblos de ce territoire... »

Ils entrèrent presque aussitôt en contact avec des tribus indiennes dont certaines se montrèrent bien disposées et les autres hostiles, des tribus d'une extrême diversité de mœurs et de langages — mais au lieu d'or ils ne trouvèrent qu'une cruelle misère.

Esclaves des Indiens

Retenus comme esclaves, les quatre voyageurs furent contraints, à coups de bâton, d'accomplir les travaux les plus vils et les plus pénibles, cependant que quelques Indiens s'amusaient à leur arracher les poils de la barbe. Seul le langage des signes permettait d'établir une communication (ils restaient rarement longtemps dans la même tribu) et le Maure Estevanico y acquit bientôt une telle habileté qu'il devint possible d'échanger des nouvelles. Leur sort se modifiait continuellement, esclaves roués de coups dans une tribu (ils appartinrent à un moment donné à une famille dont tous les membres étaient borgnes), accueillis en amis dans une autre. Deux préoccupations dominaient leur vie : la faim et la fuite, le retour à la civilisation espagnole. Le gibier était rare et, comme ils ne savaient guère ni chasser ni pêcher, ils dépendaient de leurs maîtres ou de leurs amis. Pendant des mois, ils se nourrirent de racines, de vers, d'araignées, de lézards, souvent malades à crever, couverts d'abcès sur lesquels les mouches pullulaient, tremblant des fièvres provoquées par les piqûres de moustiques. Mais le pire, c'est qu'ils étaient souvent séparés : l'un partait à la recherche de nourriture, un autre était envoyé comme esclave dans une tribu plus ou moins éloignée et le plus étonnant est bien qu'ils arrivaient toujours à se retrouver. A un moment donné, Dorantes disparut pendant dix mois ; Castillo et le Maure se perdirent, puis tous trois se retrouvèrent d'abord et finalement Vaca les rejoignit, lui aussi — cela se passait quelque part dans l'ouest du Texas, en 1534. Comment un simple récit pourrait-il donner une idée de la joie éprouvée par ces malheureux réduits à l'état végétatif quand ils tombèrent dans les bras les uns des autres ? Ce qui est proprement incroyable, c'est que jamais la lueur d'espoir qui les poussait à aller toujours plus avant à travers jungles et déserts ne s'éteignit — à aucun moment ils ne perdirent leur but de vue : rencontrer à nouveau des Espagnols.

Les Indiens vivaient au jour le jour. Quand la faim avait atteint son paroxysme un seul espoir les soutenait (et avec eux les voyageurs) : trouver des figuiers d'Inde hérissons aux fruits juteux. Alors venait le temps des « ventres pleins » ; ces figues étaient en effet nourrissantes, et on pouvait les sécher pour les garder assez longtemps. Les quatre hommes le comprenaient très bien : ils ne pouvaient envisager une fuite soigneusement préparée vers l'ouest que pendant la période où elles étaient mûres.

C'est alors que se produisirent deux événements qui d'une part rendirent leur vie au moins un peu moins difficile pendant un temps et de l'autre assurèrent leur retour à la civilisation.

D'abord Vaca parvint à convaincre une tribu amie de l'importance qu'il y aurait pour elle à organiser un échange de denrées avec d'autres. Un troc primitif. Le succès ayant couronné ses efforts, il

Pages suivantes : cette carte de l'Amérique du Nord (y compris le Mexique), du Guatemala et du Honduras correspond aux textes des chapitres 1, 2, 3 et 6.

17

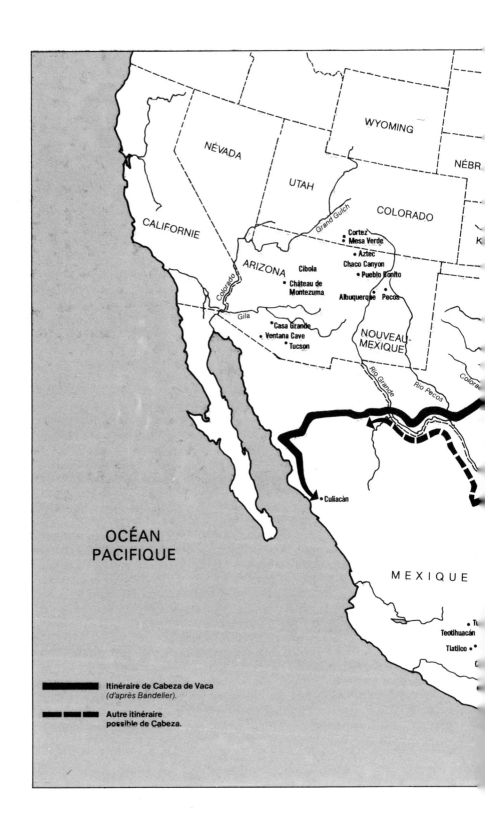

WYOMING

NÉVADA

NÉBR.

UTAH

COLORADO

CALIFORNIE

K

Grand Gulch

Cortez
Mesa Verde

Colorado

ARIZONA

Cibola

Aztec

Chaco Canyon

Pueblo Bonito

Château de
Montezuma

Albuquerque   Pecos

Gila

Casa Grande

NOUVEAU-
MEXIQUE

Ventana Cave

Tucson

Rio Grande

Rio Pecos

Colora

Culiacàn

OCÉAN
PACIFIQUE

MEXIQUE

Tu

Teotihuacán

Tlatilco

Itinéraire de Cabeza de Vaca
(d'après Bandelier).

Autre itinéraire
possible de Cabeza.

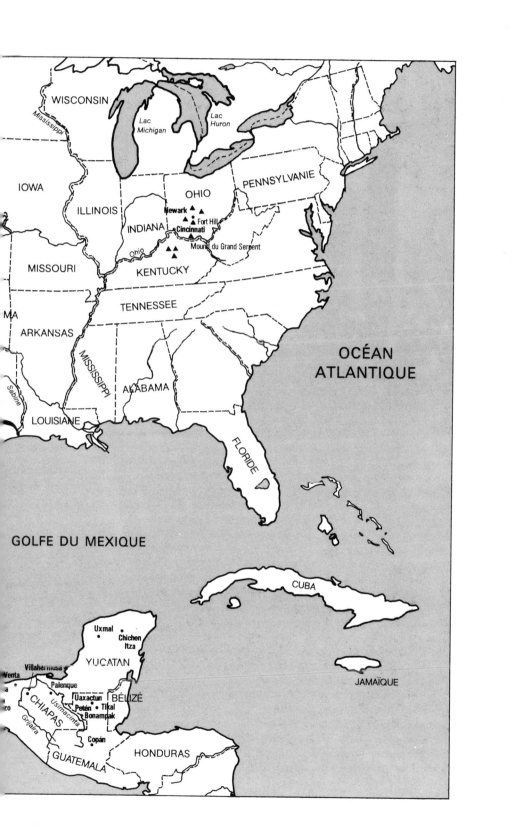

WISCONSIN

Lac
Michigan

Lac
Huron

IOWA

ILLINOIS

OHIO

PENNSYLVANIE

Newark ▲ ▲
▲ Fort Hill
INDIANA Cincinnati ▲

Ohio ▲ ▲
▲ ▲ Mound du Grand Serpent

MISSOURI

KENTUCKY

MA

TENNESSEE

ARKANSAS

Mississippi

Sabine

MISSISSIPPI

ALABAMA

OCÉAN
ATLANTIQUE

LOUISIANE

FLORIDE

GOLFE DU MEXIQUE

CUBA

JAMAÏQUE

Uxmal

Chichen
Itza

YUCATAN

Villahermosa

Venta

Palenque

a

Uaxactun BÉLIZE
Usumacinta Petén ● Tikal
zo Bonampak

CHIAPAS

Grijalva

● Copán

GUATEMALA

HONDURAS

C'est dans les paysages grandioses et désertiques de l'Ouest que se sont développées les civilisations des ancêtres des Apaches, Hopis, Zuñis... Bible et fusil à la main, les colons blancs les détruiront sans sourciller. Ici, le canyon de Chelly.

en acquit « une certaine considération et put se déplacer librement pour la première fois ». Voici ce qu'il en écrit :

« Mes principales branches de commerce étaient des morceaux et des cœurs d'escargots de mer, des coquilles avec lesquelles ils coupent une espèce de fruits semblables à des haricots qu'ils emploient comme médicament et qui leur servent dans leurs danses et dans leurs fêtes (c'est la marchandise la plus avantageuse), des petits coquillages de mer qui servent de monnaie et d'autres objets ; voilà ce que j'introduisais dans l'intérieur. Je rapportais en échange des peaux et une espèce de terre rouge dont ils se servent pour se teindre le visage et les cheveux, des pierres pour les pointes des flèches, des roseaux très durs pour les fabriquer, de la colle et des houppes qu'ils font avec des poils de cerfs qu'ils teignent en écarlate. Ce métier me convenant, j'allais et venais en liberté, je n'avais aucune occupation obligée, je n'étais pas esclave et partout où je me présentais on me recevait bien. »

Lors de ces « circuits commerciaux », il retrouva Dorantes, qui était esclave. Quand les figues d'Inde furent mûres, alors qu'ils étaient dans la tribu des Mariames, ils préparèrent un nouveau plan de fuite — il y avait six ans déjà qu'ils erraient. Mais Castillo ne put les accompagner : il fut expédié à la dernière minute dans la tribu des Lampados. Les trois hommes restant épièrent la marche de ceux-ci, parvinrent à prévenir leur compagnon et, la nuit suivante, il les rejoignit.

Et c'est alors que commença la merveille, le miracle de ces huit années de torture.

Sorciers et guérisseurs

Déjà au cours de leurs pérégrinations passées, quand les voyageurs parlaient aux indigènes de leur grand dieu blanc et de sa toute-puissance, il était arrivé que ces derniers exigent dans leur simplicité qu'ils la démontrent en guérissant leurs malades. Situation des plus périlleuses, car aucun des quatre ne possédait la moindre notion de médecine ; ils étaient même beaucoup plus ignorants à cet égard que les sorciers du pays qui connaissaient les vertus curatives de nombreuses plantes. Dans leur détresse, ils ne pouvaient que prier : ils imposaient la croix au malade et retenaient leur souffle. Alors, ainsi que le note Vaca, Dieu venait à leur aide, inlassablement.

Ils arrivèrent chez les Chavares qui avaient entendu dire que trois hommes blancs et un noir étaient de grands sorciers. Or, chose étrange, un nombre considérable de ces indigènes souffrait de maux de tête affreux. Vaca leur imposa la croix et « ces gens dirent à l'instant même que le mal avait disparu ». Non seulement l'Église catholique, forte de traditions séculaires, mais la psychiatrie moderne savent que de telles « guérisons miraculeuses » sont possibles — la première les attribue à Dieu, la Vierge ou les saints, la seconde à la conviction du patient.

Quoi qu'il en soit, Vaca revient sans cesse à sa foi en Dieu, sans cesse il remercie le Tout-Puissant — mais lui-même dut éprouver une sorte de terreur sacrée (il s'efforce de demeurer modeste néanmoins) quand, en présence d'un homme qui était moribond depuis plusieurs jours, et n'ayant pu que lui imposer la croix, le désespoir au cœur (ils avaient appris entre-temps que les Indiens étaient plus impressionnés quand le geste s'accompagnait de longues cérémonies solennelles), il le vit se relever gaillard le lendemain.

Désormais, ils passèrent pour des surhommes, mais une nouvelle situation désespérée surgit quand Vaca fut amené auprès d'un blessé qui avait une flèche profondément enfoncée dans la poitrine. Il tenta alors sa première opération : il débrida la plaie avec un couteau de pierre, retira la pointe de flèche et recousit les lèvres avec des tendons de cerf.

De toute évidence, leur sort ne tenait qu'à un fil — ils ne pouvaient pas toujours obtenir une guérison et, à l'arrière-plan, les sorciers indigènes les guettaient, dévorés par la jalousie. Pourtant leur réputation ne cessait de croître ; conduits de tribu en tribu, ils arrivèrent dans des régions plus riches où l'on cultivait même le maïs. Soudain, on se mit à leur apporter du gibier en quantités telles qu'ils ne pouvaient tout le manger eux-mêmes et voulurent en redonner une partie — ce qui eut pour effet de susciter mécontentement et hostilité, car en réalité il s'agissait non d'un paiement mais d'une offrande propitiatoire que l'on ne devait pas rejeter. Les périodes de faim et de détresse se faisaient plus rares. Néanmoins quand ils arrivèrent dans la Sierra Madre, Cabeza de Vaca rapporte : « Nous parvînmes chez une peuplade qui, pendant le tiers de l'année, ne vit que de poudre de paille et comme c'était dans cette saison-là que nous y passâmes, nous fûmes obligés de nous nourrir comme eux. »

Plus ils avançaient vers l'ouest, plus leur réputation prenait un caractère mythique. On les appelait déjà les « enfants du ciel » et soixante-dix ans après, d'autres chroniqueurs racontaient encore qu'ils retrouvaient, dans les tribus où notre quatuor avait passé, la notion chrétienne d'un dieu blanc tout-puissant.

Et puis, dans la huitième année de leur odyssée, ils rencontrèrent, au bord d'une rivière, une tribu qui leur parla d'autres hommes blancs — dont elle n'avait rien de bon à dire. D'abord incrédules, croyant à un malentendu tant leur chemin paraissait les avoir conduits dans une éternité sans retour — ils trouvèrent sur ces entrefaites deux fragments de fer travaillé, du fer *espagnol*. On leur apprit alors que des cavaliers de cette nationalité avaient établi leur camp non loin de là. La scène se passait au milieu du mois de mars 1536, sur la rive du rio de Potatlan, à Sinaloa.

Le retour de Vaca

Le capitaine Diego de Alcaraz et ses hommes dévisagèrent avec stupéfaction et méfiance les quatre individus barbus, hirsutes et vêtus de peaux. « Ils nous regardèrent pendant longtemps avec tant d'étonnement qu'ils ne proféraient aucune parole. »

Alcaraz, troupier vicieux et cruel, était à la chasse aux esclaves. Voyant dix Indiens dans la suite de Vaca, il voulut aussitôt s'emparer d'eux, ne se doutant pas que celui-ci avait intentionnellement laissé à quelque distance la véritable escorte, forte de six cents guerriers. Vaca se défendit vigoureusement et envoya aussitôt ses Indiens hors de portée d'Alcaraz. Ce dernier se demandait s'il ne devait pas faire mettre aux fers ces quatre hommes qui, dans leur exaltation, voulaient raconter en une heure ce qui leur était arrivé en huit ans, depuis l'échec de l'expédition Narváez — ne s'agissait-il pas très vraisemblablement de misérables déserteurs qui lui débitaient un tissu de mensonges ?

Le premier gouverneur qu'ils purent joindre eut un avis tout différent. Ils furent amenés avec une imposante escorte à la ville où il avait sa résidence et le trajet jusqu'à Mexico devint pour eux une marche triomphale — leur seul souci étant de ne plus pouvoir supporter les lourdes bottes espagnoles de l'équipement qu'on leur avait données, parce que leurs pieds étaient habitués à s'étaler dans les souples mocassins indiens. Vers la fin du mois de juin, le vice-roi les reçut en personne. Vaca dut raconter, encore et toujours raconter, les souffrances qu'ils avaient subies, la misère de tous les Indiens du Nord, la désolation de ces régions sauvages, l'immensité sans fin du continent. On ne le crut qu'à moitié, parce que l'on *voulait* entendre des histoires de villes en or et Vaca n'en savait point.

En 1542, la première version de ses souvenirs parut à Zamora, brièvement intitulée : *Relacion*. Il n'est guère de document datant de cette époque qui donne l'impression d'une aussi grande sincérité que les descriptions de cette marche longue de sept mille kilomètres. Mais le tableau qu'il brossait n'en était que plus déconcertant pour ceux qui croyaient toujours à un puissant royaume dans le Nord, à ces « sept villes de Cibola », et qui s'étaient fait une idée aussi rudimentaire qu'uniforme des Indiens, misérables créatures quasi subhumaines.

Or, Vaca fait d'eux un portrait infiniment nuancé. Sa mémoire phénoménale a enregistré les plus petits détails, *tout* l'a intéressé ; ethnologue et folkloriste né, il ne se lasse pas de décrire leurs coutumes, leur religion avec ses rites, leur organisation sociale, leur aspect, leurs vêtements, et il va jusqu'à donner les recettes de certains plats ! C'est à lui que l'on doit la première description par un Européen du bison nord-américain, l'animal le plus important des prairies pour les premiers Blancs aussi bien que pour les Indiens, et dont il ne vit d'ailleurs que trois spécimens isolés dans le Sud.

« On rencontre dans l'intérieur beaucoup de cerfs, d'oiseaux de différentes espèces et d'animaux dont j'ai déjà parlé. Ils ont aussi des vaches, j'en ai vu trois fois et j'en ai mangé. Elles m'ont paru être aussi grandes que celles d'Espagne. Leurs cornes sont plus petites que celles des vaches des Maures, leur poil est très long, semblable à la laine de nos moutons qui changent de pâturage, elle est de différentes couleurs, il y en de tachetées et de noires. Leur viande m'a paru meilleure que celle des nôtres et les animaux plus charnus.

Un bison semblable à l'un de ceux que vit Cabeza de Vaca. Pendant des millénaires leurs immenses troupeaux ont assuré la subsistance des Indiens chasseurs.

Avec la peau des jeunes, les Indiens se font des manteaux pour se couvrir, ils emploient celles des vieilles à faire des souliers et des boucliers. Ces animaux descendent du Nord dans l'intérieur jusqu'à la côte et se répandent à plus de quatre cents lieues. Pendant tout ce chemin, ils suivent les prairies, se rapprochent des habitants à qui ils fournissent de quoi vivre et une grande quantité de peaux. »

Les premiers Indiens qu'il avait rencontrés en passant par la Floride étaient de redoutables guerriers, grands, forts, agiles, armés d'arcs énormes ; il raconte qu'une flèche s'enfonça de vingt-trois centimètres dans un arbre à côté de lui. Mais ensuite, il trouva des tribus de plus petite taille et qui n'avaient que des armes rudimentaires, hommes véritablement restés à l'âge de la pierre. Le plus déroutant était l'extrême diversité de leurs langues — des groupes vivant tout près les uns des autres ne pouvaient se faire comprendre que par signes. Mais, avec son habituelle sincérité, il note : « S'ils n'étaient pas grands, notre peur faisait d'eux des géants ! »

Mœurs des Indiens

Il donne des noms de tribus : Chorruco, Doguenes, Mendica, Guevenas, Guaycones, Quitoks, Camoles, Mariames, Yguazes, Atayos, Acubados, Chavavares, etc. Il les transcrit phonétiquement — mais étaient-ce ceux que les populations se donnaient elles-mêmes, ou ceux que leur donnaient les autres ? Dans quelle mesure son oreille les a-t-elles déformées ? De la plupart d'entre elles, l'archéologue moderne n'a pas retrouvé la moindre trace. Ce que nous en a transmis Vaca a donc d'autant plus d'importance. Il rapporte que les mœurs étaient relâchées — les femmes étaient échangées, achetées, enlevées ou, si elles étaient stériles, chassées (un arc était leur prix, ce qui n'avait rien d'excessif). Chez les Mariames et les Yguazes, le mariage à l'intérieur de la tribu n'était même pas concevable. Ils s'enivraient avec une boisson alcoolique tirée du yucca, le mescal (alors que des relations ultérieures vantent l'abstinence totale des Indiens), et se livraient à des orgies de thé ; la propriété était le butin, le vol, même envers des amis, pratique courante. Lors des grandes marches, les malades étaient tout simplement abandonnés, mais les enfants souvent nourris au sein jusqu'à leur puberté. L'homosexualité était ouvertement pratiquée ainsi que le travestisme vrai (alors que les anthropologues et les médecins du siècle dernier y voyaient, à tort, un symptôme de décadence pour les civilisations avancées), le partenaire « féminin » s'habillant en femme et ne faisant que des travaux de femme. Bien entendu, il s'agissait là d'observations fragmentaires que l'on ne pouvait en aucune manière généraliser.

Et puis ils rencontrèrent d'autres tribus encore : Tarahuamare, Tepecano, Tepehuane, Nio, Zoe et autres — et les Opates dont les flèches empoisonnées devaient faire périr par la suite de nombreux Espagnols. Mais jamais, pas une fois, ils ne trouvèrent ce que les conquistadores cherchaient avec tant d'avidité : la richesse. Ils eurent

Vasquez de Coronado

A la suite du récit de Cabeza de Vaca, le vice-roi de la Nouvelle-Espagne (le Mexique), Antonio Mendoza, envoya en quête des sept cités de Cibola un franciscain, Marcos de Niza, à qui on donna pour guide le Maure, Estevanico, ancien compagnon de Cabeza. Parti en avant, le Maure parvint le premier dans l'un des pueblos de l'Arizona, qu'il appelle « Cibola » ; on ne sait exactement quel était ce pueblo, mais ce qui est assuré c'est qu'il était occupé par des Indiens Zuñi qui massacrèrent le malheureux et quelques Indiens qui l'accompagnaient ; l'un d'eux parvint à s'enfuir et rapporta l'affaire au frère Marcos qui n'en poursuivit pas moins sa route jusqu'au seuil de Cibola ; là, évitant de s'engager dans la région, il en prit possession au nom du roi d'Espagne en dressant une croix de pierre et s'en retourna à Mexico.

Marcos ayant décrit au vice-roi Cibola comme une ville aussi vaste et opulente que la Tenochtitlan des Aztèques, de Mendoza chargea Juan Vasquez de Coronado, « adelantado » (gouverneur) de la Nouvelle-Galice (une province dépendant de la Nouvelle-Espagne), d'organiser une expédition afin de conquérir un si riche royaume. Au début de 1540 Coronado se mit en route à la tête d'une troupe de trois cent vingt Espagnols à pied et à cheval, et plusieurs centaines d'Indiens. Coronado suivit la côte mexicaine du Pacifique et pénétra dans l'actuel Arizona après une marche particulièrement pénible dans des régions désertiques, si bien que lorsqu'il parvint à proximité du « pueblo » désigné comme la cité de Cibola par excellence, plusieurs Indiens avaient déserté et sa troupe mourait de faim. Là, un groupe d'Indiens tenta de surprendre les Espagnols à la faveur de la nuit, mais ils furent repoussés et, le lendemain, Coronado à la tête de ses hommes se lançait à l'attaque du pueblo défendu par des milliers de guerriers qui, embusqués sur les toits, les accablaient de flèches. Coronado fut blessé, mais les Indiens mis en déroute et le village fut pris. Les vainqueurs ne trouvèrent ni or ni argent, mais des vivres en abondance.

Bien que déçu, Coronado poursuivit sa route, espérant trouver un nouvel empire aztèque. Pendant un an il chemina à travers l'Arizona, fut le premier Blanc à admirer le grand cañon du Colorado, parcourut ce dernier État jusqu'au Kansas, et enfin rentra au Mexique par le Nouveau-Mexique sans avoir découvert le fabuleux royaume, n'ayant pas compris que les mystérieuses cités n'étaient autre que les villes des populations appelées Indiens Pueblos par les Espagnols.

---

l'occasion de voir quelques émeraudes (qui n'étaient peut-être que de la malachite) et quelques turquoises — rien qui valût la peine d'en parler. Quand ils traversèrent le rio Pecos, ils rencontrèrent quelques misérables pueblos. En revanche, ils entendirent parler de « villes » géantes dans le Nord, dont on prétendait qu'elles regorgeaient d'habitants innombrables, d'or et d'argent. Sans cesse, ces vagues rumeurs leur revenaient aux oreilles et bien que Vaca les eût expressément qualifiées d'on-dit et non pas de constatations *de visu*, aussi bien dans sa *Relacion* qu'auparavant dans ses déclarations au vice-roi, cela n'empêcha pas les Espagnols aveuglés de prendre leurs désirs pour des réalités — on le soupçonna même

Ruines d'un village dans une anfractuosité de la falaise du canyon de Chelly (Arizona).

de cacher ce qu'il savait et de ne pas vouloir révéler qu'il avait amassé de fabuleux trésors.

Alva Nuñez Cabeza mit fin à tout cela en retournant dans sa ville natale, Jerez de la Frontera, puis à Séville. Mais même là, on le considérait avec une crainte respectueuse, comme le possesseur d'une énorme richesse. Une fois encore le roi se souvint de lui quand il rechercha un gouverneur intègre pour la région du rio de la Plata en Amérique du Sud. Vaca accepta le poste mais n'en retira que des ennuis. Victime d'intrigues, il fut traduit en justice, puis acquitté. En 1557, il mourut en Espagne. Dorantes et Castillo, restés à Mexico, y avaient épousé de riches veuves ; on ne connaît pas la date de leur mort.   C.-W. CERAM

LES PREMIERS FERMIERS
DU FAR WEST

En fait, la légende des sept cités de Cibola est née d'une réalité, l'existence des Pueblos du sud-ouest des États-Unis. Cette civilisation des Pueblos a été précédée d'une civilisation qui peut être considérée comme son initiatrice. Ceux qui la créèrent semblent bien avoir introduit l'agriculture en Amérique du Nord, on peut donc les considérer comme les premiers fermiers du Far West.

Nous avons choisi pour les présenter un texte de synthèse dû à Franck C. Hibben qui fut professeur d'anthropologie à l'université de New Mexico et se distingua dès les années trente par ses recherches préhistoriques ; on lui doit plus particulièrement les fouilles de la grotte de Sandia, au Nouveau-Mexique, où a été mise en évidence l'une des industries types du paléolithique américain, dite de Sandia, qui représente la plus ancienne industrie à pointe de jet actuellement connue ; elle est datée entre 12000 et 8000 av. J.-C. La civilisation dont il va être question est incomparablement plus récente : on date ses débuts des environs de 300 av. J.-C. Nous avons conservé, dans le texte d'Hibben, la traduction littérale de « Basket-Maker », « Faiseurs de paniers » que donne le traducteur de la terminologie américaine ; cependant dans la littérature archéologique de langue française on appelle ces populations « Vanniers ». Par ailleurs, on verra que Hibben conteste les divisions classiques en Basket-Maker I, II et III. En fait la datation (certains auteurs font remonter jusqu'à 800 av. J.-C. le début des Vanniers, par exemple Dorothy Washburn), les séquences des cultures, leur aire d'extension et même les appellations restent encore discutées et varient selon les auteurs. Mais, dans son ensemble, la description donnée dans les années cinquante par Hibben reste d'actualité.

Dans une contrée sauvage

En l'année 1889, « Hosteen » Wetherill, comme les Indiens Navajos l'appelaient, avançait avec peine à travers les éboulis, au pied d'une falaise de grès. Ce nom, « Hosteen », indiquait que les Navajos avaient pour lui du respect. On l'eût dit en train de fuir la justice, tellement ses mouvements étaient furtifs, alors qu'il explorait du regard les crevasses et les excavations qui s'ouvraient, çà et là, sur son passage. Il faisait, certes, la plus grande attention à ce qu'il rencontrait, mais ce n'était pas la peur qui motivait cette vigilance.

Dans l'un des pueblos du « Cliff Palace » de Mesa Verde, les femmes s'agenouillaient près de ces pierres qui servaient de meules à broyer le maïs.

Le caractère des lieux aurait, d'ailleurs, pu provoquer des commentaires, à supposer qu'il se fût trouvé là quelque témoin. Les falaises de grès, entre lesquelles s'engouffraient les vents, qui entouraient de toutes parts Richard Wetherill au cours de ses explorations, faisaient partie des cañons accidentés et fissurés de Grand Gulch, dans le sud de l'État d'Utah. Vers la fin des années 1880, c'était là une contrée sauvage, et elle l'est restée depuis lors. De vastes lits de sable et de gravier y avaient été amalgamés au fond des mers qui, jadis, avaient baigné ces régions, à des époques géologiques très reculées. Quand ces étendues rocheuses eurent été soulevées au-dessus du niveau des océans primitifs, le taraudage impitoyable de l'érosion en découpa les couches dures en mille cañons enchevêtrés, aux murailles rouges et brunes. Ces fissures et ces gorges, de toutes les dimensions et de toutes les profondeurs imaginables, couraient en tout sens et se coupaient de manière à former des tables et des plateaux isolés, environnés de corniches abruptes et de falaises escarpées. Bien que cette contrée de roches gréseuses eût été formée au sein des eaux, elle apparaissait à Richard Wetherill, tandis qu'il en suivait les cañons, d'une extrême sécheresse. A peine quelques sources ou suintements d'eau auxquels un homme assoiffé, desséché par le soleil brûlant du Sud-Est, eût pu apaiser son désir de boire. La nature généreuse n'avait pas davantage enclos, dans cette région de cañons, les minéraux précieux qui l'eussent rendue attirante pour des mineurs. On y trouvait peu de gibier et peu d'arbres.

Mystérieux villages

Il n'y avait, en vérité, guère de quoi pousser Richard Wetherill à explorer les cañons peu engageants de Grand Gulch.
Wetherill était un homme rude, produit typique de la frontière Sud-Ouest de son temps. Et, pourtant, il avait en lui un véritable esprit scientifique. Dans ce pays du grès, Richard Wetherill avait déjà trouvé d'abondantes traces d'une existence ancienne. Il avait découvert de grandes maisons communes, construites en pierre taillée et contenant, dans leur enceinte divisée en étages, des centaines de pièces où avaient, jadis, vécu des Indiens de la préhistoire. Il avait, dans ces mêmes falaises de grès, trouvé des excavations aux endroits où des couches moins résistantes à l'érosion des vents avaient été évidées, au cours des millénaires écoulés, de manière à former des corniches en saillie et des cavernes obscures où ne luisait jamais le brillant soleil du Sud-Ouest. Wetherill y découvrit des murs de pierre et d'« adobe », avec des poutres de toitures en bois et même des échelles encore intactes. Mais tout cela : maisons des falaises et grandes habitations de pierre, avait été depuis longtemps abandonné.
Les corniches en saillie et les cavernes des falaises avaient si bien protégé ces demeures, dans les endroits abrités, que quelques-unes paraissaient désertées de la veille. Mais les grandes maisons communales du type « Pueblo », bien que construites en pierres soigneusement taillées et habilement disposées, étaient restées

exposées à toute la fureur des éléments et s'étaient écroulées en inimaginables amoncellements de maçonnerie informe. Il y avait eu, manifestement, dans cette région sauvage et parcimonieusement irriguée, des milliers d'habitants, à une époque lointaine. Ces Indiens avaient, depuis longtemps, disparu, pour des raisons jusque-là inconnues ; Wetherill se demandait, en explorant ces lieux si pleins de mystère, d'où étaient venu les anciens occupants des maisons des falaises et où ils s'en étaient allés.

C'est en se posant ces questions que Richard Wetherill poursuivait ses investigations dans les difficiles cañons de Grand Gulch. Il y avait là certains indices qui sollicitaient son attention. En dépit de la rudesse du terrain et du manque d'eau, il avait déjà trouvé des indications donnant à penser qu'une grande partie de l'histoire primitive du Sud-Ouest américain pouvait être découverte dans cette étrange région rocheuse.

Un pied humain desséché

Tandis qu'il se frayait un chemin à travers un des nombreux cañons latéraux, il aperçut, devant lui, dans la paroi rocheuse, l'ouverture d'une caverne peu profonde, mais élevée. Cette cavité était semblable à cent autres qu'il avait vues dans cette région gréseuse ; elle avait été formée par la séparation, de la masse de la falaise, d'un formidable bloc de roche brune qui, en se détachant, avait volé en éclats, il y avait des siècles, laissant derrière lui une ouverture semi-circulaire. Quand, après avoir gravi la pente abrupte, Wetherill y pénétra, il trouva sous ses pieds un sol sec et poudreux. De toute évidence, les éléments n'avaient presque pas accès à cet endroit abrité. Mais ce n'était pas un simple lieu de refuge que Wetherill avait sous les yeux, car, s'étant agenouillé vivement, il se mit en devoir de tirer à lui quelque chose de brun qui sortait de derrière un bloc de grès anguleux, au fond de la caverne. L'objet mou que sa main tentait d'extraire de la poussière paraissait tenir à un corps plus massif, à demi enseveli au sein de cette poussière poudreuse, dans une fissure étroite, derrière le bloc de grès. Wetherill, se baissant, fit tomber, par poignées, la terre sèche qui le recouvrait. Un nuage de poussière pulvérulente s'éleva au fond de la caverne, dans l'atmosphère silencieuse, puis retomba peu à peu. Un pied humain desséché faisait saillie hors de la terre.

Richard Wetherill ne fut pas surpris ; il avait déjà trouvé des restes de cette sorte. Il acheva rapidement de débarrasser de la terre qui le recouvrait le corps étendu dans la fissure. Il mit d'abord à nu l'autre pied, puis les genoux dont la peau ratatinée, d'un brun jaunâtre, adhérait encore étroitement aux articulations des os. La tête apparut à son tour, avec une chevelure noire et rude, mais, en secouant la terre du corps, il vit des tresses attestant que les cheveux avaient, à l'origine, été disposés en nattes et en boucles, avec beaucoup de soin. Autour du corps momifié était enroulée une peau volumineuse qui n'était pas humaine. C'était une peau de daim, de forme arrondie, qui, à l'époque, avait été soigneusement tannée et bordée pour servir de couverture. La sécheresse l'avait rendue cassante et elle se fendait à mesure que Wetherill en faisait tomber la poussière et la terre qui pesaient sur elle. Notre prospecteur, dans son enthousiasme, ne prêtait aucune attention aux nuages de poussière qui l'enveloppaient. Il se contentait d'essuyer rapidement ses yeux et poursuivait, en toussant, son travail. Près de l'épaule de la forme ratatinée, il y avait, derrière le rocher, un panier admirablement tressé, comportant des motifs triangulaires noirs, dessinés avec habileté. Ce panier, si bien confectionné et orné, se trouvait aplati par le poids de la terre. On l'avait, d'ailleurs, et à dessein, ouvert et déployé, comme pour en faire une couverture supplémentaire destinée à protéger le mort sur lequel on l'avait étendu.

Les cavernes des « Faiseurs de paniers »

Richard Wetherill, d'une dernière secousse, tira le corps de derrière le rocher, puis le souleva sans difficulté, tandis qu'en retombaient de minces filets de poussière, remplissant la dépression où il était resté si longtemps étendu.

« Ce devait être un faiseur de paniers », dit Richard Wetherill, parlant à lui-même, car il n'y avait là personne pour retenir ses paroles et, quant à l'objet de sa remarque, il y avait bien longtemps qu'il ne pouvait plus entendre.

Pendant tout l'après-midi, Richard Wetherill travailla dans les crevasses et les fissures, au fond de la caverne. Il y avait d'autres corps humains, cachés dans des tombeaux circulaires en pierre, faits de dalles dressées dans la poussière. Ces morts étaient desséchés comme le premier. La peau, la chevelure étaient intactes ; les visages même gardaient leur expression, bien qu'aplatis et déformés de manière grotesque par le poids des pierres qui les avaient recouverts pendant si longtemps. Ils n'avaient pas été momifiés intentionnellement mais avaient simplement séché dans l'atmosphère, absorbant l'humidité des cavernes de grès où on les avait enterrés. Là, ils étaient restés à l'abri des chutes de pluie ou de neige qui, en de rares occasions, se produisent dans la région de Grand Gulch, en sorte que ni les corps eux-mêmes, ni les offrandes funéraires placées à côté d'eux, dans la poussière, n'en avaient été mouillés et détériorés.

Plus Wetherill avançait dans son travail, plus il trouvait de beaux paniers enterrés avec les corps parcheminés des hommes et des femmes qui les avaient confectionnés. Il y avait aussi d'autres objets, en cuir, en plumes et en bois, toutes choses qui, normalement, eussent péri depuis longtemps si on les eût laissées dans un endroit moins protégé. Le temps, toutefois, n'avait pas complètement oublié ces objets. Les paniers et les instruments de ces gens des cañons étaient aussi morts et inutilisables que les corps desséchés, enterrés avec eux. Les paniers étaient devenus cassants ; les manteaux de cuir et les sacs tressés que trouvait Wetherill n'avaient plus aucune valeur pratique. Mais cet explorateur intrépide n'en était pas moins ravi et n'en poursuivit pas moins ses fouilles dans les cavernes des « Faiseurs de paniers », jusqu'à ce que, finalement, la nuit tombât sur les cañons de l'Utah et plongeât ses travaux dans l'obscurité.

Au cours des années suivantes, Richard Wetherill revint plusieurs fois dans la région des cañons de Grand Gulch. Il fit part à de nombreuses personnes de ses découvertes, continuant lui-même à creuser et à explorer partout où se trouvait une étendue de terrain gréseux qu'il n'eût pas encore reconnue. En plusieurs de ces occasions, Wetherill trouva des preuves établissant de manière indiscutable que les Faiseurs de paniers étaient une population aussi ancienne qu'intéressante. Ces premiers habitants de la région des cañons n'avaient pas construit de locaux en maçonnerie ni de bâtiments du type Pueblo. En fait, Wetherill trouva la preuve non moins certaine que les Faiseurs de paniers avaient précédé les habitants des falaises et les autres populations « Pueblo ». Ils avaient vécu en ces lieux avant que ces derniers Indiens fussent venu jucher leurs maisons en maçonnerie dans les cavernes des falaises et bâtir leurs « pueblos » sur les plateaux en forme de tables. Richard Wetherill était certain que les Indiens faiseurs de paniers avaient été les premiers à vivre dans toute l'étendue de cette région.

Des années après lui, maints autres explorateurs pénétrèrent dans les cañons de la région des « Four Corners » (Quatre Coins), qui est celle entourant l'endroit où les quatre États de New Mexico, d'Arizona, d'Utah et du Colorado se touchent à un carrefour. Plusieurs personnes, venues dans cette région sauvage, y avaient été attirées par ce qu'on racontait du butin archéologique dépeint par Wetherill dans ses descriptions des cavernes des Faiseurs de paniers. D'autres voulaient contrôler les idées de Wetherill sur l'ancienneté de ces derniers et voir de leurs yeux les vestiges qu'ils avaient laissés dans le pays des cañons. Mais ce ne fut pas avant l'époque de la Première Guerre mondiale que tout fut dit sur ces hommes primitifs du Sud-Ouest. Il apparut, toutefois, vite évident qu'en véritable pionnier, Richard Wetherill ne s'était pas trompé dans ses idées relatives à ce qui s'était passé autrefois dans ces cañons arides. Il en avait appelé les premiers habitants « Faiseurs de paniers » et ce nom leur est resté.

Nous savons maintenant que ces premiers colons permanents de la région du Sud-Ouest vivaient dans les cañons de grès aux premiers siècles de l'ère chrétienne et avaient fondé une civilisation remarquable dont les représentants vivent encore de nos jours.

Agriculteurs et chasseurs

Le Dr A. V. Kidder et S. J. Guernsey, deux des premiers archéologues à s'intéresser aux Faiseurs de paniers, firent, dans ces mêmes cavernes, des fouilles à l'époque de la Première Guerre mondiale. Ils retirèrent de la poussière, comme l'avait fait Wetherill, des momies avec leurs

La merveille de l'Ouest américain, le grand Canyon du Colorado, tel que le virent Coronado et ses compagnons.

paniers. Ces explorateurs trouvèrent aussi les épis desséchés et recroquevillés d'une variété primitive de maïs, ou « corn ». Ce fait important prouvait avec évidence que les Faiseurs de paniers avaient été, au moins partiellement, agriculteurs et qu'ils avaient cultivé, dans ces cañons desséchés de l'Utah, de petits champs de maïs dont ils avaient tiré en partie leur subsistance. Plus les fouilleurs pénétrèrent profondément dans les couches de terre et de cendres des cavernes des Faiseurs de paniers, plus ils furent impressionnés par le caractère primitif de ces hommes du Sud-Ouest, en dépit du fait qu'ils tressaient et décoraient admirablement sacs et paniers. Il n'y avait pas de traces de haricots, de coton, ou autres produits agricoles que possédèrent plus tard de nombreuses populations. La lacune la plus surprenante, constatée par les fouilleurs, fut l'absence totale de poterie, alors que, dans d'autres parties de l'Amérique ancienne, les ustensiles en céramique allaient presque invariablement de pair avec l'agriculture. La variété de maïs que cultivaient les Faiseurs de paniers semblait, à elle seule, indicatrice d'un état vraiment primitif, comme si les gens des cavernes, dans cette région de cañons du Sud-Ouest, en étaient aux commencements de l'agriculture, sous sa forme originelle ou à peu près. Maints chercheurs émirent même cette idée que les Faiseurs de paniers du Sud-Ouest étaient les créateurs de la culture du maïs. Malheureusement, des événements postérieurs sont venus révéler que tel n'était pas le cas.

Les os d'animaux sauvages et les armes avec lesquelles ceux-ci avaient été tués apprirent aux fouilleurs que les Faiseurs de paniers étaient aussi des chasseurs, et qu'ils ne comptaient pas seulement, pour se nourrir, sur de misérables petits épis de maïs. Conservées dans la poussière sèche, il y avait, dans les cavernes, les armes dont se servaient les Faiseurs de paniers pour tuer. C'étaient des javelots, longs de quatre à cinq pieds, empennés au gros bout et garnis, à l'autre extrémité, d'une pointe de silex taillé. Ces javelots étaient lancés à l'aide d'un « lance-trait », tenu fermement dans la main pour augmenter la puissance de levier de l'arme et, par là même, la force et la portée du coup. Avec le lance-trait et une javeline solidement fixée à cette hampe, un chasseur habile pouvait abattre une antilope ou un mouton à cent mètres. Il est étrange, toutefois, qu'on n'ait trouvé trace ni d'arc, ni de flèches.

Vie des vanniers

Aussi étrange que l'absence de poterie, chez les Faiseurs de paniers, et leur ignorance de l'arc et de la flèche, est le fait qu'ils n'usaient d'autres demeures que les cavernes naturelles trouvées dans les parois des cañons. Ils utilisaient principalement celles-ci, semble-t-il, comme resserres et non pour y vivre, bien que, peut-être, ils s'y abritassent lorsque, en de rares occasions, le mauvais temps sévissait sur la région de Grand Gulch. Dans le sol desséché des cavernes, les archéologues, parmi la poussière contemporaine des Faiseurs de paniers, trouvèrent de nombreuses sépultures circulaires, délimitées par des dalles de pierre. Dans les endroits où le sol des cavernes était dur et solide, des excavations en forme de jarres avaient été creusées par les anciens habitants. Dans ces tombeaux et ces excavations, ils emmagasinaient leur nourriture pour la garder au sec et pour empêcher les rongeurs d'attaquer les tas de maïs. Dans ces mêmes tombeaux, après que leurs provisions avaient été consommées, ils ensevelissaient leurs morts dont ils recouvraient les corps avec les paniers et les sacs qu'ils confectionnaient avec tant d'habileté. Le mystère de la mort dut souvent s'imposer à ces hommes primitifs, alors qu'ils s'efforçaient d'élever leur progéniture et de sustenter leurs enfants avec une maigre nourriture, difficilement obtenue. Combien de sépultures renferment le corps desséché d'un bébé ou d'un enfant !

Les nombreuses excavations pratiquées par les Faiseurs de paniers sur toute l'étendue du district de San-Juan, dans la région des « Quatre Coins », nous livrent un tableau complet de l'existence qu'ils menaient. Des cavernes où étaient d'ordinaire conservés les objets périssables, les fouilleurs ont retiré jusqu'aux sandales que portaient aux pieds ces indigènes. Elles étaient tressées avec des fibres naturelles, carrées au bout et ornées d'une frange par devant. Elles étaient attachées au pied nu au moyen de lanières faites de ces mêmes fibres et habilement agencées pour protéger celui qui les portait quand il s'avançait en trébuchant sur un sol inégal ou hérissé de pierres dures. Les Faiseurs de paniers tissaient de l'étoffe avec de minces bandes de fourrure et fabriquaient des tabliers et de tout petits pagnes pour couvrir leur nudité. Ils fumaient des pipes de forme cylindrique, ressemblant à un court cigare. Leurs femmes mettaient les enfants dans des berceaux de forme ovale, faits de baguettes de saule écorcées, de yucca ou d'écorce de cèdre. Un grand nombre de ces objets étaient placés dans les tombeaux comme offrandes, montrant que ceux qui déposaient, il y a si longtemps, les corps dans les fissures des rochers ou dans les sépultures entourées de pierres, croyaient que les défunts auraient besoin, dans l'autre monde, des articles d'usage courant dans la vie quotidienne.

Qui étaient ces vanniers ?

Les corps desséchés eux-mêmes ne sont pas sans donner quelques indications, car les crânes, et même les masques déformés et parcheminés de ces gens montrent qu'ils appartenaient à une race plus ancienne que celle des autres Indiens du Sud-Ouest. Ils n'aplatissaient pas ou ne déformaient pas la partie arrière du crâne comme on le faisait chez de nombreuses populations « Pueblo » plus récentes. Mais, malgré ces différences, il n'y a pas de doute que les Faiseurs de paniers soient issus de la même souche que les tribus Pueblo plus récentes.

Les Faiseurs de paniers, avec leurs habitudes mi-nomades, mi-agricoles, constituent une catégorie intermédiaire dans la préhistoire du Sud-Ouest. Ils n'avaient pas complètement abandonné

La tradition des Faiseurs de paniers s'est longtemps perpétuée et les Pueblos eux-mêmes faisaient des poteries en forme de panier, telle celle-ci trouvée à Mesa Verde ; à côté, des grains de maïs de l'époque.

l'ancienne économie chasse-ramassage des premiers Américains et n'avaient pas adopté pleinement le nouveau genre de vie basé sur l'agriculture. Ils n'avaient même pas de haches pour couper des pièces de bois et c'est peut-être pour cette raison qu'ils ne bâtissaient pas de maisons durables comme la plupart de ceux qui leur succédèrent. Le tableau complet de la vie des Faiseurs de paniers donne une impression de primitif, d'ancien et en même temps de grand intérêt, comme s'ils étaient à l'origine de ce qui devait être un des très grands centres culturels de tout le Nouveau Monde. Mais les Faiseurs de paniers de Grand Gulch ne jaillirent pas spontanément, et dans leur plein épanouissement, des cañons de grès stériles de cette contrée aride. Ces premiers agriculteurs du Sud-Ouest eux-mêmes doivent avoir eu des précurseurs.

Il ne faut pas oublier que, dans ces mêmes régions du Sud-Ouest, quoique pas spécifiquement dans la contrée gréseuse de San-Juan, s'étaient jouées quelques-unes des parties les plus anciennes du drame américain. Non loin de là, dans la direction de l'est, les hommes du Nouveau-Mexique, de Sandia et de Folsom avaient, les premiers, chassé les animaux de la faune américaine, à la fin de l'âge de glace.

Au sud, dans l'Arizona inférieur, les Ramasseurs de Cochise avaient récolté noix et baies, à cette même époque primitive. Mais il y a peut-être dix mille ans que ces chasseurs et ces ramasseurs menaient leurs existences respectives dans ces régions du Sud-Ouest. Les Faiseurs de paniers pouvaient-ils être leurs successeurs immédiats ?

De toute la documentation que nous avons recueillie sur les Faiseurs de paniers classiques, il semble résulter que ces premiers agriculteurs vivaient, dans la contrée de Grand Gulch, à peu près à l'époque de la naissance du Christ. La Grotte aux Chauves-Souris, non loin de là, dans le Mexique, montre, certes, de manière claire, qu'un maïs, plus primitif encore que celui cultivé par les Faiseurs de paniers, avait déjà fait son apparition dans le Sud-Ouest, bien avant l'ère chrétienne. Mais il restait, entre les chasseurs et les ramasseurs du lointain âge de glace et les Faiseurs de paniers de San-Juan, un vide qui, dans l'histoire du Sud-Ouest, constituait un hiatus quelque peu embarrassant.

La grotte de Ventana

Dans les espaces arides qui s'étendent à l'ouest de Tucson, dans l'Arizona, le Dr Emil Haury, de l'université d'Arizona, a, au cours des quelques dernières saisons de fouilles, mis au jour un abri isolé, appelé « Ventana Cava » qui comble en partie cette troublante lacune entre les anciennes populations sud-occidentales qui chassaient et pratiquaient le ramassage dans ces régions, à la fin de l'âge de glace, et les occupants plus récents de ces mêmes régions qui avaient commencé à pratiquer l'agriculture. Les dépôts accumulés dans cette caverne racontaient l'histoire des populations qui s'étaient succédé en ces lieux et avaient bu l'eau de la petite source qui s'écoulait goutte à goutte de l'extrémité de la roche en surplomb. La couche la plus profonde, et la plus ancienne, des débris entassés dans la caverne de Ventana contenait des outils et des pointes de javelots donnant à penser que des chasseurs du genre Folsom s'étaient abrités là aux époques primitives de l'histoire humaine dans le Nouveau Monde. Par-dessus les anciens dépôts en question il y avait deux autres couches laissées par des populations ayant vécu dans cette même caverne en des siècles plus rapprochés. Ces couches contenaient des outils et des pierres à broyer ayant appartenu à des ramasseurs de même type que les anciens mangeurs de graines et déterreurs de racines de Cochise. Il semble bien, d'après ces témoins muets, qu'un mode d'existence basé sur le ramassage ait persisté en ces lieux jusqu'à une époque tardive, couvrant la période allant de la fin de l'âge de glace jusqu'aux commencements de l'agriculture. La caverne de Ventana se trouve malheureusement très au sud de la zone propre des Faiseurs de paniers et ne se rapporte donc pas exactement aux hommes dont Richard Wetherill avait trouvé les momies dans les cavernes des cañons de San-Juan. Mais les couches serrées de la caverne de Ventana sont la preuve qu'une succession d'anciens Indiens américains a occupé ces lieux désertiques pendant plus de douze mille ans. Il est absolument logique de notre part de supposer que les époques primitives dont les couches de terre accumulées dans la caverne de Ventana nous révèlent l'histoire furent sensiblement identiques dans les diverses parties du continent américain.

Les successeurs des vanniers

Il y a peu d'apparence que les Faiseurs de paniers de Grand Gulch soient eux-mêmes à l'origine de l'agriculture. Le maïs et les courges qu'ils cultivaient dans leurs minuscules jardins étaient des produits venus d'ailleurs, très probablement du Sud, du côté de l'Ancien Mexique. Il y a également lieu de croire que ces emprunts à d'autres régions ne sont pas un exemple unique. Sans doute, d'année en année, idées et nouvelles arrivaient-elles à se répandre comme par bribes, à ces époques primitives, passant d'une tribu à une autre ou répétées de bouche en bouche, d'un bout à l'autre de l'Amérique du Nord. Même dans les cañons isolés de la région des « Quatre Coins », les changements allaient leur train et l'existence ne restait pas exactement ce qu'elle avait été au début.

Richard Wetherill avait déjà démontré ce dont il était parfaitement certain, à savoir que les Faiseurs de paniers qui avaient emmagasiné leur maïs et laissé leurs morts dans les cavernes de Grand Gulch avaient eu pour successeurs d'autres Indiens qui avaient construit des maisons en maçonnerie et avaient juché celles-ci dans les fissures et les cavernes des falaises de la région du Sud-Ouest. De nombreux archéologues qui s'intéressaient non seulement aux Faiseurs de paniers, mais encore aux autres populations préhistoriques sud-occidentales, recueillirent plus tard des données prouvant que des Indiens s'étaient succédé dans toute la partie sud-ouest des États-Unis et que ces tribus et populations diverses avaient constamment amélioré leur genre de vie, de cent manières différentes. De tout cela se dégageait avec évidence, pour tous ces archéologues passionnés de leur métier, cette conclusion particulièrement intéressante que, dans cette zone semi-aride, il y avait eu, avant l'ère chrétienne, quantité de populations distinctes, créatrices d'une multitude de civilisations, soit rivales, soit apparentées en raison des contacts dus à leur voisinage. En fait, quand, au cours des années 1920, de nombreuses expéditions archéologiques commencèrent à explorer et à fouiller les milliers de ruines du Sud-Ouest, le tableau dont elles eurent la révélation leur parut d'une grandeur à défier toute description.

Le congrès de Pecos

C'est alors que l'ancien « pueblo » de Pecos, dans le Nouveau-Mexique, fut l'objet de fouilles de la part du Dr A. V. Kidder, qui avait déjà travaillé chez les Faiseurs de paniers et étudié leurs débuts si intéressants. La plupart des archéologues qui avaient pris à tâche d'élucider l'ancien genre d'existence du Sud-Ouest américain se réunirent à Pecos, en 1928. Ces hommes s'étaient rencontrés, non seulement en vue d'examiner les excavations pratiquées dans ce « pueblo » en particulier, mais encore dans le but de mettre en commun leurs renseignements et de s'entendre sur un système de dénominations pour les époques sud-occidentales, qui servirait à coordonner les recherches futures dans toute cette région. De cette mémorable réunion sortit une classification qui, sauf quelques modifications, a toujours servi depuis lors.

Il était de toute évidence qu'il avait existé des populations adonnées à la fabrication des paniers et qui avaient été, parmi les Indiens, les premières à pratiquer l'agriculture, ainsi que Wetherill l'avait démontré. Après l'époque des Faiseurs de paniers, les cultivateurs préhistoriques du Sud-Ouest avaient commencé à construire des maisons en pierre et en « adobe » et à les grouper dans un but de protection mutuelle. Étant donné qu'une telle façon de faire différait radicalement de celle des Faiseurs de paniers, le terme « Pueblo » fut appliqué à cette nouvelle civilisation, caractérisée par l'agglomération des maisons. Mais ce n'était pas suffisant. Des modifications n'avaient cessé de se produire dans le genre de vie primitif du Sud-Ouest. Les congressistes de Pecos mirent sur pied un système numérique indiquant, de manière artificielle, comment étaient intervenues ces modifications. Finalement, ce système se cristallisa — en remontant toujours plus loin dans le passé — dans l'énumération suivante :

Pueblo V	Pueblo I
Pueblo IV	Basket Maker III
Pueblo III	Basket Maker II
Pueblo II	Basket Maker I

Un système rigide comme celui-là n'était pas exempt d'inconvénients. Pour commencer, personne n'avait jamais vu ou décrit ce qui correspondait au type « Basket Maker I », étant donné que les objets trouvés par Richard Wetherill à Grand Gulch étaient classés « Basket Maker II ». Il devint de plus en plus clair, à mesure que progressaient les fouilles dans le Sud-Ouest, que l'existence menée jadis dans cette région n'avait, pas plus que toute autre ailleurs, dans le monde, changé d'aspect par à-coups et par bonds, comme il semblait résulter de ces catégories artificielles.

C'est ainsi qu'on prit l'habitude d'employer l'expression : période « Modified Basket Maker » plutôt que celle, plus étroite, « Basket Maker III ». En suivant le même raisonnement, de nombreuses autorités appliquèrent à la première section de la série « Pueblo », la dénomination « Developmental Pueblo Period ». Mais, en dépit de ces difficultés de nomenclature, la succession des événements, telle qu'elle résulte de la séquence « Basket Maker-Pueblo », donnait l'idée exacte de ce qui se produisit en fait dans ces régions ; et c'est maintenant la base de tout travail archéologique dans le Sud-Ouest.

Toutes les difficultés, cependant, ne se trouvaient pas éliminées. Il apparut très vite évident, à mesure que se poursuivaient les investigations, que certaines parties du sud de l'Arizona et du Nouveau-Mexique ne se rattachaient pas à la traditon « Basket Maker-Pueblo ». D'autres artisans en poterie et d'autres cultivateurs indiens avaient, en effet, occupé ces régions plus méridionales qui avaient leur histoire et leur mode d'existence propres, distincts de ceux de leurs voisins du Nord. Pour tenir compte de cette séparation, on emploie le mot « Anasazi » pour désigner les Indiens Pueblo et leurs prédécesseurs, les Faiseurs de paniers. Le mot est lui-même une corruption d'un mot indien Navajo, signifiant les « anciennes populations ». Les Navajos avaient eux-mêmes vu autour d'eux, dans ces régions sud-occidentales, les maisons de pierre écroulées des anciens habitants qui avaient vécu là avant eux.

Il était donc clair, d'après ces considérations fondamentales, que de nombreux changements s'étaient produits durant la longue histoire du Sud-Ouest américain et que certains de ces changements avaient été assez importants pour justifier la division de ce laps de temps en périodes et en époques. A mesure que les nombreux emplacements furent repérés, examinés et que le contenu en fut, finalement, mis à nu par la bêche de chercheurs ardents à fouiller, les changements survenus dans ces anciens genres d'existence se révélèrent.

Évolution de l'architecture

L'une des différences les plus significatives entre l'époque Basket Maker II et la période plus récente « Modified Basket Maker » fut le progrès dans les habitations typiques de cette dernière. Les Faiseurs de paniers de cette période se mirent à construire des maisons plus vastes avec plus de dépendances de caractère permanent que leurs prédécesseurs. La plupart de ces améliorations furent le résultat de transitions graduelles, basées sur ce qui avait été fait auparavant. Certains des derniers villages « Basket Maker » étaient encore situés dans des cavernes. D'autres étaient bâtis au-dehors, à l'air libre. Il est certain que les cavités destinées à emmagasiner les provisions et entourées de pierres, que les Faiseurs de paniers avaient tout d'abord utilisées comme resserres à maïs, furent élargies pour former des maisons. Les villages plus récents des Faiseurs de paniers construits à l'air libre, formés de groupes de maisons ainsi creusées, étaient eux-mêmes creusés dans le sol et entourés de dalles de pierre dressées sur le côté. Dans certains cas, ces demeures étaient exhaussées par des constructions au-dessus du sol, consistant en une série de pièces disposées, soit en ligne droite, soit en forme de croissant. Il arrivait souvent qu'un village « Basket Maker » d'époque récente consistât en une ligne, en forme de croissant, de ces maisons bâties au-dessus du sol, avec un groupe de maisons creusées, entre les branches du croissant.

Les toits des maisons creusées étaient des plates-formes habilement

Pour accéder aux portes des demeures des pueblos il fallait souvent utiliser une échelle (Bandelier National Monument, Nouveau-Mexique U.S.A.).

construites, soutenues d'en bas par des montants de bois et recouvertes de boue d'adobe séchée pour les préserver de la pluie. Le caractère de l'architecture, devenu, avec le temps, plus compliqué, donne à penser que les Faiseurs de paniers avaient, depuis l'époque de leurs ancêtres, appris beaucoup de choses. Dans les maisons creusées de la période « Basket Maker » la plus récente, il y avait deux entrées : l'une était une ouverture pratiquée dans le toit et pourvue d'une échelle ; l'autre était un accès latéral sur le côté sud de la cavité. Le côté sud de la maison était habituellement séparé du reste de ces sortes de demeures par une cloison basse, comme si quelque signification rituelle y cût été attachée. L'entrée de la maison, du côté sud, servait aussi d'orifice d'aération, laissant pénétrer l'air frais. La fumée du feu allumé dans le trou creusé au milieu de la pièce était ainsi poussée par un courant d'air à sortir par l'ouverture pratiquée dans le toit, ce qui maintenait à l'intérieur de la maison une atmosphère respirable.

En divers endroits de la zone Anasazi, on a pu distinguer les nombreux stades de l'évolution des Faiseurs de paniers, à mesure qu'ils expérimentaient les différents genres de construction ou étaient influencés par les idées d'autres régions. Les premiers locaux qu'ils construisirent au-dessus du sol étaient de modestes bâtiments fait de perches, plantées droites et serrées, les interstices étant bouchés avec de l'herbe et des branches et le tout enduit de boue. Pour quelques-unes de ces maisons, on utilisait la pierre. Au début les pierres servant à bâtir étaient placées dans la position verticale. Plus tard, les blocs furent disposés horizontalement, comme si les artisans eussent appris par le commencement les méthodes et les complications de l'architecture durable.

Apprentissage de la poterie

Mais le passage des Faiseurs de paniers de leurs cavernes des cañons dans des demeures creusées ou des maisons divisées en pièces, au sommet des plateaux, n'était pas l'unique changement. La poterie apparut à la fin de l'époque « Basket Maker », avec des vases et des bols confectionnés et passés au feu suivant toutes les règles. Il est curieux de constater que les anciens Faiseurs de paniers ont appris par eux-mêmes l'art de la poterie, en commençant par garnir d'argile l'intérieur de quelques-uns de leurs paniers, puis en passant le tout au feu pour consumer la partie « panier » et durcir la coquille d'argile à l'intérieur. Effectivement quelques-uns de ces premiers récipients portent encore, à l'extérieur, la marque de la vannerie qui les entourait. Mais il se peut qu'on se trompe en croyant à cette découverte autochtone de la céramique. Il y avait, au sud des régions Anasazi, pendant ces mêmes siècles, d'autres populations qui savaient déjà confectionner et passer au feu des articles en poterie. Il est possible que, tout simplement, les Faiseurs de paniers Anasazi aient entendu parler de ces choses et fabriqué leurs produits avec l'argile qu'ils trouvaient dans le voisinage de leurs maisons.

L'apparition de la poterie signifie plus que s'il s'agissait de quelque autre accessoire destiné à améliorer le genre d'existence de ces peuplades primitives ; elle est, pour l'archéologue un critérium et une méthode permettant de déterminer exactement le caractère des époques successives. Il est possible que les derniers Faiseurs de paniers n'aient pas été plus insouciants que tels ou tels de leurs contemporains, mais le fait est qu'ils se sont arrangés pour casser et éparpiller autour de leurs villages des milliers d'objets en poterie de leur fabrication si typique. Certains de ces vases n'avaient reçu d'eux aucune décoration et avaient été confectionnés dans un but utilitaire avec de l'argile grise, grossière et caillouteuse. D'autres étaient ornés de peintures de couleur noire, alors qu'une certaine variété d'objets fabriqués par les derniers Faiseurs de paniers portait une décoration rouge sur orange. Étant donné que ces diverses poteries « Basket Maker » avaient été soumises à une forte cuisson par leurs fabricants et que les fragments, avec leurs décorations caractéristiques, en défient pratiquement le temps, l'archéologue au courant de la marche générale des événements Anasazi, peut reconnaître un village de Faiseurs de paniers rien qu'à la nature des tessons de poterie trouvés à la surface. Plus d'un emplacement jadis habité par des Faiseurs de paniers a été identifié parce que quelques débris de leur poterie typique émergeaient d'un talus ou avaient été entraînés par les eaux dans quelque ravin.

Autres nouveautés

C'est aussi pendant la période « Modified Basket Maker » que l'arc et la flèche firent leur apparition, bien qu'il soit impossible de dire comment et d'où ils venaient. Ce nouvel équipement, avec ses complications et ses avantages manifestes, remplaça les anciens lance-traits * et les longues javelines empennées des premiers Faiseurs de paniers. Les mailloches à gorge et les haches à encoche apparurent dans les mêmes conditions ; sans doute le besoin s'en était-il fait sentir pour couper des pièces de bois en vue de la construction des maisons creusées et des bâtiments de surface.

Les derniers Faiseurs de paniers apprirent également à cultiver les haricots qu'ils ajoutèrent à la liste de leurs produits agricoles et domestiquèrent le dindon sauvage, qu'ils prirent l'habitude de parquer dans des enclos, augmentant ainsi les ressources d'une économie de plus en plus prospère.

Malgré tous ces changements, il n'y avait eu, il faut y insister, ni disparition brutale des traditions anciennes, ni début, également brusque, des nouvelles. Les Faiseurs de paniers du type « Modified » continuèrent, dans leurs villages nouvellement bâtis, à tresser des paniers avec la même habileté que leurs prédécesseurs. Ils ajoutaient, il est vrai, plus de rouge à la couleur noire dont étaient faits, à

---

* Dénomination technique : propulseur.

l'origine, les dessins de ces paniers. Ils avaient appris, de plus, de nouvelles techniques pour tresser ceux-ci, mais leur art restait essentiellement dans la ligne des plus anciens modèles trouvés dans les cavernes de Grand Gulch. Ils avaient apporté aussi des modifications à la confection de leurs sandales, spécialement en ce qui concerne le bout qu'ils agrémentaient de festons, abandonnant la frange qui ornait le devant des chaussures de leurs ancêtres. Mais tout cela était relativement de peu d'importance. Si on considère la succession des époques dans le Sud-Ouest, au cours de ces siècles lointains, on est plus impressionné par la continuité de l'évolution Anasazi que par les petits détails qui en révèlent les différentes phases. Depuis les tout premiers jours la roue du changement ne cessa de tourner, chez les Faiseurs de paniers, modifiant peu à peu leur genre d'existence, y introduisant la poterie, l'arc et la flèche, n'arrêtant pas plus, dans leurs cañons solitaires, sa marche inexorable que dans les autres lieux où des hommes primitifs travaillaient, eux aussi, à bâtir leurs destinées.

Ainsi donc, la vie communale commença-t-elle et fut-elle solidement établie dans le Sud-Ouest par d'anciennes populations tressant de beaux paniers et enterrant leurs morts dans des cavernes où les corps se desséchaient et se momifiaient à l'air pauvre en humidité du Sud-Ouest américain. Ces Faiseurs de paniers ne furent pas les premiers et ne furent pas davantage les derniers à vivre dans ces régions. Mais ce sont eux qui sont à la base du développement de ce genre d'existence que nous appelons à présent Anasazi et qui reposait sur l'agriculture. Partant de là, ces hommes réalisèrent peu à peu des progrès qui s'épanouirent en une floraison culturelle reconnue depuis longtemps comme l'une des plus intéressantes et des plus remarquables de tout le Nouveau Monde.   F.-C. HIBBEN

Poterie Pueblo, Mesa Verde N. P. Museum.

LA VIE DES PUEBLOS

Vers 700 de notre ère la civilisation des Pueblos succède à celle des Vanniers, par simple évolution plutôt que par un changement brusque provoqué par la venue d'une nouvelle population. Le terme de Pueblo signifie en espagnol « village » et ce sont bien des villages aux demeures déjà solidement construites en pierre et en argile, pourvues souvent d'un étage, que découvrirent les Espagnols en quête des sept cités de Cibola.

Nous ferons encore une fois appel à C. W. Ceram pour nous décrire la découverte romanesque de l'un de ces pueblos, le pueblo « Aztec ».

Un aventureux écolier

Bien que les fouilles d'Aztec soient surtout liées au nom de Earl H. Morris, c'est à un amateur que nous devons le récit d'une première exploration. Il s'agissait d'un écolier qui n'avait pas même dix ans au moment de l'événement (vers 1880) et la relation qu'il en a donnée, environ cinquante ans après, a gardé une étonnante fraîcheur.

Sherman S. Howe — c'est son nom — était l'un des premiers élèves de l'école qui venait de s'ouvrir à Aztec (une école minuscule puisqu'elle n'avait qu'une seule pièce) et dont le premier directeur s'appelait Johnson. C'est tout ce que nous savons de lui et pourtant il devait être beaucoup plus qu'un « pion », car il sut éveiller l'intérêt des enfants pour le passé tangible qui les entourait et semer dans leur esprit les germes de la curiosité. Armé d'une pelle, d'une pioche et du désir la découverte, il entraînait sa petite troupe vers les ruines, le samedi, jour de congé. Et voici le souvenir que le vieux Howe a gardé du jeune Sherman :

« Il neigeait un peu et il faisait très froid. Entrés dans une pièce au deuxième étage, plus qu'à moitié pleine de gravats, nous avons commencé à creuser dans un coin. Nous avons trouvé le plancher à 1,50 mètre environ et nous y avons ouvert un trou d'environ 75 centimètres de diamètre, mais, au-dessous, nous ne voyions qu'un cachot tout noir. Il y eut une longue discussion sur la profondeur qu'il pouvait avoir, ce qu'il y avait au fond et la manière d'en ressortir si jamais on y descendait. Certains pensaient qu'il était peut-être plein de rats, de mouffettes, de chauves-souris ou de serpents à sonnettes. Nous imaginions des foules de choses, mais je crois que la peur des fantômes était la pire. »

Qui allait se risquer le premier ? Qu'allait-il trouver ? Le petit Sherman se proposa...

Les ruines d'Aztec

Les ruines d'Aztec qui sont aujourd'hui un monument national, auquel conduisent d'excellentes routes, se trouvent au bord de l'Animas, venu du Colorado pour se jeter dans la San-Juan, à l'angle nord-ouest du Nouveau-Mexique. Sa vallée, large de 3 kilomètres,

45

est extrêmement fertile et les églantines y fleurissent dans les coins ombreux ; en effet, malgré une altitude de 1 700 mètres, elle reçoit toujours une quantité de pluie suffisante.

Bien entendu, la localité actuelle et les ruines portent un nom qui peut induire en erreur. Jamais les Aztèques n'y ont vécu. Mais il avait paru au siècle dernier un livre passionnant, qui se trouvait dans les plus petites bibliothèques américaines, *La Conquête du Mexique* par l'historien aveugle William Prescott. Il avait fait connaître la splendeur et la puissance de l'Empire aztèque, donné une image colorée de ses temples et de ses palais magnifiques, détruits par Hernando Cortés. Et voilà pourquoi, quand on découvrait des ruines qui avaient quelque majesté, on les attribuait aux Aztèques. Pourquoi pas ? Mais celles qui nous intéressent, au *Nouveau-Mexique*, remontaient à un passé plus lointain que ceux dont elles portaient le nom. Oui, le peuple des Aztèques n'avait pas encore commencé son ascension vers la toute-puissance dans l'actuel Mexico que celui du pueblo d'Animas connaissait déjà le déclin.

Le premier document écrit qui en fasse mention est une carte de l'Espagnol Miera y Pacheco vers 1777. Elle porte, entre les rivières Animas et Florida, l'indication : « ruines de très anciennes villes ». Puis de nouveau quelques voyageurs les signalent au XIXe siècle. Quand la voie ferrée lancée vers l'ouest atteignit Canyon City dans le Colorado, Lewis H. Morgan poussa plus loin dans un chariot bâché. C'est ce grand anthropologue, maître de Bandelier, qui rapporta les premiers renseignements scientifiques sur les ruines d'Aztec. Il trouva des pièces encore tout à fait intactes avec des plafonds en bon état, même au deuxième étage ; au reste, un des colons lui raconta que le quart des murs de pierre n'avait pas été détruit du tout par la nature mais par les fermiers des environs, qui s'étaient servis des blocs de grès bien taillés pour construire leurs maisons. (De même dans la Rome médiévale, papes et princes qui eux n'avaient pas l'excuse de l'ignorance pillaient le Colisée pour orner leurs somptueux palais.)

Après cela les visites se succédèrent aux ruines qui se dégradaient de plus en plus jusqu'à ce que, en 1916, Earl H. Morris commençât ses fouilles systématiques, préservât les bâtiments de nouvelles déprédations et entreprît de les restaurer. A cette époque, on n'avait pas encore la moindre idée de la superficie occupée à l'origine par l'agglomération, de l'époque à laquelle elle remontait, des populations qui avaient vécu là, ni de ce qui pouvait encore se cacher sous les décombres. On n'en savait guère plus que le jeune Sherman trente ans auparavant.

Un squelette dans un souterrain

Le maître ne voulut pas que ce petit écolier se risquât le premier dans ces régions infernales. Un des grands descendit au moyen d'une corde, cependant que des relents de pourriture montaient par le trou. Les autres le suivirent, non sans hésitation. Le spectacle qui les attendait était décevant. La lumière tremblotante de leurs bougies léchait des murs lisses, un plafond lisse, un sol lisse. La grande pièce était parfaitement vide, sans le moindre fragment de gravat ou de poterie, sans une trace de cendre. Et puis, ils aperçurent dans la paroi une ouverture de porte dans laquelle ils s'engouffrèrent. Même tableau : une pièce semblable, dans un état semblable. On aurait cru que les hommes qui avaient vécu là des siècles auparavant avaient soigneusement nettoyé leur demeure avant de la quitter, comme on le fait aujourd'hui quand on veut la louer dans de bonnes conditions.

Howe se rappelle que « Mr. Johnson parut déçu et déconcerté ». Mais enfin, chacun se ressaisit et se mit au travail. Ayant remarqué de curieuses traces d'outil sur un des murs, ils y percèrent un trou.

La première bougie qu'ils tendirent dans le noir béant fut éteinte par un souffle empesté. Ils agitèrent les mains pour faire entrer assez d'air frais par l'orifice, puis rallumèrent la bougie et quand les premiers rayons de lumière se mirent à rôder sur les murs et le sol de cette nouvelle pièce, les enfants virent ce qui fait bondir le cœur de tous les Tom Sawyer * : un squelette était appuyé contre la paroi !

Ils restèrent figés sur place. « Nous devions sûrement être frappés de stupeur et nous demander s'il fallait tenir bon ou battre en retraite. »

Mr. Johnson ne savait certainement pas que bien d'autres squelettes avaient été découverts aux États-Unis. Mais à coup sûr il se douta qu'il se trouvait en face de l'un des hommes qui, longtemps avant l'arrivée de Colomb, avaient peuplé ce continent, construit ces grandes maisons, et trouvé là leur sépulture — très sommaire d'ailleurs, puisque l'on s'était apparemment contenté de l'adosser à demi nu contre la paroi avant de sceller la pièce.

Une fois revenus de leur stupeur, ils constatèrent que la tête était détachée et placée sur les pierres dans une position tout à fait contre nature, que des lambeaux de peau desséchée qui ressemblaient à du cuir jonchaient le sol, que des mèches de cheveux noirs se tordaient entre eux — et un désir violent les prit d'en savoir davantage. Cependant les heures avaient passé. Johnson donna le signal du départ, non sans avoir promis que l'on reviendrait le samedi suivant.

La chasse au trésor

Mais le samedi suivant, la scène présentait un aspect tout différent. Très surexcités, les jeunes garçons avaient raconté à leurs parents la macabre découverte et désormais le cœur des braves fermiers était lui aussi enflammé par la passion de la découverte. Une file d'hommes se glissa par le trou et se mit en devoir de défoncer tous les autres murs à coups de pic pour reconnaître d'autres pièces. Les jeunes les précédaient à quatre pattes. Et c'est alors que survinrent les vraies surprises. Reprenons les souvenirs de Howe :

---

* Jeune garçon, héros d'un roman de Mark Twain, auteur américain de la première moitié du XIXᵉ siècle.

« J'entrai dans cette pièce et restai un instant immobile, essayant de voir tout ce que je pouvais pendant que la foule surexcitée fouillait partout, éparpillant tout, saccageant tout. Il y avait treize squelettes allant des bébés aux adultes. Des premiers, il n'y avait que deux. Les os de leur crâne n'étaient pas encore soudés, l'un avait deux dents. Tous étaient enroulés dans des nattes comme celles qui entourent les caisses de thé venant de Chine et attachés avec des ficelles en fibres de yucca. Il y avait de grands morceaux de cotonnade, unis pour la plupart et ressemblant à notre coutil. Le tissu était bien conservé, mais un peu jauni par l'âge. Certains morceaux avaient un dessin de raies colorées (rouge). Il y avait aussi des tissus de plumes et plusieurs nattes de divers genres. Aussi des paniers, parmi les mieux faits que j'aie jamais vus, tous bien conservés. Beaucoup de sandales, certaines toutes bonnes, d'autres très usées. Une grande quantité de poteries... dont certaines étaient très jolies et avaient l'air neuves. »

Ils restaient là, fascinés. Il y avait trop de choses pour qu'ils pussent les embrasser d'un seul regard. L'éclairage était trouble, trop de gens tournaillaient sur place et les petits objets ne s'imposaient que lentement à leur attention.

« Il y avait beaucoup de perles et d'ornements. Je ne peux pas les décrire, parce que je n'ai pas eu l'occasion de les examiner de près. Je me rappelle avoir vu une assez grande quantité de turquoises. Il y avait aussi des haches de pierre, polies et d'une bien plus belle apparence que la moyenne de celles qu'on trouve dans le voisinage. Il y avait aussi des couteaux à dépiauter, comme on dit, et des formes à sandales ; des coussins ou des bourrelets qu'ils se mettaient sur la tête pour porter des fardeaux — certains en yucca, joliment tressés ou tissés, certains tout ordinaires en torsades de yucca attachées en plusieurs endroits pour les maintenir ensemble ; certains en écorce de genévrier entourée de ficelles, et certains en écailles de maïs. Ceux-là servaient peut-être aussi pour poser les jarres à fond rond qui ne pouvaient guère se tenir droites sans un soutien quelconque. »

Du point de vue archéologique, ce qui s'est passé là était du vandalisme pur. Mais qui aurait pu enseigner la bonne façon de se comporter à ces fermiers tout simples qui se sentaient transformés en chasseurs de trésors ? Grimper dans les ruines après les offices et « ramasser » devint le sport favori des fins de semaine. Mais que devinrent ces précieux témoins miraculeusement conservés d'un peuple préhistorique ? Howe fait appel à ses souvenirs :

« Quand le travail a été fini, tout a été sorti et emporté par plusieurs membres du groupe, mais où est-ce maintenant ? Personne ne le sait. Comme pour la majeure partie du mobilier des petits pueblos, autour des bâtiments plus grands, il n'en reste rien. N'étant qu'un gamin, je n'ai pas pu choisir ce que je voulais, j'ai dû prendre les restes, ce qui faisait d'ailleurs une jolie petite collection. Mais elle aussi, elle a presque entièrement disparu ! »

Pourtant il y en avait encore beaucoup, beaucoup plus que Johnson et ses élèves le supposaient. Et Earl Morris le découvrit.

La Grande Kiva du pueblo d'Aztec. Ce sont des poutres comme celles qu'on peut voir sur la droite qui servaient de charpente au toit de la kiva souterraine ; par ailleurs les pierres étaient recouvertes d'un enduit de terre qui constituait des parois lisses sur lesquelles étaient appliquées des peintures.

De très jeunes archéologues

Il est curieux de constater combien d'anthropologues et d'archéologues devenus célèbres par la suite ont discerné dès leur plus jeune âge ce qui allait être la grande affaire de leur vie.

Frank Cushing avait neuf ans quand un fermier qui labourait lui donna les premières pointes de flèches précolombiennes ; à quatorze ans il en avait une collection de plusieurs centaines et commençait à fouiller. Des trous de toute évidence percés intentionnellement dans un crâne d'indigène aiguillèrent Julio Tello, alors qu'il n'avait qu'une dizaine d'années, vers ses études ultérieures sur les « méthodes opératoires indiennes ». Roland T. Bird commença sa carrière en aidant son père dès l'âge de neuf ans, et finit par être le grand spécialiste des dinosaures, qui procura quatre-vingts tonnes d'os de ces sauriens et d'autres fossiles à l'American Museum of Natural History. Frank Hibben, futur explorateur de Sandia Cave, avait neuf ans lui aussi qu'il portait déjà de l'eau sur les chantiers de fouilles.

Mais l'enfant prodige le plus remarquable est à n'en pas douter Earl Morris. A l'âge de soixante-trois ans, il annonça officiellement qu'il fêtait son soixantième anniversaire comme archéologue. Né en 1889, il n'avait guère plus de trois ans en effet quand il fit sa première découverte. Voici ce qu'il en raconte :

« Un matin, au mois de mars 1893, mon père me donna une pioche usée dont il avait scié le manche à la bonne longueur pour moi et me dit : « Va donc creuser dans ce trou que j'ai fait hier, comme ça tu ne seras pas dans mes jambes. » Le premier coup de mon outil fit rouler un objet rond et grisâtre qui ressemblait à un caillou, mais en le retournant, je constatai qu'il s'agissait du cuilleron d'un puisoir blanc orné de noir. Je courus le montrer à ma mère qui saisit un couteau de cuisine et se rendit en hâte à la fosse pour dégager le squelette avec lequel il avait été enterré. Ainsi, à trois ans et demi, l'événement décisif s'était produit qui allait faire de moi un ardent chasseur de poterie, destiné à acquérir par la suite le rang le plus honorable et j'espère mérité comme archéologue. »

Un problème crucial

Il conserva jusqu'à sa mort en 1956 ce fragment de puisoir noir et blanc. Comme Kidder, il travailla également sur des chantiers dans le pays des Mayas, mais, comme lui aussi, son cœur était dans le Sud-Ouest. Fouilleur par excellence, homme du travail manuel sur le terrain, il devait se contraindre pour s'asseoir à un bureau. Ses collections, presque toutes conservées au musée de l'université du Colorado, sont d'une richesse énorme, mais la moitié à peine en a été inventoriée et une petite partie seulement analysée par lui. Pour beaucoup de ses fouilles, il ne reste plus que le journal qu'il tenait avec une grande exactitude et complétait par d'excellentes illustrations. C'est seulement en 1963, donc après sa mort, que l'université du Colorado a commencé, sous la direction de Joe Ben Wheat, la publication de ses écrits et poursuivi le classement des matériaux rassemblés par lui.

Nous nous trouvons là en face d'un problème crucial pour l'archéologie actuelle et non pas seulement en Amérique, mais dans le monde entier. On a tant fouillé depuis des dizaines d'années que la mise en œuvre scientifique ne peut plus suivre. J'ai eu en 1961 l'autorisation de visiter les caves du musée d'Athènes qui ne sont pas ouvertes au public. Aucun doute possible : les « fouilles » les plus fructueuses pourraient (et devraient) être effectuées là, où reposent d'innombrables trésors qui ne sont même pas catalogués et que les archéologues qui travaillent à longueur d'année en Grèce n'ont jamais vus. De la situation en Amérique, Wheat, conservateur du département d'anthropologie au musée de l'université du Colorado écrit :

« Quelques archéologues connaissent souvent ces collections de réputation, voire par une note en bas de page ou une brève référence dans les publications qui en ont la spécialité, mais dans l'ensemble, elles demeurent aussi enfouies et aussi inconnues que si elles n'avaient jamais été exhumées. Si l'on veut un jour justifier les frais non négligeables des fouilles, de l'entreposage et de la conservation, il fuadra les réexhumer diligemment des musées et les inventorier. Du point de vue des connaissances, c'est plus important encore, car une grande partie de ces documents ne pourrait être remplacée aujourd'hui. »

Fouilles de Morris

Quoi qu'il en soit, le docteur N. C. Nelson, archéologue alors attaché à l'American Museum of Natural History, avait visité les ruines en 1915 et l'avis des spécialistes était unanime : il fallait fouiller là. On tomba d'accord sur le nom de Morris pour diriger les travaux et Aztec devint sa chose. Il y travailla de 1916 à 1921, puis par intermittence en 1923 et de nouveau en 1933-1934. Dès 1923 les résultats étaient si impressionnants, même pour l'œil le moins exercé, que le site fut classé monument national. Le premier conservateur en fut Earl Morris, nommé le 8 février avec un traitement qui était, même alors, de famine (douze cents dollars par an), ce qui ne l'empêcha pas d'écrire gaiement :

« Mon attitude envers ce travail n'est pas celle de quelqu'un qui peine pour des considérations financières. J'y prends tout autant d'intérêt que si je le faisais de ma propre initiative. »

Dès le début, il se heurta à de grosses difficultés. L'état des ruines était extrêmement différent selon les endroits, et les masses de terre à déplacer, souvent meubles mais parfois dures comme du ciment, étaient énormes. Il eut l'idée fantastique d'utiliser un canal à vannes pour entraîner les déblais de la partie nord, la plus haute, mais le dispositif ne fonctionna pas. Un chemin de fer à voie étroite ne réussit pas davantage. Il dut finalement en revenir au vieux procédé du tombereau à cheval ; les véhicules pouvaient être chargés directement sur le chantier et emporter les gravats dans un lieu éloigné, libre de ruines.

Les pièces qu'ils dégageaient étaient toutes écroulées, mais de façon si différente qu'il fallait employer une méthode particulière pour chacune. Il découvrit de nombreuses kivas (vingt-neuf à Aztec), ces salles de réunions secrètes à demi souterraines, et surtout la grande, qui s'élève notablement au-dessus de la partie sud de la plaza.

La Grande Kiva

Il convient de s'y arrêter un instant. C'est la plus belle et la plus impressionnante que l'on puisse visiter aux États-Unis. Reconstituée par Morris en 1933 et 1934, elle apparaît aujourd'hui telle qu'elle a été des siècles avant Colomb, alors qu'elle abritait des réunions secrètes, des cérémonies rituelles et des danses.

Elle est ronde, avec un diamètre intérieur au sol dépassant légèrement 12,50 mètres (ce n'est donc pas la plus grande, celle du Chaco Canyon par exemple mesure 19,20 mètres). A un mètre à peine au-dessus du sol, elle s'élargit pour atteindre 14,50 mètres. Elle est formée par deux corps de bâtiment, deux anneaux pourrait-on dire : celui de l'intérieur, la kiva proprement dite, se trouve à quelque 2,40 mètres sous terre, celui de l'extérieur compte quatorze pièces qui s'ouvrent vers l'intérieur et dont l'une donne également accès à la plaza. Pénétrant aujourd'hui dans ces pièces obscures, on ne peut se soustraire à l'impression de solennité recueillie qui s'en dégage. L'emplacement soigneusement aménagé du foyer fait penser à un autel ; des fosses bien encloses, dont on ignore encore l'usage, ont l'air de sarcophages vides, les piliers de pierre quadrangulaires compartimentent l'espace comme dans une église — nulle part en Amérique du Nord des ruines ne sont imprégnées à ce point par le souffle religieux d'un peuple depuis lontemps disparu, nulle part on ne peut aussi aisément se représenter une telle salle peuplée de sorciers aux vêtements fantastiques, perdus dans une danse extatique.

Cette Grande Kiva n'est pas une excavation primitive, c'est un beau morceau d'architecture. Morris avait d'ailleurs fait la même démonstration dans le pueblo lui-même. Il ne s'agit pas de grossières structures en adobe entassées au hasard les unes sur les autres ; les blocs de grès taillés ont été soigneusement assemblés et les murs brun-jaune, traversés par une longue chaîne de pierres vertes haute de cinq assises qui leur sert d'ornement.

Aujourd'hui encore, on peut distinguer trois étages bien que les dégradations soient fort étendues. Cependant il demeure près de vingt pièces dont les plafonds sont tout à fait intacts — davantage peut-être, parce que Aztec n'a toujours pas été entièrement dégagé. Très refermé sur lui-même, le pueblo n'avait qu'une seule entrée. Ce que l'on appelle des « fenêtres » conduisait d'une pièce dans l'autre ; aucune ne donnait sur l'extérieur. D'après les derniers résultats de la campagne 1962, on a pu reconnaître deux cent vingt et une pièces au premier étage, cent dix-neuf au deuxième et encore douze au troisième. Cela fait un total de trois cent cinquante-deux, mais il n'est pas douteux qu'au temps de sa prospérité le pueblo en

Cette poterie peinte noir et blanc est caractéristique des vases de type Kiva de la période classique des pueblos (XIIe-XIIIe s.). Mesa Verde N. P. Museum.

Pages suivantes : cette construction appelée Temple du Soleil (Parc national de Mesa Verde) reste énigmatique ; ce n'était certainement pas un temple consacré à quelque divinité solaire. Le haut des murs a été recouvert de ciment par les archéologues afin de les protéger de l'érosion.

comptait beaucoup plus. Quand on estime le nombre des habitants à quinze cents, il ne peut s'agir que d'un chiffre tout à fait approximatif ; ils étaient peut-être beaucoup plus nombreux. En 1964, Roland Richart a signalé le dégagement de quatorze autres pièces dans ce que l'on appelle la « Ruine de l'Est ».

Comment, par qui, quand cette agglomération a-t-elle été construite ? Et quand a-t-elle été abandonnée ?

Pédigree du pueblo Aztec

Importante est la situation géographique : Aztec se trouve en effet à peu près à mi-chemin entre le grand groupe de pueblos du Chaco Canyon (plus au sud, dans l'angle nord-ouest du Nouveau-Mexique, près de l'actuelle autoroute 44) et celui, aussi grand, de la Mesa Verde (au nord, dans l'angle sud-ouest de Colorado, près de l'actuelle petite ville de Cortez) qui se différencient par leur architecture et plus encore leur poterie, dont ni les couleurs ni les ornements ne présentent la moindre ressemblance.

On ne sait pas du tout si Aztec doit son origine à l'émigration, voire à l'expulsion de groupes importants hors de ces centres civilisés, à l'échange d'idées et de techniques avec une population plus ancienne, ou à la conquête de la vallée par de petites bandes belliqueuses qui imposèrent leur mode de vie aux habitants. Ce qui est sûr, c'est qu'un style chaco a d'abord été employé qui a marqué l'architecture, la poterie ainsi que les rites funéraires (comme dans toute la région du Chaco, on a trouvé fort peu de sépultures remontant à cette époque).

Mais ce qui est tout à fait énigmatique dans l'expansion du pueblo, c'est qu'il a été bâti deux fois à un siècle d'intervalle environ !

Il y a quelques dizaines d'années encore, jamais un archéologue n'aurait espéré, même en rêve, pouvoir un jour déterminer des dates précises pour ces périodes. Or, aujourd'hui, grâce à la dendrochronologie * dont nous donnerons seulement les résultats ici (...), nous pouvons les calculer à un an près.

Nous savons que le premier pueblo d'Aztec a été construit de 1110 à 1124 de notre ère et nous savons même que les travaux les plus considérables ont été effectués au cours des années 1111-1115.

C'est vers 1110 que le premier groupe arriva sur les lieux et se mit à bâtir. L'année suivante dut voir un afflux de population beaucoup plus important, car la moitié environ du pueblo fut achevée. Quel qu'ait été leur nombre d'ailleurs, cet exploit paraît tout simplement invraisemblable aujourd'hui, quand on se trouve

---

* Méthode de datation à partir des anneaux des troncs d'arbres.

en face des ruines. Vers 1115, troisième vague d'immigrants qui achevèrent à peu près l'œuvre entreprise — des indices donnent à penser que les constructions furent élevées jusqu'au quatrième étage. Ces années à partir de 1124 ou 1125 sont occupées par des agrandissements que rendait probablement nécessaires l'accroissement des familles, ou peut-être la mutiplication des entrepôts, ou encore l'utilisation des vieux locaux comme débarras.

Bien entendu, il est passionnant, fascinant de chercher à se représenter la vie de ces hommes et, si l'imagination se soumet aux données de l'archéologie, l'entreprise est non seulement possible mais souhaitable. Dans ce domaine, les spécialistes européens sont très prudents, trop prudents, car, si rendre une vie aux documents morts n'est pas le but ultime de l'archéologue, il demeure au niveau du simple collectionneur de matériux.

Vie du pueblo

John M. Corbett a tenté cette réanimation pour la première période d'Aztec :

« A l'apogée de l'occupation chaco, le pueblo devait offrir un spectacle fascinant. Par une journée ensoleillée, plaza et terrasses bourdonnaient d'activité — les mères allaitaient leurs enfants, écrasaient le maïs pour les tortillas, préparaient la viande destinée au ragoût, tressaient des paniers et façonnaient des pots d'argile qui seraient cuits plus tard. Les vieux se chauffaient au soleil, ou instruisaient les jeunes gens. La plupart des hommes et des adolescents s'affairaient dans les champs fertiles autour du pueblo, y cultivant le maïs, les haricots et les courges. C'était un rude travail, car clan par clan, chaque lopin devait recevoir sa part d'eau soigneusement ménagée par le canal d'irrigation qui suivait la pente de la haute terrasse juste au nord du pueblo. De temps à autre dans la journée, des chasseurs arrivaient, joyeux s'ils étaient chargés de gibier, moroses et lents s'ils n'avaient rien tué. Parfois, un groupe d'étrangers passait, avec quelques marchandises à échanger. Ils étaient accueillis avec joie, nourris et la plaza prenait un air de fête.

« Le soir, le pueblo devait présenter un aspect tout à fait différent : sombre, mystérieux et silencieux. Ici et là un petit feu expirant jetait des lueurs chancelantes sur un mur d'adobe brunâtre. Dans une ou deux des kivas, une faible lumière filtrant par le panneau dans le toit signalait les préparatifs d'une cérémonie, ou peut-être la réunion secrète de l'une des sociétés classiques. En regardant d'assez près, on pouvait apercevoir l'une des sentinelles dont la silhouette se profilait un court instant sur le ciel tandis qu'elle changeait de position. Mais le pueblo était enveloppé de silence, un silence que rompait seul, de loin en loin, l'aboiement d'un chien ou le cri d'un bébé — jusqu'au moment où, peu après l'apparition de l'étoile matinière, les chasseurs se glissaient hors du pueblo ; puis, lorsque celle-ci pâlissait à son tour, les nappes de plus en plus larges de la lumière aurorale annonçaient l'approche d'une nouvelle journée dans la vie d'Aztec. »

Un mystérieux exode

Mais c'est alors que survint l'inexplicable. Surtout si l'on admet l'exactitude de cette description idyllique (qui ne fait pas la moindre allusion à un possible danger menaçant l'idylle), on ne comprend absolument pas pourquoi cette communauté florissante se désagrégea brusquement et disparut sans laisser de trace. Tout dut se jouer en très peu de temps, et pourtant les habitants eurent le loisir de faire tranquillement leurs paquets, car ils emportèrent tout ce qui avait de la valeur. Ni Morris ni ceux qui vinrent après lui n'ont trouvé la moindre cause apparente à cet exode. Pas d'incendie, pas d'épidémie qui eût provoqué une fuite panique, pas d'indice non plus que quelque tribu guerrière les eût chassés de leurs demeures, pas trace d'un massacre, ou de l'installation de nouveaux occupants.

Vers 1130 de notre ère, le pueblo était désert, désert comme une ville fantôme. Les chouettes faisaient halte dans les embrasures, les rats galopaient à travers les pièces, le vent soufflait du sable et encore du sable dont la couche finit par atteindre 20 centimètres sur le sol des pièces. De temps à autre un craquement retentissait dans les murs morts quand un toit miné par les infiltrations de pluie s'écroulait. Pendant cent ans le pueblo resta abandonné !

Ce qui est mystérieux, c'est que cet exode coïncida presque avec celui des populations du Chaco. Mais dans le cas de celles-ci, on a pu établir que les ressources en eau étaient devenues si insuffisantes que les milliers d'habitants de la vallée ne parvenaient plus à trouver leur subsistance et, d'ailleurs, leur départ, commencé vers 1100, s'échelonna sur des dizaines d'années. Peut-être est-ce un groupe de ces premiers émigrants qui, remontant vers le nord, pénétra dans la fertile vallée de l'Animas et y fonda Aztec, en imposant sa domination à une population beaucoup plus primitive de Fabricants de paniers déjà installée sur les lieux.

Mais le manque d'eau qui obligea les bâtisseurs du Chaco à abandonner leur territoire n'existait pas — ou à peine — à Aztec. L'Animas n'était jamais complètement à sec. Quelques indices permettent d'envisager la possibilité d'un changement de lit qui aurait perturbé le système d'irrigation des champs au point que sa restauration n'aurait été ni praticable, ni souhaitée. Mais nous ne le savons pas. Très probablement, les milliers d'hommes qui habitaient Aztec retournèrent avec femmes et enfants vers le sud, rejoindre ceux du Chaco (peut-être leurs frères de race), mais les trouvant eux aussi depuis longtemps en pleine migration, ils poussèrent plus loin, jusqu'au rio Grande, au pays des Hopis où leurs traces se perdent dans l'obscurité de l'Histoire.

Renaissance du pueblo

Mais nous nous trouvons maintenant devant la deuxième énigme.

Un siècle plus tard, environ, la ville fantôme fut occupée par une autre population. Plus précisément, entre 1220 et 1260. Une fois

La « long house » (longue demeure) de l'ensemble de Mesa Verde vue d'un angle exceptionnel ; au premier plan on remarque l'une des nombreuses kivas.

Mesa Verde

Les pueblos se répartissent à travers l'Arizona, le Nouveau-Mexique et l'angle sud-ouest du Colorado où se trouve le plus connu de ces établissements désigné sous le nom de Mesa Verde. Un grand nombre de pueblos, anciens ou modernes, sont des villages établis en plaine et peuvent offrir des caractères particuliers comme le pueblo Bonito qui forme un arc de cercle, les maisons accolées les unes aux autres constituant un véritable rempart du côté de l'extérieur. L'autre type de pueblos est construit non plus en plaine mais dans des sortes d'immenses cavités au flanc de hautes collines, d'où le nom de *Cliff Dwellers* (habitants des falaises) donné par les Américains à ces villages. *Mesa* est le nom donné par les Espagnols (son sens premier est « table ») aux falaises plates, aux flancs érodés, qui se dressent couramment dans les plaines du nord du Mexique et du sud-ouest des États-Unis : Mesa Verde (la colline verte) est maintenant devenu l'un des plus célèbres parcs nationaux des États-Unis.

Le plus remarquable des ensembles de Mesa Verde est le Cliff Palace (le Palais de la Falaise). C'est le plus grand des villages aménagés au creux des falaises, avec près d'une centaine de salles d'habitations et plus d'une vingtaine de kivas. Les maisons, en pierres plates unies par mortier de terre, étaient étagées sur deux ou trois niveaux, au-dessus des kivas dont les couvertures constituaient des sortes de terrasses sur lesquelles s'ouvraient les demeures. L'accès aux terrasses se faisait à l'aide d'échelles extérieures et on descendait dans les kivas par des ouvertures aménagées dans leurs toits. Entrevu en 1859 par le capitaine J. N. Macomb, le site fut réellement découvert en 1886 par deux fermiers du pays qui s'intéressaient à l'archéologie, Richard Wetherill et son cousin Charles Mason. Le site a été étudié scientifiquement une douzaine d'années plus tard par le Suédois Gustav Nordenskiöld qui publia en 1893 le résultat de ses recherches. Fondé vers 500, l'établissement parvint à son apogée vers 950, époque à laquelle furent élevées plusieurs tours rondes et carrées dont l'une avait trois étages. Le site fut abandonné vers 1300.

encore nous relevons les signes d'une période de construction intense, qui occupa les années 1225 à 1250 soit toute une génération ; des enfants naquirent entre ces dates et eurent le temps de fonder à leur tour une famille.

Que pendant ces cent ans aucun habitant n'ait vécu à Aztec est démontré sans discussion possible par l'archéologie. En effet, les nouveaux arrivés, non contents de construire à l'intérieur des pièces anciennes encombrées de sable, de gravats et de poutres, sur tous ces déblais au lieu de les retirer, diminuèrent aussi les dimensions de nombreuses chambres en élevant de nouveaux murs et en rétrécissant les entrées. Leur style architectural ainsi que les nombreux ustensiles et poteries qu'ils laissèrent témoignent cette fois d'une influence septentrionale très nette : elle ne vient plus désormais de la vallée du Chaco, mais de la Mesa Verde. Ils restaurèrent aussi

Ce vase (ci-contre) à tête de chouette provient de Casas Grandes, site du nord du Mexique qui participe de la civilisation des pueblos (Musée national de Mexico).

la Grande Kiva, sans beaucoup de soin, sans en respecter le style ; mais ils l'utilisèrent de nouveau. D'autres, plus petites, furent construites avec des formes différentes, les poutres maîtresses de l'ancien pueblo, arrachées pour être réutilisées ailleurs et à côté de grès taillés, on employa désormais des galets pour élever les murs. Le Hubbard Mound porte une curieuse construction à trois murs et la disposition des centres religieux permet de conclure qu'à cette époque la domination des « prêtres » ou sorciers-guérisseurs était plus forte qu'auparavant.

La différence qui frappa le plus Morris fut le nombre des sépultures qu'il trouva partout ; il n'en dénombra pas moins de cent quarante-neuf, pour la plupart sous le sol des pièces dans lesquelles les parents des morts continuaient à vivre comme auparavant, une fois la tombe refermée. Beaucoup des corps avaient été inhumés avec sollicitude et de nombreux objets placés auprès d'eux pour les accompagner pendant leur dernier voyage. Mais ce stade ne se prolongea guère. Brusquement, les ensevelissements semblent avoir été effectués dans la plus grande hâte, et on ne retrouve presque plus aucun mobilier funéraire. Puis, un incendie détruisit presque toute la partie orientale du pueblo. Accidentel ou intentionnel ? Des ennemis ont-ils cette fois pénétré de force dans l'agglomération, qu'ils ont ensuite fait brûler ? Les habitants ont-ils eux-mêmes mis le feu avant de partir ? Car ils sont partis !

Seconde mort du pueblo

Exactement comme cent ans auparavant les « gens du Chaco » (nous employons cette appellation faute d'une autre plus exacte), les nouveaux venus quittèrent la place au bout d'une génération après avoir dépensé des efforts énormes pour restaurer le pueblo et disparurent dans l'inconnu, vers 1252, comme leurs devanciers.

Là non plus aucune cause extérieure réellement contraignante n'est discernable, à moins que les ressources en eau eussent à nouveau diminué. S'agissait-il des prodromes de changements climatiques catastrophiques, d'un déficit toujours plus marqué dans les précipitations, qui les avaient incités à prendre les devants et à quitter les lieux ? Car la sécheresse terrible, inimaginable, qui frappa le pays telle une plaie d'Égypte, ne survint qu'une vingtaine d'années plus tard, et dura exactement de 1276 à 1299. Au cours de ces vingt-trois ans, la vallée de la San-Juan, si fertile auparavant et qui avait peut-être été le berceau d'une culture nord-américaine très avancée, se dépeupla complètement.

Aujourd'hui, il ne reste plus que des ruines et seule la kiva bien restaurée permet de se faire une idée de l'ancienne culture dont la vie de ce peuple était imprégnée.   C. W. CERAM

LES CONSTRUCTEURS DES MOUNDS

Les archéologues américains ont donné le nom de « mounds » (tertres ou tumulus) à des hauteurs artificielles de formes généralement pyramidales tronquées ou arrondies, qui recouvrent toute une partie du territoire situés à l'est du Mississippi. Les plus curieux de ces monuments, dont la plupart sont des tertres funéraires ou des bases pyramidales de temples élevés sous l'influence des civilisations mexicaines, sont ceux qui représentent des animaux et qui ont été appelés mounds-effigies par Cyrus Thomas, un entomologiste converti à l'archéologie, qui consacra en 1894 un travail scientifique aux « Moundsbuilders » (constructeurs de mounds). Dans cet ouvrage publié dans le cadre du Bureau of American Ethnology fondé en 1879, Thomas démontre que les constructeurs des mounds sont bien les ancêtres des Indiens qui occupaient ces régions lors de l'arrivée des Européens et non une mystérieuse race disparue. Dès 1787, en effet, à la suite d'un voyage dans l'Ohio, Benjamin S. Barton publiait un ouvrage d'histoire naturelle dans lequel il déclarait que les mounds qu'il avait étudiés avaient été construits par les Danois, c'est-à-dire les Vikings, qui ensuite émigrèrent vers le Mexique où ils ne seraient autres que les Toltèques, d'où il ressort que ces derniers, l'un des grands peuples guerriers du Mexique, précédant les Aztèques, ne seraient autres que des Scandinaves. On voit que les défenseurs des théories faisant des Vikings les civilisateurs de l'Amérique, théories remises à la mode à notre époque et dont il sera question dans un volume de cette collection, ont de lointains ascendants.

Pendant tout le cours du XIXe siècle, nombreux ont été les défenseurs d'une race disparue à qui seraient dus les mounds. Il est maintenant bien établi que ces monuments ont été élevés par des groupes d'Indiens appartenant au grand ensemble dit « de la Forêt » (Woodland), dont les tribus historiques Blackfoot, Crow, Dakota sont les derniers représentants au XIXe siècle. Deux des grandes périodes de cette culture sont celle de Hopewell qui débute vers 300 av. J.-C et à laquelle appartiennent les mounds-effigies, et celle du Mississippi (Mississippian) dont les débuts s'inscrivent entre 500 et 1000 de notre ère, et qui est caractérisée par les tertres cultuels (temple-mound).

Le premier travail, de caractère descriptif, consacré aux mounds, est dû à un journaliste et voyageur archéologue de l'Ohio, Ephraïm George Squier, et à un physicien, Edwin Hamilton Davis. Avec méthode et sérieux, ils ont catalogué un nombre considérable de tertres dont certains ont été depuis détruits, dans leur ouvrage sur les Anciens Monuments de la vallée du Mississippi, *publié en 1848. En voici quelques extraits caractéristiques.*

La « Colline du Fort »

Cet ouvrage se trouve dans la partie sud du comté de Highland, dans l'Ohio, à peu près à 50 kilomètres de Chillicothe et à 20 de Hillsborough. Il est universellement connu sous le nom de Fort Hill bien qu'il ne mérite pas plus ce nom que de nombreux autres sites de même caractère. Les défenses occupent le sommet d'une colline qui s'élève à 160 mètres au-dessus du lit du ruisseau appelé Brush, qui coule à son pied, et à 256 mètres au-dessus de la rivière Ohio. Au contraire des collines qui l'entourent, celle-ci se trouve détachée et isolée, et constitue un site remarquable de quelque côté qu'on la regarde. Ses flancs sont abrupts, escarpés, à l'exception de deux endroits, extrêmement difficiles à escalader, sans que toutefois ils soient absolument inabordables. Les endroits les plus aisément accessibles se trouvent aux angles sud et nord, et peuvent être atteints à cheval. Le sommet de la colline est de niveau et a une superficie d'à peu près 190 ares : il est couvert d'une forêt primitive dense aux arbres gigantesques. Un de ceux-ci, un noyer qui se trouve sur le talus près du point indiqué par la lettre (e) a une cironférence de 6,75 mètres. Un autre, un chêne, qui se dresse également sur le talus au point (f), bien que maintenant abattu et pourri, mesure encore plus de 10 mètres de tour. Tout autour se trouvent épars des troncs d'arbres immenses, à tous les stades de la décomposition. La forêt tout entière apparaît très ancienne.

Défenses artificielles

Courant tout le long du bord de la colline se dresse un talus fait d'un mélange de terre et de pierres, coupé par des entrées. A l'intérieur se trouve un fossé d'où furent tirés les matériaux

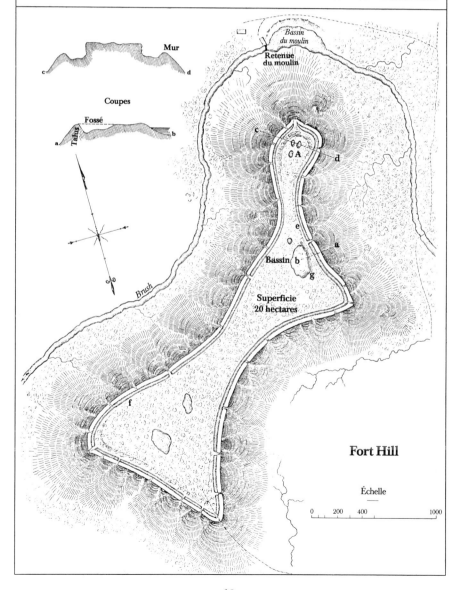

composant le talus. La longueur de ce mur est de 2 635 mètres. Sa hauteur, mesurée à partir du fond de la tranchée, varie entre 2 et 3 mètres, bien qu'en certains endroits il s'élève jusqu'à près de 5 mètres. Son épaisseur à la base est de 11 à 12 mètres. La pente extérieure du mur est plus abrupte que celle de la colline. La terre et les pierres de la tranchée, écroulées jusqu'à 16 ou même 32 mètres plus bas ont formé par leur accumulation une forte déclivité, très difficile à escalader, même avec les buissons et les arbres. La tranchée a une largeur moyenne de près de 16 mètres et, en de nombreux endroits, fut creusée dans la couche de grès sous-jacente au sol de la terrasse. (Il faut remarquer, afin d'éviter toute erreur, que ce grès est du type des « grès de Wawerley » se trouvant sous les couches charbonneuses, et qu'il se trouve chapeauter la plupart des collines de la région. Il se présente en couches successives épaisses de quelques centimètres à plusieurs mètres. Il est très friable et se taille aisément.) Au point A, la roche a été excavée, laissant un front vertical d'environ 7 mètres de hauteur. La pente intérieure de la tranchée semble avoir été taillée en terrasses. Elle descend abruptement pendant quelques mètres en dessous du niveau général, puis s'adoucit pour ensuite plonger subitement en se rapprochant de la base du mur, ainsi qu'on peut le remarquer sur la coupe verticale *ab*.

Portes et ouvertures

Il y a 33 ouvertures ou portes dans le mur, la plupart très étroites, ne dépassant pas 5 à 7 mètres de largeur au sommet. Onze seulement de ces ouvertures possèdent des chaussées correspondantes traversant la tranchée. Ces portes se trouvent disposées à intervalles irréguliers. Certaines d'entre elles semblent avoir été créées plus pour laisser l'eau s'écouler hors de la tranchée que pour permettre le passage. En fait, la plupart d'entre elles ne peuvent pas avoir joué leur rôle de portes, étant donné qu'elles furent pratiquées aux points les plus abrupts de la colline, là où une approche est presque impossible. Aux angles ou promontoires nord et sud de la colline, les portes sont plus larges et le parapet s'ouvre légèrement vers l'extérieur. La tranchée s'interrompt en ces endroits.

Il y a trois dépressions ou bassins à l'intérieur de l'enclos. Le plus grand d'entre eux (g) a un remblai artificiel bien délimité sur son côté le plus bas ; une brèche plus récente a permis aux eaux de s'écouler. Lorsque ce bassin était plein, il devait couvrir une superficie d'environ 4 ares. D'épais buissons poussent sur ses bords, et il n'y a pas d'arbres. Il ne semble pas bénéficier de source permanente d'eau. Il y a également plusieurs autres dépressions circulaires de petites dimensions, la plupart se trouvant réunies sur le morne A. Il y a aussi d'autres traces d'excavations, mais peu définies en différents points sur la colline.

Une remarquable forteresse

En examinant le plan de l'ouvrage, on s'aperçoit qu'il se trouve naturellement divisé en trois parties, celle située en A étant, en de nombreux aspects, la plus remarquable. Elle est reliée au corps principal de l'ouvrage par une crête étroite de seulement 32 mètres de largeur et se termine par un morne abrupt dont le sommet se trouve à environ 10 mètres au-dessus du fond de la tranchée, et à 7 mètres au-dessus du mur. Ce promontoire est large de 65 mètres. Il constitue le sommet de la colline, d'où la vue commande un large paysage. Ici on remarque des traces nettes de l'action du feu sur les rochers et les pierres. Il est difficile de savoir si ces traces sont anciennes ou récentes. La jonction entre les deux parties principales de l'ouvrage est également étroite, ayant une largeur d'à peine 80 mètres. Telles sont les caractéristiques les plus frappantes de cet intéressant ouvrage. Considéré du point de vue militaire et en tant qu'ouvrage défensif, le site est bien choisi, bien gardé : défendu par une force adéquate, il pouvait avec succès résister à toutes les attaques d'un peuple primitif ou à demi civilisé. Il a peu d'équivalents en tant que forteresse naturelle. Le talent et le travail exigés pour la construction de ces défenses artificielles suscitent notre admiration et provoquent notre surprise. De nos jours, la construction d'un ouvrage de cette dimension, avec toutes les facilités et les nombreux aides mécaniques que nous possédons, représenterait une entreprise importante. Et si nous songeons aux moyens primitifs dont disposait le peuple qui éleva ce monument, nous pouvons évaluer l'importance qu'il lui accordait. Il est tout à fait inutile de récapituler les traits qui donnent à cette colline le caractère d'un ouvrage militaire, ceux-ci étant trop évidents pour échapper à l'attention. Les angles de la colline forment des bastions naturels, faisant saillie. La position du mur, la structure de la tranchée, les particularités des portes là où l'accès était possible, la plus grande hauteur du mur aux endroits où la pente de la colline est la moins abrupte, les réservoirs d'eau, le donjon ou citadelle, tout concourt à renforcer cette opinion.

Preuves de l'antiquité de cette forteresse

L'évidence de l'antiquité du site, soutenue par l'aspect de la forêt, vaut plus qu'une simple remarque. L'examen de quelques grands noyers s'élevant sur les retranchements montra l'existence de près de deux cents anneaux annuels dans les coupes faites à leur pied, ce qui donnerait approximativement à ces arbres un âge de près de 600 ans (*sic*). Si nous ajoutons à ce chiffre celui correspondant à la période probable de la durée des constructions, depuis leur création jusqu'à leur abandon, et celui de la période qui dut s'écouler après cet abandon jusqu'à l'invasion du site par la forêt, nous arrivons à la conclusion que ce site est vieux d'au moins mille ans. Mais en voyant tout autour de nous les troncs abattus d'arbres à demi ensevelis dans l'humus, nous sommes enclins à lui attribuer une plus grande antiquité.

Il est remarquable de noter que cet ouvrage se trouve dans une région au relief accidenté sans autres vestiges que quelques autres « mounds » épars dans les environs. Les monuments de quelque grandeur les plus proches se trouvent dans la vallée du Paint Creek, distante de plus de 25 kilomètres et séparée de notre site par des crêtes élevées. Plus bas, vers le confluent du Brush et de l'Ohio, se trouvent quelques autres ouvrages, mais aucun de quelque importance à moins de vingt kilomètres.

Le Grand Serpent

Le plus extraordinaire ouvrage de terre jusqu'à présent découvert dans l'Ouest est probablement le Grand Serpent, bien représenté sur la photo ci-dessous. Il est situé sur le ruisseau appelé Brush, à un endroit nommé « Les Trois Fourches », près de la frontière nord du comté d'Adams dans l'Ohio. Aucun plan ou description n'en a

été donné jusqu'à présent. Son existence n'était connue que localement. La note reçue à son sujet par les auteurs de cette recherche était extrêmement vague et conduisait à penser que c'était là un ouvrage défensif, avec des bastions établis à intervalles réguliers — caractère si extraordinaire qu'il demandait une visite, de laquelle découla la découverte que nous présentons ici. Le véritable caractère de cet ouvrage nous apparut dès le premier regard.

Il est situé sur une haute colline ou plutôt une sorte de promontoire en forme de croissant s'élevant à environ 50 mètres au-dessus des eaux du Brush qui coule à son pied. Le flanc de la colline du côté du ruisseau présente une façade rocheuse verticale, alors que l'autre flanc est en pente rapide bien que pas assez raide pour empêcher la culture. Le sommet de la colline n'est pas plat mais légèrement convexe, et présente une surface très unie de 50 mètres de largeur sur plus de 300 mètres de longueur, cette dernière étant mesurée depuis son extrémité jusqu'à l'endroit où elle rejoint le plateau.

Voici une belle vue aérienne du « mound » du Grand Serpent. On distingue parfaitement à l'extrémité droite la gueule ouverte du reptile prêt à avaler le cercle qui symbolise sans doute le soleil.

Un serpent de trois cent vingt mètres

Se conformant à la courbe de la colline et occupant sa crête, se trouve le serpent, sa tête reposant près de la pointe et son corps décrivant de gracieuses ondulations sur une longueur d'environ 225 mètres, se terminant par une queue en triple spirale. S'il était étendu, sa longueur totale serait d'au moins 320 mètres. La photo (p. 67) donne une idée très claire de cet ouvrage, lequel est nettement délimité, le talus formant le serpent étant haut d'environ 1,60 mètre pour une largeur à la base de près de 10 mètres, tout au moins au centre du corps, la levée de terre diminuant en largeur vers la tête et vers la queue. Le cou du serpent est allongé et légèrement courbé, et sa gueule est largement ouverte comme pour avaler ou cracher une forme ovale se trouvant en partie entre les mâchoires. Cet ovale est formé par un talus de terre, sans aucune ouverture décelable, de 1,20 mètre de hauteur, et est de forme parfaitement régulière, ses diamètres étant respectivement de 52 mètres et 26 mètres. Le sol à l'intérieur de l'ovale est légèrement surélevé : une petite éminence circulaire formée de grandes pierres noircies par le feu existait autrefois en son centre ; mais les pierres ont été jetées bas et dispersées par quelque visiteur ignorant, croyant probablement que de l'or était caché en dessous. La pointe de la colline à l'intérieur de laquelle se trouve la figure en forme d'œuf semble avoir été artificiellement taillée pour suivre la forme ovoïde, laissant une plate-forme unie de 3 mètres de largeur, parfois inclinée vers l'intérieur, tout autour d'elle.

Situation du mound

De chaque côté de la tête du serpent se trouve une petite élévation de forme triangulaire de 3 à 4 mètres de longueur. Ces éminences ne sont pas très hautes et, bien qu'assez distinctes, sont maintenant trop effacées pour qu'elles puissent être délimitées avec précision. Outre une petite plate-forme ou terrasse ovale unie en B, et un grand monticule au centre de l'isthme joignant la colline au plateau se trouvant derrière, il n'y a aucun autre vestige, si l'on excepte quelques monticules, dans un rayon de 10 à 12 kilomètres — aucun d'eux n'étant probablement plus proche que la colline retranchée du comté de Highland *, distante de près de 50 kilomètres. Il se trouve un certain nombre d'ouvrages plus bas sur le cours du Brush, vers son confluent, mais leurs caractéristiques sont inconnues. L'endroit où se trouve située cette effigie de serpent commande une large vue, surplombant les « fonds » se trouvant aux confluents des trois principaux affluents du ruisseau. Ici, les terrasses alluviales sont très étendues et il est surprenant qu'aucun ouvrage n'y ait été construit.

---

* C'est-à-dire « Fort Hill » dont il vient d'être question.

Problèmes posés par ce monument

Le serpent, en association avec le cercle, œuf ou globe, fut un symbole important dans de nombreuses nations primitives. Il était prédominant en Égypte, en Grèce et en Assyrie, et faisait largement partie des superstitions des Celtes, des Hindous et des Chinois. Il pénétra même en Amérique, et était remarquable dans la mythologie des anciens Mexicains où sa signification ne semble pas avoir été très différente de celle qu'il avait dans l'Ancien Monde. Le fait que les anciens Celtes, comme peut-être d'autres nations de l'Ancien Monde, érigèrent des structures en forme de serpent, est du plus haut intérêt. Le grand temple d'Abury en Angleterre — sous beaucoup d'aspects, le plus imposant des anciens monuments des îles Britanniques — correspond à cette description.

Il est impossible actuellement d'établir une relation entre la structure se trouvant dans l'Ohio et les temples du serpent d'Angleterre, ou bien de déterminer jusqu'à quel point ce symbole fut utilisé en Amérique. Une recherche dans ce sens serait pleine d'intérêt pour la lumière qu'elle pourrait jeter sur les superstitions de peuples éloignés et isolés, et particulièrement sur l'origine de la race américaine.

La Croix

L'ouvrage représenté ci-dessous se trouve près de la petite ville de Tarlton, dans le comté de Pickaway (Ohio), dans l'étroite vallée du Salt Creek, un affluent de la rivière Scioto, à trente kilomètres au nord-est de Chillicothe, sur la grande route menant à Zanesville. Sa position correspond en gros à l'ouvrage remarquable décrit plus haut

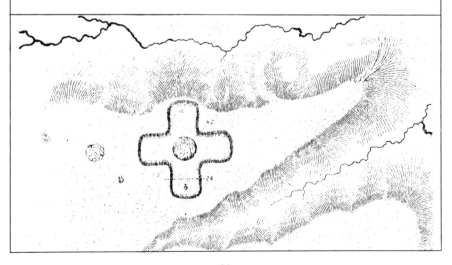

(Serpent), bien que très différent de forme. Il occupe une étroite langue de terre située sur un éperon dominant la vallée. Sa forme est celle d'une croix grecque d'une envergure d'environ 30 mètres et s'élevant d'un mètre au-dessus de la surface environnante. La croix est entourée par un très léger fossé qui correspond au dessin du monticule. Au centre de ce dernier se trouve une dépression circulaire de 7 mètres de diamètre pour 0,50 mètre de profondeur. Les branches de la croix correspondent assez précisément avec les points cardinaux. Immédiatement derrière la croix se trouve un petit monticule circulaire en pierre et terre, ressemblant à celui qui est en relation avec l'effigie de l'« Alligator » de Granville et appelé autel dans la description de cet ouvrage. Plusieurs petits mounds se trouvent non loin. Et sur la haute colline, dont un éperon est occupé par la croix, sont plusieurs grands mounds. Ces derniers sont très nombreux dans cette petite vallée et sur les colines l'enserrant, mais ces dernières ne contiennent pas d'enceintes, du moins à notre connaissance.

L'Alligator

Cet étrange ouvrage se trouve environ un kilomètre et demi plus bas que la ville de Granville dans le comté de Licking, Ohio, sur un haut promontoire de forme ronde surplombant la délicieuse vallée du Raccoon (« Raton-laveur »), un ruisseau qui, s'ajoutant aux eaux du « South Fork », forme le « creek » ou rivière de Licking, principal affluent du Muskingum. La colline ou promontoire s'élève à 50 ou 60 mètres de hauteur. L'image repose sur son extrême bord, suivant ses courbes longitudinales et latérales. On la connaît dans la région sous le nom de « l'Alligator ». Cette désignation a été adoptée faute de mieux, bien que la figure ressemble plus à celle d'un lézard qu'à celle d'aucun autre reptile. Elle est placée transversalement par rapport à la pointe sur laquelle elle se trouve, la tête dirigée vers le sud-ouest. Son orientation précise est S 67° 0. Sa longueur totale depuis le bout du nez jusqu'à la queue en suivant la courbe de celle-ci est d'environ 80 mètres, la largeur du corps est de 13 mètres et la longueur des pattes d'environ 12 mètres chacune. Le bout des pattes est un peu plus large que les pattes elles-mêmes, comme si les doigts avaient été indiqués à l'origine. La tête, les épaules et les reins sont plus hauts que les autres parties du corps, ce qui montre qu'une tentative fut faite pour préserver les proportions de l'animal représenté. Le contour de la figure est nettement délimité ; sa hauteur moyenne n'est pas inférieure à 1,30 mètre ; aux épaules, elle atteint une hauteur de près de 2 mètres. Sur le côté intérieur de cette figuration se trouve un espace circulaire surélevé, couvert de pierres ayant subi l'action du feu. On lui donna le nom d'autel. Un chemin à paliers, de plus de 3 mètres de largeur, réunit cette plate-forme au sommet de la figuration. La terre a été fouillée en plusieurs points de l'image, mais rien ne fut découvert excepté le fait que l'ossature est formée d'énormes pierres de taille.

La superstructure est faite d'argile fine qui semble avoir été apportée de quelque distance, car aucun signe apparent d'excavation ne fut découvert dans le voisinage.

Le promontoire sur lequel se trouve cette effigie est si régulier qu'il permettrait presque de penser qu'il fut arrondi artificiellement. Sa symétrie fut dernièrement quelque peu brisée par l'ouverture sur l'une de ses faces d'une carrière. La continuation de l'exploitation de cette carrière se terminera inévitablement par une destruction totale de cet intéressant monument.

Monuments du voisinage

Ce promontoire commande une vue sur toute la vallée jusqu'à une distance de 12 à 16 kilomètres, et constitue de ce fait le point le plus remarquable de cette région. Par nécessité, sa hauteur a été quelque peu exagérée sur une carte montrant une partie de la vallée de Newark s'étendant sur 10 kilomètres. Un grand ouvrage, dans le voisinage de Newark, devrait être distinctement visible de ce point s'il n'y avait pas de forêt. Dans la vallée, immédiatement de l'autre côté et à moins de 800 mètres, se trouve un grand et bel ouvrage circulaire. Sur la droite et à une distance d'environ 1 200 mètres, se trouve une colline fortifiée et, sur le côté opposé de la vallée, on peut voir une autre colline fortifiée. Tous ces points, de même que de nombreux mounds sur le sommet des collines comme dans la vallée, se trouvent commandés par la position de l'Alligator. Il semble plus que probable que cette curieuse effigie (comme celle que nous venons de décrire) tire son origine des superstitions de ses constructeurs. C'était peut-être un haut lieu où des sacrifices étaient faits, en des occasions extraordinaires ou à dates fixes, et où la population se réunissait pour célébrer les rites de son culte, lequel nous est inconnu. Sa position, ainsi que tous les éléments qui l'entourent, parlent en faveur d'une telle conclusion. La vallée que ce site commande abonde en vestiges de cet ancien peuple, et semble avoir été l'un de ses centres.

Effigies de quadrupèdes

Un autre groupe de monticules est représenté et décrit d'après des levés de plan faits par Mr. R. C. Taylor. Il se trouve à environ 30 kilomètres à l'ouest des « Quatre Lacs », et à 12 kilomètres à l'est des « Montagnes bleues » dans le comté de Dade (Wisconsin). Il est situé sur la Grande Piste Indienne et consiste, ainsi que nous le verrons, en effigies représentant six quadrupèdes, en six monticules en forme de parallélogrammes, en un tumulus circulaire, une figure humaine et un petit cercle. La surface couverte par la carte représente un peu moins de 800 mètres de longueur. Les dimensions des figures et leurs positions relatives sont indiquées sur le plan. Il n'est pas facile de déterminer d'après les figures quels furent les

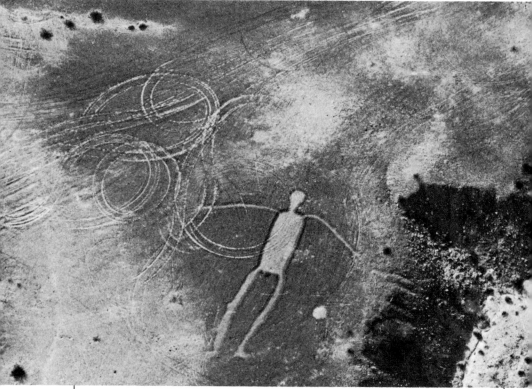

L'idée de modeler sur le sol des figures géantes n'est pas l'exclusivité des constructeurs de « mounds », témoin ce personnage dessiné nettement sur le sol (Blyke, Californie). Ici, la figure est réalisée à l'aide de graviers.

animaux que l'on avait l'intention de représenter . On a suggéré qu'ils avaient été tracés pour représenter des bisons, lesquels abondaient autrefois dans la région. Mais l'absence de queue et de la bosse caractéristique de cet animal paraît devoir nous orienter vers une conclusion différente. Ils ressemblent de près beaucoup plus à des ours qu'à aucun autre animal que nous connaissions. Ces figurations semblent être très répandues et, bien qu'ayant à peu près les mêmes proportions, varient en dimension de 20 à 40 mètres. En beaucoup d'autres endroits, comme ici, ils se trouvent alignés, l'un après l'autre à intervalles irréguliers.

Représentation humaine

Au milieu de ce groupe se trouve une représentation humaine, tête dirigée vers l'est, jambes et bras étendus. Sa longueur est de 40 mètres et son envergure de 45 mètres. Le corps est large de 10 mètres, la tête a 8 mètres de diamètre, et elle s'élève considérablement plus haut que la plupart des autres figures, étant à près de 2 mètres. La figuration humaine n'est pas rare parmi les représentations et est toujours caractérisée par la longueur extraordinaire, non naturelle, des bras. Le tumulus conique au centre du groupe est l'ouvrage le plus élevé. Ces ouvrages reposent sur une haute prairie située sur la crête divisant les eaux des rivières Rock et Wisconsin. A environ 800 mètres à l'ouest de ce groupe remarquable, sur la même haute prairie, se trouve un monticule isolé d'environ 30 mètres de longueur, représentant un animal en tout semblable à ceux qui viennent d'être décrits, mais représenté avec la tête vers le sud-ouest.

Tout au long d'un espace d'environ 30 kilomètres à partir de ce site, observe Mr. R. C. Taylor, et s'étendant vers l'est jusqu'aux Quatre Lacs, des monuments semblables, mêlés à de simples tumuli, peuvent être vus tous les milles, aussi bien dans les creux que sur les plus hautes bosses de la prairie. Et ils sont encore plus nombreux tout autour de ces lacs restés inconnus malgré leur beauté. Ce serait une fastidieuse répétition que de décrire leurs formes toutes semblables.

Groupe représentant des renards

Ce groupe est décrit à la fois par Mr. R. C. Taylor et le professeur Locke, dont les plans sont d'une grande exactitude. Il se trouve à environ 16 kilomètres de Madison dans le comté de Dade (Wisconsin). L'ancienne piste indienne, maintenant route militaire, passe entre le nez d'un animal et la queue de l'autre. Ceux-ci se trouvent au bord d'une prairie vallonnée, à l'orée d'un bois, sur une pente douce. A une courte distance (160 ou 180 mètres) à l'ouest se trouve une bosse naturelle de terrain couronnée par un tumulus artificiel circulaire, dominant les deux figurations. [...]. Ces représentations constituent le repaire favori des blaireaux qui, les ayant trouvés surélevés et secs, les ont choisies pour y établir leurs terriers. Mr. Taylor a émis l'idée que ces figures pouvaient avoir représenté des renards. Par ailleurs, le professeur Locke remarque qu'elles donnent une impression d'agilité et de souplesse, et peuvent avoir été faites afin de représenter des cougars ou « tigres américains », animaux qui existent encore dans la région.

E. G. SQUIER ET E. H. DAVIS

Chapitre II

LES PEUPLES
DU CAOUTCHOUC
ET DU SOLEIL

Le « peuple du caoutchouc » désigne les Olmèques, population indienne établie vers les côtes mexicaines du golfe du Mexique. Dans la terminologie archéologique, on emploie le nom des Olmèques pour désigner le plus ancien peuple connu du Mexique. Le peuple du Soleil, ce sont les Aztèques. Ces deux peuples se situent ainsi aux deux extrémités de l'histoire du Mexique, le premier se plaçant à l'origine des civilisations mexicaines, le second, héritier de toutes les grandes cultures mexicaines, ayant fondé un vaste empire à la veille de la conquête espagnole.

Les Espagnols ont été naturellement les premiers à s'intéresser aux antiquités mexicaines, bien que la plupart l'aient fait plus par cupidité que par amour de l'art. Cependant, lorsqu'à la fin de 1519, Cortez fut reçu à Mexico-Tenochtitlan par l'empereur aztèque Moctezuma II, ce dernier offrit de magnifiques cadeaux qui furent envoyés en Espagne et ensuite à Bruxelles où en août 1520, le grand peintre allemand Dürer put les admirer : soleil en or, lune d'argent, masque en or pourvu d'une coiffure compliquée en or et d'un pectoral d'or ciselé, somptueux diadème en plumes... Ce sont les premiers objets américains arrivés en Europe.

Cependant les Espagnols n'ont guère songé à faire de véritables recherches archéologiques, malgré l'exemple que donnaient chez eux les Italiens à la même époque. En revanche, nombreux sont les chroniqueurs espagnols ou indigènes hispanisés qui ont écrit sur les peuples du Mexique, nous conservant ainsi tout un trésor de traditions historiques, religieuses, littéraires, grâce auquel nous avons une connaissance assez précise de l'histoire des deux ou trois siècles qui précèdent l'arrivée des Espagnols. L'œuvre la plus importante est celle du franciscain Bernardino de Sahágun venu s'établir au Mexique en 1529, à l'âge de vingt-neuf ans ; il mourut à Mexico en 1590. Son Histoire des choses de la Nouvelle-Espagne, *rédigée en aztèque puis traduite par lui-même en espagnol, ne fut jamais publiée de son vivant, en raison de l'hostilité de ses supérieurs ecclésiastiques. L'autre grand*

Page du Codex Vindobonensis *(mixtèque), exemple d'écriture symbolique des anciens Mexicains (Londres, British Museum).*

*chroniqueur est Bartolomé de Las Casas (1474-1566), issu d'une famille noble de Séville. Étant entré dans l'ordre de saint Dominique, il devint évêque de Chiapa, au Mexique et se distingua comme le défenseur des Indiens, opprimés et massacrés par les conquérants. Outre son action directe au Mexique pour soutenir la cause des Indiens, et les voyages qu'il fit en Espagne pour plaider en leur faveur auprès de Charles Quint, il a laissé plusieurs ouvrages, dont l'*Histoire apologétique des Indes *et l'*Histoire des Indes, *dans lesquels il fait œuvre d'anthropologue et d'ethnologue. Ces ouvrages n'ont pas été publiés de son vivant.*

*Le monument de base de l'archéologie mexicaine, en quelque sorte l'acte de baptême de cette archéologie, est un ouvrage publié à Londres en 1831. Il s'agit des sept gros volumes somptueusement illustrés des *Antiquities of Mexico, *dus à Edward King, vicomte de Kingsborough (1795-1837). Il était étudiant à Oxford lorsqu'il vit des manuscrits (codex) mexicains qui décidèrent de sa vocation. Il consacra alors sa vie et sa fortune à étudier les antiquités mexicaines et à les publier, en particulier à partir de manuscrits illustrés aztèques. Sept volumes furent imprimés, qui le menèrent à la ruine ; mis en prison pour dettes à Dublin, il mourut du typhus ! Deux volumes complémentaires de ce monument de l'américanisme parurent en 1848.*

LA DÉCOUVERTE DES OLMÈQUES

Les Olmèques sont pour le Mexique un peu ce que furent les Sumériens pour la Mésopotamie : des initiateurs et des civilisateurs. Avec les Mayas, ils constituent la première haute civilisation du Mexique et ils semblent avoir influencé tous les peuples qui leur ont succédé sur ce territoire.

Il a fallu de longues recherches et une accumulation de faits archéologiques soigneusement observés pour que les archéologues prennent peu à peu conscience de l'existence des Olmèques et surtout de leur action dans l'histoire des civilisations mexicaines. Jacques Soustelle, qui dès 1932 a fait ses premières recherches ethnologiques au Mexique, chez les Otomi et les Lacandons et qui a publié le seul ouvrage de synthèse en français sur les Olmèques, rapporte l'aventure de la découverte de ce peuple demeuré longtemps mystérieux.

Une civilisation hypothétique

Vaillant * fut le premier à établir clairement l'existence d'un « complexe olmèque » caractérisé par la représentation de félins ou d'hommes-félins. Ses fouilles dans la vallée de Mexico l'amenèrent

---

* Il s'agit de l'archéologue américain George C. Vaillant qui, dans les années trente, fouilla plusieurs sites du Mexique : Zacatenco, Ticoman, Gualupita.

à trouver dans les couches les plus anciennes des objets en jade ou en céramique de style « olmèque », auxquels il attribua une origine méridionale. A la même époque (1932), Albert Weyerstall, de l'université Tulane, en Louisiane, publiait ses observations sur les sculptures du sud de Veracruz, notamment sur la tête de Hueyapan découverte soixante-dix ans plus tôt par Melgar. Matthew Stirling, alors membre de la Smithsonian Institution, à Washington, eut l'intuition que « cette tête (de Hueyapan) et celle de La Venta appartenaient au même style artistique que les haches et les figurines de jade ». Il faut dire que Stirling, au tout début de sa carrière, avait subi lui aussi la fascination du style olmèque : dès 1920, il avait recherché au musée de Berlin un petit masque de jade publié par Thomas Wilson en 1898, puis en avait contemplé d'autres analogues à Madrid et à Vienne.

Ainsi, de Melgar à Blom, de Saville à Vaillant, de Beyer à Stirling, une poignée de chercheurs dispersés dans l'espace et le temps, souvent s'ignorant les uns les autres, étaient parvenus à converger sur un point : l'existence d'un certain style, commun aux monolithes colossaux et aux petits jades ciselés. Ce style devait être l'expression d'une civilisation encore inconnue, dont le centre se situait apparemment au Mexique du Sud-Est, entre Veracruz et Villahermosa, plus précisément dans la région de Los Tuxtlas et dans celle de La Venta. Cette civilisation, Beyer le premier, puis Saville et Vaillant, l'avaient baptisée « olmèque », et ce nom lui est resté jusqu'à maintenant.

Pendant les années trente, des comparaisons et des rapprochements de plus en plus nombreux entre des monuments et des objets de collection venaient ajouter pour ainsi dire de la substance à cette civilisation encore hypothétique, non encore constatée mais devinée : la statuette de Tuxtla, petite figurine en pierre verte représentant un homme à masque d'oiseau et portant des hiéroglyphes incisés, apparaissait comme susceptible de se rattacher à l'art « olmèque » ; Vaillant découvrait des figurines en céramique « olmèques » à Gualupita, près de Cuernavaca (Morelos) ; dans l'Oaxaca, le chef de file de l'archéologie mexicaine, Alfonso Caso, trouvait à Monte Albán, à l'époque la plus ancienne, les traces incontestables de cette civilisation énigmatique. Surtout, le « noyau » constitué par le versant sud-oriental du Mexique dans Veracruz et Tabasco attirait de plus en plus les regards.

C'est Matthew Stirling qui devait s'attaquer à ce « noyau » et obtenir d'emblée les résultats les plus sensationnels. Avec le soutien de la National Geographic Society de Washington et en coopération avec l'Instituto Nacional de Antropologia e Historia de Mexico (Alfonso Caso, Ignacio Marquina), il commença à fouiller le site de Tres Zapotes, proche de l'*hacienda* de Hueyapan où avait été découverte la première tête colossale connue. Dès la première saison de fouilles (1938-1939), Stirling et Clarence Weiant mirent au jour une stèle brisée qui portait sur une de ses faces un masque de jaguar stylisé et sur l'autre une inscription.

Le « Long Compte »

Cette « stèle C » avait été brisée en deux fragments : le plus grand fut découvert par Stirling le 16 janvier 1939 et se trouve aujourd'hui à Mexico, au Musée national d'anthropologie ; le plus petit, correspondant au sommet de la stèle, ne fut retrouvé qu'en 1969 et a été conservé au village de Tres Zapotes. Comme pour faire subir à Stirling le supplice de Tantale, le début de l'inscription était gravement endommagé par suite de la rupture de la stèle. Stirling, pourtant, l'interpréta (à juste titre) comme une inscription dite de « Long Compte » analogue à celles que les Mayas classiques ont laissées sur d'innombrables monuments du Mexique et du Guatemala.

En quoi consiste le « Long Compte » ? Pour ne dire ici que l'essentiel, c'est un moyen de définir une date avec une précision absolue en énumérant les périodes de temps qui se sont écoulées depuis une date « zéro » située très loin dans le passé (3113 av. J.-C.) jusqu'à la date fixée. Chez les Mayas classiques, ces périodes sont au nombre de cinq, chacune exprimée par un chiffre accompagné d'un caractère ou « glyphe », c'est-à-dire le jour *(kin)*, le « mois » de vingt jours *(uinal)*, le *tun* de trois cent soixante jours, le *katun* de sept mille deux cents jours et le *baktun* de cent quarante-quatre mille jours.

La plus ancienne inscription maya connue a été relevée sur la stèle 29, à Tikal. Elle énumère 8 *baktun*, 12 *katun*, 14 *tun*, 8 *uinal* et 15 *kin*, et correspond à une date en l'an 292 de notre ère. L'usage s'est instauré de transcrire une telle date en chiffres arabes de la façon suivante : 8.12.14.8.15.

Les inscriptions de l'époque maya classique comportent, à côté de chaque chiffre, un glyphe de période. D'autres glyphes définissent la date en la situant dans l'année rituelle de deux cent soixante jours et dans l'année solaire de trois cent soixante-cinq jours, donnent le nom du *Seigneur de la Nuit* qui domine la période nocturne correspondant à cette date, précisent enfin la position et l'âge de la lune.

La « stèle C » de Tres Zapotes porte une inscription beaucoup moins complexe, mais à cinq chiffres, qu'on peut transcrire : 7.16.6.16.18, soit 31 avant notre ère selon la computation maya. Les nombres, notés au moyen de points ou petits disques pour l'unité et de barres pour le chiffre cinq, ne sont accompagnés d'aucun glyphe de période. Cette inscription se rapproche par ce détail de celle qui est gravée sur la statuette de Tuxtla : 8.6.2.4.17 (162 de notre ère).

Une tempête parmi les archéologues

La découverte de la stèle C devait déchaîner une véritable tempête parmi les spécialistes de l'archéologie méso-américaine. Si l'on adoptait la lecture faite par Stirling, ce monument était antérieur de plus de trois siècles aux débuts de l'ère maya classique ! Mais comment admettre qu'une inscription fondée sur le système du « Long Compte » fût nettement pré-maya ? Fallait-il envisager qu'une civilisation assez développée pour concevoir une computation du temps aussi sophistiquée ait pu fleurir avant les Mayas et en marge du pays maya ? D'emblée s'ouvrait la controverse entre les « Mayisants », notamment J. Eric S. Thompson, qui s'efforça de démontrer, avec son immense érudition, que la civilisation olmèque était tardive — contemporaine des cultures post-classiques — et les « Olméquisants », tels que les Mexicains Alfonso Caso et Miguel Covarrubias. Stirling lui-même penchait pour l'ancienneté des Olmèques, mais se heurtait au scepticisme d'une majorité des archéologues nord-américains.

Tout le monde — partisans comme adversaires de l'ancienneté olmèque — raisonnait comme si la date « zéro » du « Long Compte » de la stèle C ou de la statuette de Tuxtla était nécessairement la même que celle du « Long Compte » des Mayas

Sculpture olmèque de Huimanguillo (Tabasco) représentant un homme-jaguar se tenant les pieds (Musée de Villahermosa).

classiques. Comme nous le verrons, la date de 31 avant J.-C., jugée trop ancienne lors de sa découverte, nous paraît aujourd'hui bien tardive. Mais n'anticipons pas : quand Stirling, en 1939, découvre et déchiffre la stèle C, le coefficient 7 de la période équivalant au *baktun* maya est douteux. Il faudra attendre trente ans pour que le deuxième fragment de la stèle, enfin retrouvé, confirme la lecture de Stirling. Et il faudra attendre 1957 pour que la méthode de datation par le carbone 14, inventée par Libby, vienne projeter pour ainsi dire dans un passé plus lointain que tout ce qu'on avait osé imaginer la naissance et l'éclosion de la civilisation olmèque.

Il se trouve que le site de Tres Zapotes a été occupé par des hommes civilisés pendant de longues périodes : certains monuments sont de style purement olmèque, d'autres — par exemple le « monument C », sorte de coffre de pierre gravée dont le décor représente des personnages masqués et des motifs en forme de volutes — évoquent le style d'Izapa, civilisation proto-classique du sud du Mexique, sur le versant pacifique. Izapa, où Stirling se rendit en 1941, semble avoir joué le rôle d'une phase intermédiaire entre Olmèques et Mayas.

Découvertes à La Venta

La Venta, que Matthew Stirling fouilla ensuite avec Philip Drucker, apparut comme le véritable foyer de la civilisation olmèque. Dès le début des fouilles, quatre têtes colossales furent exhumées. D'extraordinaires monuments sortirent du sol : l'autel n° 5, dit « autel des Quintuplés », est sculpté de bas-reliefs qui représentent cinq « bébés » humains et félins à la fois, des *« were-jaguar babies »*, gesticulant dans les bras de cinq personnages adultes coiffés de mitres ou de chapeaux rigides assez semblables à des « melons » ; un de ces personnages, avec le « bébé » dans les bras, surgit du creux d'une niche sur la face antérieure du monolithe. La stèle 3, bloc de pierre de 4,26 mètres de haut, pesant probablement 50 tonnes, montre deux personnages se faisant face, l'un d'eux relativement petit, corpulent, vêtu d'une cape et d'une sorte de jupe, l'autre plus grand, le visage osseux et le nez aquilin, portant une barbiche, d'où le sobriquet d'« Oncle Sam » qui lui a été attribué irrévérencieusement par les archéologues. L'un et l'autre ont la tête surmontée d'ornements très volumineux et élaborés où l'on distingue des masques, une tête de poisson, des panaches. Au-dessus d'eux semblent flotter des êtres plus petits dont un est masqué, et qui brandissent des objets indéterminés (armes ?). Tant le thème représenté que la facture du bas-relief font de cette stèle 3 un des plus étranges et fascinants chefs-d'œuvre de l'art olmèque. Le fait qu'il ait été martelé à une époque ancienne par des vandales qui ont volontairement détruit le visage de l'homme corpulent et une partie du corps de l'« Oncle Sam » ajoute encore aux énigmes que pose ce monument.

Avec sa pyramide dont la forme réelle, dissimulée par une végétation luxuriante, n'a été connue que plus tard, avec les exquises statuettes de jade contenues dans des caches et les étonnantes « offrandes massives » de blocs de serpentine enfouies dans des fosses profondes, avec ses tombes — dont une en colonnes de basalte —, ses miroirs en magnétite, ses « haches votives » gravées, ses stèles sculptées en bas-relief, avec surtout le souci de planification et d'orientation que révèle la disposition des monuments et des tombeaux, La Venta était bien, de toute évidence, le centre cérémoniel — et sans doute aussi gouvernemental et commercial — d'une population assez nombreuse et assez organisée pour exécuter des travaux gigantesques. Les fouilles y ont continué jusqu'en 1958, menées par des chercheurs nord-américains (Drucker) ou mexicains (Piña Chan) ; malheureusement, le site recouvre une poche de pétrole : les bulldozers et les derricks de la compagnie nationale des pétroles, Pemex, ont envahi l'île de La Venta. Les monolithes et tous les objets déplaçables ont été évacués soit vers le musée de Villahermosa, soit sur celui de Mexico, mais de considérables destructions ont été causées aux monuments et une « chasse au trésor » incontrôlée s'est déchaînée, jetant sur le marché des collectionneurs d'antiquités de nombreux jades d'une grande valeur. Après tant de siècles d'oubli dans la jungle et les marécages, la métropole olmèque a pu être décrite en 1968 par Michael Coe comme le théâtre de « toutes les horreurs de la civilisation industrielle moderne. Une raffinerie vomit des fumées, une piste d'atterrissage coupe en deux le site archéologique... La Venta est devenue la victime du pétrole qui se trouve sous sa surface et se noie dans son sang noir ».

C'est seulement en 1955 que furent recueillis à La Venta des spécimens de bois carbonisé. Soumis au traitement du carbone 14 dans les laboratoires de l'université du Michigan, ces échantillons donnèrent des dates échelonnées entre 1154 et 604 avant notre ère ! Cette fois, ce n'était pas seulement la thèse « maya » de Thompson et de Sylvanus Morley qui s'effondrait. Même Stirling et Drucker voyaient leur évaluation « modérée », qui plaçait la floraison olmèque au début de l'ère chrétienne, démentie par le témoignage de la radio-activité. Les premiers Olmèques s'étaient installés sur l'île de La Venta il y a plus de trois mille ans !

Les révélations de San Lorenzo

San Lorenzo, sur le rio Chiquito, affluent du fleuve Coatzacoalcos (Veracruz), à une centaine de kilomètres au sud-est de La Venta, fut découvert et fouillé par Stirling et Drucker en 1945 et 1946. Il s'agit en réalité de trois sites : Tenochtitlan (ainsi nommé par un instituteur du cru en souvenir de la capitale aztèque) ; San Lorenzo, à 2 ou 3 kilomètres au sud, Potrero Nuevo, à peu près à la même distance à l'est. Stirling et Drucker avaient mis au jour une quinzaine de sculptures, dont cinq têtes colossales. Michael D. Coe, archéologue de Yale, érudit et dynamique, qui avait déjà mené des fouilles importantes en Amérique centrale, entreprit en 1964 de reprendre les recherches de Stirling à San Lorenzo : il devait y consacrer trois années, riches en résultats étonnants.

Première révélation surprenante : San Lorenzo a été un centre de civilisation *avant* La Venta ! Le carbone 14 donne pour les premiers vestiges olmèques de ce site 1200 av. J.-C. Avant cette date, la zone était déjà habitée, la terre cultivée, la céramique en usage. C'est vers — 1200 qu'un peuple hautement civilisé prit possession du plateau de San Lorenzo et y sculpta la pierre : on ne dénombre pas moins de soixante-quinze monuments, dont d'admirables statues et sept têtes colossales, tous du plus pur style olmèque. Encore doit-on ajouter qu'une rapide exploration au magnétomètre en 1968 a conduit Michael Coe à estimer que d'autres monuments, au moins trente-cinq et peut-être bien davantage, sont demeurés enfouis dans le sol.

Une deuxième constatation imprévue : le plateau de San Lorenzo, qui s'élève d'environ 50 mètres au-dessus de la savane périodiquement inondée, est artificiel ! Il a été construit de main d'homme au prix d'immenses efforts. Les profondes ravines qui le creusent au nord, au sud et à l'ouest, les vingt *lagunas* ou étangs qui parsèment sa surface, les longs terrassements qui s'y élèvent, tout a été volontairement construit, en terre et en pierre volcanique, tout a été façonné. Il est difficile de dire pourquoi. Le plateau est long, du nord au sud, d'environ 1 200 mètres : plusieurs centaines de tumuli sont répartis, le long d'un axe nord-sud, de façon à se grouper en cours rectangulaires entourées de structures pyramidales. Enfin, un système de canaux souterrains faits de pierres en U soigneusement ajustées a été découvert en 1967-1968. La portion mise au jour mesure près de 200 mètres de long et 30 tonnes de basalte au moins ont été utilisées pour la constituer. S'agit-il de canaux de drainage ? Ces conduits étaient-ils reliés aux *lagunas* ou à l'une d'entre elles ? Et, d'ailleurs, à quoi servaient ces *lagunas* ? Autant de questions auxquelles nous ne pouvons répondre. Ce qui est évident, c'est qu'une somme inouïe d'ingéniosité et de travail humain a été mise en œuvre pour fabriquer de toutes pièces ce site de San Lorenzo.

Enfin, troisième surprise : après avoir fleuri pendant trois cents ans, ce centre civilisé est abandonné. De nombreux monuments retrouvés par les archéologues avaient été brutalement brisés, les statues décapitées et enterrées, les autels fragmentés ; les vandales s'étaient même attaqués aux têtes colossales, où ils avaient creusé à grand-peine des entailles et des trous circulaires. Un des vestiges les plus frappants de ce qui dut être une révolution extraordinairement violente est le « monument 34 », très belle statue privée de sa tête et de ses bras (qui devaient être articulés et mobiles) mais qui, représentant un homme agenouillé, témoigne d'une exception-

Typique de l'art olmèque est cette tête de basalte géante (188 × 135 × 115 cm), et pourtant de petite taille puisque la plus grande de la série de ces têtes mesure 3 m de haut et pèse 16 tonnes. La bouche caractéristique aux lèvres épaisses et tombantes est dite « bouche olmèque ».

nelle virtuosité sculpturale. Coe explique ces destructions comme une explosion « de haine et de fureur contenues » contre les dirigeants olmèques : les monuments, les statues symbolisaient sans doute aux yeux d'un peuple en révolte les maîtres qui leur imposaient d'immenses efforts.

Quoi qu'il en soit, la jungle avait reconquis le site abandonné quand, vers 600 av. J.-C., d'autres Olmèques — peut-être venus de La Venta — le réoccupèrent pendant trois siècles. Cette phase récente de San Lorenzo, dite « Palangana », prit fin vers — 300, et c'est seulement vers 900 ap. J.-C. que la zone fut repeuplée — mais il y avait plus de mille ans que la civilisation olmèque s'était éteinte.

La zone métropolitaine olmèque

La liste est longue aujourd'hui, et s'allonge chaque jour, des sites olmèques, tous dans la moitié sud de l'État de Veracruz et dans la frange ouest du Tabasco, où des monuments, des statues, des pierres dures ciselées ont été découverts au cours des dernières années. Depuis El Viejón au nord jusqu'à La Venta au sud-est, la région qu'on définit souvent comme le « cœur » *(heartland)* de cette civilisation et qu'Ignacio Bernal appelle la « zone métropolitaine » olmèque s'étend approximativement sur 18 000 kilomètres carrés. A l'exception des montagnes volcaniques de Los Tuxtlas, dont l'altitude moyenne est de l'ordre de 600 mètres, toute cette région ne dépasse pas 100 mètres au-dessus du niveau de la mer. C'est une vaste plaine alluviale que parcourent les fleuves Papaloapan, Coatzacoalcos et Tonalá ainsi que leurs nombreux affluents. Partout des lagunes et des marais. Alfonso Caso a comparé la région à la Mésopotamie. Nulle part en Méso-Amérique l'agriculture n'a pu bénéficier de telles ressources en eau, car à celle des rivières il convient d'ajouter la pluie, abondante en deux saisons (juin-novembre, janvier et février). Le sol, le long des rivières, est fécondé par les inondations. Certes, la végétation est si dense, et se reconstitue si rapidement, qu'elle impose aux agriculteurs un effort constant de défrichement avec les outils — en pierre dans l'Antiquité — et le feu. Mais, au total, les Olmèques ont disposé là de terres particulièrement fertiles, qui se prêtaient bien à une agriculture sans engrais. Le travail rural qui est encore de règle aujourd'hui dans les zones tropicales du Mexique : abattre les arbres et les buissons, les brûler, semer le maïs et les haricots, au moyen d'un simple bâton à fouir, dut fournir aux Olmèques un rendement exceptionnellement élevé. Ils n'eurent pas, en tout cas, à se heurter à l'aridité des sols et à l'irrégularité des pluies qui ont pesé lourdement sur les civilisations du haut plateau. Leur problème fut plutôt de lutter contre un excès d'eau et de créer des systèmes de drainage comme celui de San Lorenzo. On peut considérer que les conditions de sol et de climat de leur habitat leur permettaient d'obtenir deux récoltes par an.

La jungle abonde encore aujourd'hui et abondait certainement dans l'Antiquité en gibier de toute nature : cerfs, tapirs, porcs sauvages, singes, faisans, iguanes. Il est probable que les Olmèques possédaient des chiens et des dindons, animaux très anciennement domestiqués en Amérique, mais la destruction de tous les ossements, humains ou animaux, par l'humidité et l'acidité du sol, nous empêche d'en avoir la certitude. Surtout la mer, les lacs et les rivières leur fournissaient un ravitaillement inépuisable en poissons, crustacés, tortues, coquillages, nourritures riches en protéines et qui complétaient heureusement l'alimentation végétale. L'art olmèque de la ciselure nous a laissé de multiples objets de jade : modèles de bateaux, coquillages, oiseaux aquatiques. Une dalle sculptée de San Lorenzo (monument 58) représente un énorme poisson. Certaines pierres trouvées dans les fouilles étaient sans doute des poids de filets.

A la convergence de deux modes de subsistance

En somme, les habitants de cette région ont pu disposer d'une alimentation riche et diversifiée, donc de ressources en énergie que ne possédaient ni leurs prédécesseurs avant l'agriculture, ni les cultivateurs des terres semi-arides. La civilisation olmèque a sans doute été rendue possible — avec l'énorme déploiement de labeur physique qu'elle exigeait — par la convergence de deux modes de subsistance : l'agriculture du maïs, inventée en Terre Froide, sur le plateau ou dans les vallées élevées comme celle de Tehuacán, et un complexe pêche-chasse-cueillette des Terres Chaudes, au bord de la mer et le long des fleuves. Transplanté en pays olmèque, le maïs encore chétif des hautes terres a trouvé des sols fertiles, de l'eau, de la chaleur. L'homme a pu pour la première fois (deux mille ans avant notre ère ?) cumuler les bienfaits de deux technologies différentes. Cela ne signifie évidemment pas que cette rencontre de l'agriculture et des modes de vie pré-agricoles puisse être considérée comme la *cause* de la civilisation olmèque, et en ait été l'origine. Mais qu'un tel ensemble de ressources énergétiques ait constitué une *condition* de cette origine, on peut le tenir pour certain. Le peuple, quel qu'il fût, qui allait devenir le créateur de la civilisation olmèque, celui qui allait bâtir San Lorenzo et La Venta, sculpter stèles et autels, ciseler de délicats chefs-d'œuvre de pierre verte, ce peuple devait faire face — employons ici les expressions favorites d'Arnold Toynbee — à un « défi » de la nature. Il devait abattre les arbres, brûler la jungle, transporter d'énormes blocs de basalte, aller chercher très loin les jades et les serpentines, construire pyramides et cours cérémonielles : tout cela sous les lourdes pluies et dans une chaleur d'étuve, aux prises avec les plantes, les lianes, les insectes, les serpents. Il lui a fallu, pour mener à bien sa tâche, vaincre la nature dans un rude combat. Et sans doute n'a-t-il pu y parvenir que grâce à la richesse des subsistances dont il a disposé.

Vue sous cet angle, la région « métropolitaine » olmèque, qui nous paraît, à nous, si hostile à l'homme, si peu propice à son établissement

— elle n'est d'ailleurs peuplée aujourd'hui que de façon clairsemée — a réuni dans le passé les conditions les plus favorables à l'éclosion d'une haute culture. Ce n'est certainement pas par hasard que le Petén, si analogue au sud de Veracruz avec sa jungle humide et torride, a vu naître la civilisation maya : la pêche n'a pas dû jouer un grand rôle dans cette zone, mais on peut relever là aussi la conjonction de l'agriculture et de la chasse, du maïs et du gibier.

Les cours d'eau qui traversent de toutes parts le territoire olmèque — les trois fleuves mentionnés plus haut, et les affluents et sous-affluents qui sillonnent toute la région comme un réseau

Ce que l'Ancien Monde doit au Nouveau

On imagine difficilement l'Italie sans tomates, la France et l'Angleterre sans pommes de terre, l'U.R.S.S. et la Roumanie sans le maïs (ce sont les deux plus gros producteurs européens). Et pourtant aucun de ces produits ne se trouvait en Europe voici moins de cinq siècles. Le maïs, sous la forme d'un petit épi, apparaît au Mexique il y a environ quatre mille ans comme l'une des conquêtes de l'agriculture américaine. Il faut une quinzaine de siècles de sélection et de croisements pour que soit obtenu le bel épi que les Espagnols ont fait connaître à l'Europe. La tomate est originaire de l'Amérique du Sud et de l'Amérique centrale d'où elle s'est diffusée vers le nord du Mexique. Il en est de même pour la pomme de terre et le poivron. Chacun sait comment Parmentier acclimata en France la pomme de terre, connue depuis déjà un certain temps par les Anglais et les Espagnols. Consommée moins couramment en Europe que les précédents légumes, la patate douce nous vient des Antilles et des îles du golfe du Mexique. De l'Amérique du Sud viennent le haricot (dit de Lima) et le haricot « mange-tout ».

Autre précieux produit américain, le cacao. Arbre de petite taille, le cacaoyer pousse spontanément dans l'Amazonie. Le cacao infusé dans de l'eau était une boisson généralisée en Amérique du Sud et en Amérique centrale où on le buvait à la fin des repas additionné de miel. Les noms du cacao et du chocolat nous viennent de l'aztèque (nahuatl) cacahuatl, chocolatl. Du Mexique nous est venue la vanille, *tlilxochitl* en nahuatl (*xochitl* signifie : fleur). Les Espagnols avaient appelé *vainilla* (petite graine) la gousse parfumée de l'arbre, dont nous avons fait « vanille ». Outre ces plantes devenues communes, ajoutons quelques fruits exotiques : l'avocat (du caraïbe : avoka) est originaire des Antilles ; la sapote (ou sapotille) était répandue aux Antilles, à Panama et au Mexique, qui nous a donné son nom : tzapotl ; la goyave vient de l'Amérique tropicale (péruvien : gahyaba) ; il en est de même pour la papaille dont le nom est caraïbe, ababai. Enfin, dernière plante qui nous vient d'Amérique, répandue au Nord et dans le Centre, et dont d'aucuns peuvent discuter l'utilité : le tabac, dont le nom caraïbe est tzibalt. En revanche, le café, dont le Brésil est devenu le premier producteur mondial, est originaire d'Abyssinie et a été introduit en Amérique par les Portugais.

Dans le règne animal l'Amérique nous a donné le seul animal que les Indiens aient domestiqué, outre le chien et le lama, le dindon, commun au Mexique et dans le sud-ouest des États-Unis. Son nom européen était : poule d'Inde (occidentale), dont nous avons fait finalement dinde.

Paysage des hautes terres du Mexique (dans l'état d'Oaxaca), que l'on trouve dans les régions centrales vers lesquelles s'étendit la civilisation olmèque, rayonnant depuis les basses terres du golfe du Mexique.

capillaire — ont certainement contribué à la naissance d'une civilisation : d'abord parce que l'agriculture s'est probablement répandue dans les Terres Chaudes côtières en descendant le long de ces cours d'eau et en s'enracinant sur leurs rives ; ensuite, parce que ce réseau fluvial, dans un pays couvert d'une végétation luxuriante presque impénétrable, ouvrait à l'homme un moyen aisé de se déplacer et de transporter des fardeaux grâce à des bateaux et à des radeaux. Il n'est pas douteux que les Olmèques ont utilisé et les fleuves et la mer le long de leurs côtes pour transporter, par exemple, des volcans de Los Tuxtlas à La Venta d'énormes blocs pesant 20 tonnes et davantage. Là où il n'existe pas d'animaux de bât ou de trait ni d'autre source d'énergie que les muscles de l'homme, le transport par eau est le plus efficace : trois mille ans plus tard, les Aztèques devaient mettre à profit, pour leur commerce et leurs guerres, le grand lac que sillonnaient leurs pirogues.

Qui étaient les Olmèques ?

En 1942, une « table ronde » réunissait à Tuxtla Gutiérrez des archéologues américains et mexicains — les Européens étaient, hélas, retenus par d'autres obligations — pour essayer de faire le point sur le problème olmèque. On ne connaissait, à cette époque, qu'une partie des vestiges de La Venta, fort peu de Tres Zapotes et de San Lorenzo, et aucune date de carbone 14. La conférence ne put donc pas trancher entre le camp qui soutenait la plus haute ancienneté de la civilisation olmèque et celui qui s'en tenait à la priorité des Mayas. Aujourd'hui, les Olmèques ont pu être situés dans le temps comme le premier peuple civilisé de la Méso-Amérique.

Ils ont été les premiers à construire de vastes centres cérémoniels, à sculpter des bas-reliefs et des statues en ronde bosse, à associer des monolithes horizontaux ou « autels » avec des stèles, à ciseler des pierres dures. Ils ont inventé des symboles qui sont demeurés en usage jusqu'à la conquête espagnole, plus de deux millénaires après eux, et probablement une écriture et un calendrier perfectionné. Leur civilisation a rayonné de Veracruz au Michoacan, du Guerrero au Costa Rica.

« Il n'est plus nécessaire de dire que les Olmèques sont énigmatiques ou mystérieux. Cependant, un mystère fondamental reste à résoudre : qui étaient les Olmèques et d'où provenaient-ils ? » Cette phrase de Matthew Stirling résume assez bien l'état actuel de nos connaissances.

Qui étaient les Olmèques ? Et, d'abord, quelle était leur apparence physique ? Nous est-il possible de les rattacher à une ethnie déterminée ?

Leur art nous fournit une multitude de représentations de la figure humaine, mais ce sont là des documents à manier avec précaution : la plupart des visages ne sont pas purement humains, mais offrent selon des dosages divers un mélange de traits humains et de traits félins. Souvent, les yeux et le nez sont humains, mais le bas du visage se prolonge en un mufle de jaguar aux longs crocs. Même si la bouche n'est pas entièrement celle du félin, elle est fréquemment traitée de manière à évoquer le jaguar : lèvre supérieure épaisse, commissures tirées vers le bas — c'est la « bouche olmèque », si caractéristique qu'elle suffit à marquer l'origine d'une figurine ou d'une statue.

Types humains

Si on laisse de côté les visages humano-félins et les visages portant des masques (des masques d'oiseaux en particulier), les représentations humaines, dans l'art olmèque, peuvent se diviser en quatre catégories :

I. Des visages réalistes au point de pouvoir être considérés comme des portraits : c'est le cas des têtes colossales, qui représentent probablement des individus — dynastes, prêtres ou athlètes vainqueurs.

II. Des personnages, quelquefois complets, comme la statue dite du « Lutteur » d'Uxpanapa, ou ceux de la stèle 3 de La Venta et des reliefs rupestres de Chalcatzingo, ceux des peintures pariétales d'Oxtotitlan et de Juxtlahuaca. On peut assigner à la même catégorie des figurines de pierre dure comme le magnifique ensemble de l'offrande n° 4 à La Venta ou des statuettes en céramique de Tlatilco et de Las Bocas. Les statues acéphales comme celles de San Lorenzo sont évidemment plus difficiles à ranger dans telle ou telle série. Quoi qu'il en soit, ces documents nombreux et concordants nous montrent des individus de taille moyenne, assez trapus, le torse important proportionnellement aux jambes. Les lignes du corps sont courbes, les personnages corpulents sinon adipeux ; le cou est court et massif. Les personnages nus sont généralement asexués, les représentations féminines sont rares, un homme des bas-reliefs de Chalcatzingo est nu, les organes sexuels visibles. Les personnages masculins, assez fréquemment barbus, portent aussi quelquefois une moustache comme le « Lutteur » d'Uxpanapa ; mais beaucoup d'hommes apparaissent glabres, le crâne rasé autant que le visage. Les joues sont pleines, les yeux obliques avec le pli épicanthélial (« œil mongolique »), le nez court et large, les lèvres épaisses et la bouche « dédaigneuse », ou « cruelle » — bref, la « bouche olmèque ».

III. Un type humain beaucoup plus rare est celui de la stèle 3 de La Venta, l'« Oncle Sam », au nez aquilin, au menton prolongé par une barbiche. Il est nettement plus grand et plus élancé que le personnage corpulent qui lui fait face.

IV. Des « bébés » plus ou moins humains ou plus ou moins félins, motif quasi obsessionnel de l'art religieux olmèque, portés dans les bras de statues, ou représentés en bas-reliefs, en pierres dures, en céramique. Ils sont asexués, trapus, chauves.

Sans doute vaut-il mieux écarter cette dernière série de représentations humaines : les « bébés » ont un caractère trop symbolique et mythique pour qu'on puisse les considérer comme décrivant effectivement un type ethnique.

Interprétation des représentations

Que penser de la catégorie III ? Le personnage barbu de la stèle 3 de La Venta n'est-il pas un étranger, un visiteur, comme l'a supposé Covarrubias ? Il n'est pas impossible, d'un autre côté, qu'un élément « longiligne », au visage osseux et au nez aquilin — un peu analogue aux « Peaux-Rouges » de l'Amérique du Nord ou aux anciens Indiens de Patagonie — ait coexisté avec le groupe ethnique le plus généralement représenté, celui aux formes trapues et arrondies.

Ce sont, de toute évidence, les catégories I et II qui correspondent le plus exactement à ce qu'était le type physique des Olmèques. Encore faut-il observer que toute civilisation tend à idéaliser les traits fondamentaux de l'être humain conformément à un certain « canon ».

Tous les Grecs de l'Antiquité n'étaient pas nécessairement semblables au Discobole, tous les Égyptiens de l'époque d'Akhenaton n'avaient sans doute pas les longs traits émaciés si caractéristiques des sculptures de Tell-el-Amarna. Faute de vestiges osseux — les squelettes, nous l'avons dit, n'ont pas résisté à l'acidité du sol — nous devons tourner nos regards vers les Indiens actuels qui vivent (en petit nombre) dans la zone anciennement olmèque ou à proximité. Certes, nous savons bien que nous ne voyons pas là des descendants directs des Olmèques archéologiques. La région a connu des

migrations, des installations successives de peuples, parmi lesquels notamment des Nahua du plateau central. Il est d'autant plus remarquable qu'aujourd'hui, plus de trois mille ans après les débuts de San Lorenzo et de La Venta, on observe fréquemment dans cette zone des Indiens ou même des métis dont les proportions générales du corps, la tendance à une forme « enveloppée » du torse et du visage, la forme des yeux et surtout la bouche « olmécoïde » aux commissures tirées vers le bas évoquent de façon frappante les stèles et les figurines de la haute Antiquité.

Melgar avait cru pouvoir interpréter comme « négroïdes » les traits de la tête colossale de Hueyapan. En réalité, pas plus celle-là que les quinze autres connues aujourd'hui ne peut être considérée sérieusement comme représentant un Noir africain. Les yeux sont typiquement mongoliques, la bouche ne présente qu'une vague analogie avec des sculptures africaines alors qu'elle se relie à tout l'ensemble de l'art olmèque. Jairazbhoy a cru pouvoir réactiver la théorie des origines africaines, mais sa démonstration n'est pas convaincante. D'ailleurs, si, comme il le prétend, la civilisation olmèque avait eu pour origine un débarquement égyptien, pourquoi ces voyageurs, une fois installés au Mexique, se seraient-ils donné la peine de perpétuer dans la pierre, au prix de gigantesques efforts, le visage de leurs « esclaves éthiopiens » et non le leur ? Pourquoi n'auraient-ils pas laissé une seule figure de type égyptien, un seul hiéroglyphe égyptien, parmi les milliers d'objets olmèques, maintenant connus ?

La conclusion la plus sûre semble bien être que les Olmèques étaient des Indiens américains, des « Amérindiens », appartenant pour la plupart à une ethnie dont certains traits physiques se sont perpétués jusqu'à nos jours et qui, peut-être, coexistait avec un groupe amérindien quelque peu différent.

Quel langage parlaient les Olmèques ?

Nous ignorons, naturellement, quel langage parlaient les Olmèques de La Venta ou de San Lorenzo. Pourtant, un coup d'œil à l'histoire et à la géographie linguistiques du Mexique du Sud-Est peut nous permettre d'envisager certaines hypothèses non dénuées d'intérêt.

La famille linguistique maya, telle qu'elle se présente aujourd'hui, se divise en deux groupes : au sud et à l'est du Mexique, au Guatemala, à Belize et au Honduras, les dialectes du maya proprement dit, du tzeltal et du tzotzil, du quiché, du mam, etc. Au nord, le huaxtèque est parlé dans la partie septentrionale de Veracruz, au Tamaulipas et dans le San Luis Potosí.

Il est vraisemblable que ces deux langages ou groupes de langages, ou plutôt le proto-maya commun d'où ils dérivent, occupaient à

Ces deux statuettes de terre cuite semblent s'opposer par bien des aspects : traitement, morphologie des visages, par exemple. Cependant elles appartiennent toutes les deux aux civilisations du golfe du Mexique et l'art qu'elles représentent procède de la tradition olmèque (Musée d'Anthropologie de Veracruz, Mexique).

l'origine un territoire continu. Les traditions mexicaines connues des Aztèques rapportent une légende relative aux Huaxtèques, qui se seraient séparés des autres tribus à une époque très ancienne. Une science nouvelle et encore tâtonnante, la glottochronologie, s'efforce de calculer les temps écoulés entre deux ou plusieurs phénomènes linguistiques, par exemple entre l'état actuel de deux langages ou séries de langages apparentés et le moment où ils se sont détachés du tronc commun. Quand l'histoire, fondée sur des documents écrits, permet de retracer l'évolution linguistique, la glottochronologie n'a pas à intervenir : nous possédons tous les renseignements nécessaires pour suivre le processus qui, du latin, a conduit au dialecte du serment de Strasbourg, au français médiéval, au français moderne. Mais, si les documents font défaut, la comparaison des vocabulaires, la lexicostatique, la phonologie, peuvent dans une certaine mesure nous fournir un ordre de grandeur. Morris Swadesh est arrivé par ces méthodes à estimer que la séparation du huaxtèque et des autres langages maya a dû se produire il y a environ trois mille deux cents ans.

Partant de cette hypothèse, tout se passe comme si un groupe non maya s'était enfoncé comme un coin entre les Huaxtèques et les Mayas, les premiers se dirigeant (ou refoulés) vers le nord, les seconds vers l'est et le sud. Cet événement aurait eu lieu à peu près à l'époque, vers 1200 avant Jésus-Christ, où la civilisation olmèque est apparue à San Lorenzo et à La Venta, et précisément dans le centre et le sud de Veracruz. Coïncidence peut-être, mais coïncidence qui donne à réfléchir. On ne peut s'empêcher de penser que le peuple qui a brisé l'unité des Proto-Mayas a été le porteur de la civilisation olmèque.

Diverses hypothèses

Une autre hypothèse pourrait être évoquée, à savoir que les Olmèques aient fait partie eux-mêmes de la famille huastéco-maya. Seul de toutes les subdivisions de cette grande famille linguistique, leur parler n'aurait pas survécu. Une telle supposition ne peut être absolument écartée : combien de langages indigènes n'ont-ils pas disparu totalement ! Cependant, l'olmèque protomaya apparaîtrait comme une exception, par sa fragilité, comparée à l'extraordinaire résistance du maya et des dialectes apparentés.

Les Indiens de l'État de Veracruz parlent soit nahua (en général, la variété *nahuat*, sans le *-tl* caractéristique de l'aztèque), soit des dialectes qu'on appelle souvent, d'un terme péjoratif, *popoloca*, et qui relèvent de la famille linguistique mixe-zoque. L'implantation du nahua dans cette région est évidemment récente. Le mixe (*popoloca* de Sayula et d'Oluta) et le zoque (*popoloca* de la Sierra et de Texistepec) sont des langages anciens, enracinés depuis l'Antiquité dans les États de Veracruz, d'Oaxaca et du Chiapas. Dans le sud de Veracruz, l'implantation de ces dialectes recouvre très exactement la zone olmèque depuis Tres Zapotes jusqu'à San Lorenzo.

Le caractère mythologique, bien difficile à interpréter, apparaît nettement sur cette stèle (n° 19) olmèque de La Venta (Musée de La Venta, Villahermosa).

C'est en partant de cette constatation que Campbell et Kaufman ont émis l'hypothèse que le langage des Olmèques aurait été un proto-mixe-zoque ; pour étayer leur démonstration, ils ont étudié notamment les emprunts de mots mixe-zoque par d'autres langues autochtones méso-américaines. Selon eux, des mots désignant des plantes cultivées et des aliments (calebasse, cacao, tomate, haricot, galette de maïs), des animaux (chien, dindon), des éléments du rituel (*copal*, encens), des techniques (tissage, pêche), etc., auraient été empruntés au mixe-zoque par d'autres langages. Ces mots définissent un « inventaire culturel » qui aurait été celui des Olmèques vers le milieu ou dans la deuxième moitié du IIe millénaire avant notre ère. D'où la conclusion : « Les Olmèques, au moins une partie d'entre eux, parlaient probablement des langages mixe-zoque. » Mais ces deux auteurs ajoutent qu'il s'agit là d'une hypothèse qui devrait provoquer de nouvelles recherches. Il est sans doute sage de s'en tenir là.

Jiménez Moreno, de son côté, a suggéré que le langage des « Olmèques archéologiques » était apparenté au maya, mais que certains d'entre eux auraient pu parler zapotèque. Comme nous le verrons, des relations et des affinités anciennes et profondes ont existé entre la zone « métropolitaine » olmèque et le pays zapotèque, dans les vallées de l'Oaxaca. Ignacio Bernal, à ce sujet, pense qu'à l'époque « formative » dont il s'agit, vers 1500-1200 av. J.-C., le langage zapotèque ne s'était pas encore individualisé, mais peut-être, écrit-il, faudrait-il supposer un « pré-zapotèque ». Les hypothèses ne manquent donc pas. On ne voit pas comment on pourrait, sur ce problème du langage olmèque, parvenir à une certitude.

Un demi-siècle après que le mot « olmèque » eut été appliqué pour la première fois par Hermann Beyer à une statuette de jade et au monument de San Martin Pajapan, ce qui n'était alors qu'une ombre, une présence devinée derrière un voile, est devenu une réalité immense et fascinante. Chaque jour apporte une révélation, une sculpture, un masque... et nous savons qu'il reste encore tout un monde à découvrir. Mais déjà le fait olmèque domine tout le passé indigène de l'Amérique moyenne, et peut-être en partie celui de la civilisation autochtone de l'Amérique en général.

Contrairement aux peuples de notre Ancien Monde tels que les Sumériens ou les Hittites, leur civilisation ne peut être reconstituée grâce à des écrits. Pas de tablettes cunéiformes, pas d'inscriptions bilingues ou de dictionnnaires à l'usage des scribes. C'est à travers l'ordonnancement de leurs centres cérémoniels, à travers l'art exquis de leur ciselure, par les gravures et les peintures rupestres ou leurs fragiles céramiques, que nous parvient le message des Olmèques.

J. SOUSTELLE

Le principal site olmèque reste La Venta qui fut donc fouillé à partir de 1948 par M. Stirling et M. Cavarrubias, puis par P. Drucker, W. Wedel et R. Heizer. Par ailleurs, lors d'une vaste étude d'ensemble entreprise en 1955, un film fut réalisé par des professionnels restituant le travail de la fouille. Depuis 1964, ce film, intitulé Excavation at La Venta, *d'une durée de projection d'une demi-heure, est mis en location ou en vente par l'université de Californie, à Berkeley. Le professeur Soustelle a consacré un chapitre de son livre à quelques aspects de ces fouilles.*

L'île de La Venta

On connaît à l'heure actuelle entre trente et quarante sites olmèques, dont quatre dans le Tabasco et la plupart dans l'État de Veracruz. Le nombre des sculptures, stèles, autels, têtes colossales découverts à La Venta, à San Lorenzo (y compris Tenochtitlan et Potrero Nuevo) et à Laguna de Los Cerros dépasse cent quatre-vingts sur un total de deux cent quarante-six pièces recensées. En certains de ces sites, un seul objet a été trouvé, mais d'une haute qualité, comme la statue de pierre verte de Las Limas, « le Prince » de Cruz del Milagro ou « le Lutteur » d'Uxpanapa. Il est évident que nous sommes encore bien loin de pouvoir recenser la totalité des vestiges olmèques qui ont survécu aux atteintes du temps, des éléments et des hommes. Les fouilles archéologiques sont difficiles et coûteuses. Bien des chefs-d'œuvre de la statuaire ou de la ciselure des premiers civilisés du Mexique sont certainement enfouis sous la végétation et dans le sol de la zone « métropolitaine ». La Venta, qui se situe — selon l'état actuel de nos connaissances — à la limite orientale de cette zone, a été le premier grand site étudié scientifiquement, bien qu'encore incomplètement. Son nom est associé plus que tout autre à la civilisation olmèque. Son principal monument est unique au Mexique. C'est là que la civilisation des Olmèques se révèle à nous avec toute son originalité fascinante.

L'île de La Venta, entourée de marécages, présente une forme ovale, allongée ; elle a environ 4,5 kilomètres de longueur, selon un axe nord-sud, une largeur moyenne de 1 200 mètres, avec un maximum de 2 kilomètres environ. Sa surface est parsemée de tumuli groupés de façon à former des ensembles ou « complexes » que les archéologues ont désignés par des lettres : « complexe A, complexe B », etc. ; le plus récemment repéré est appelé « complexe Stirling ». Dès 1925, lors du voyage d'exploration de Blom et de La Farge, le monument qui domine de sa masse tout le site avait été qualifié de « pyramide ». Les plans et schémas publiés jusqu'à une date récente montrent ce monument comme une pyramide « classique » à base quadrangulaire et au sommet aplati. En réalité, une telle épaisseur de jungle la recouvrait que personne n'avait pu discerner sa forme jusqu'au défrichage complet de cette structure en 1968. On s'aperçut alors que la prétendue « pyramide » était un cône pointu, sans plate-forme au sommet, sans escalier ni rampe, creusé de dix profonds sillons séparés par des nervures en saillie. Cet étrange monument a 34 mètres de hauteur et 140 mètres de diamètre ; sa masse est évaluée à 99 000 mètres cubes. Il s'agit donc d'une construction relativement petite comparée, par exemple, à la pyramide du Soleil à Teotihuacan (840 000 mètres cubes) ou à celle de la Lune dans la même cité (210 000 mètres cubes).

Une pyramide exceptionnelle

Aucune fouille n'ayant été pratiquée dans cette « pyramide » (l'usage s'est établi de lui conserver ce nom), il nous est impossible de dire actuellement si elle contient des structures intérieures ou des tombes. Il s'agit en tout cas d'un vaste tumulus de terre battue et d'argile, qui repose pour une part sur une large plate-forme basse.

Contrairement à toutes les pyramides mexicaines, elle ne semble pas avoir servi de support à un sanctuaire. Son sommet n'est pas plat, et on ne voit aucune trace d'un accès à ce sommet. Plus que les pyramides de l'époque classique au centre ou en pays maya, elle évoquerait les *yácatas* du Michoacan et les constructions circulaires des Huaxtèques, monuments d'une architecture archaïque qui édifiait des *mounds*, des tumuli de terre accumulée. On peut aussi mentionner à titre de comparaison la pseudo-pyramide de Cuicuilco, qui est en

Masque olmèque en marbre en forme de tête de jaguar, beau spécimen de l'art fantastique précolombien (Coll. Robert Woods Bliss, Washington U.S.A.).

somme un cône tronqué fait de pierres et de terre. Il n'en reste pas moins que la « pyramide » de La Venta est le seul monument connu dont les flancs soient creusés de sillons ou rainures à intervalles réguliers, qui lui donnent l'apparence d'un cône volcanique. Cette analogie est assez frappante : La Venta est à une centaine de kilomètres des volcans de Los Tuxtlas, et c'est dans ces montagnes, au Cerro Cintepec, que les Olmèques ont taillé les blocs de basalte qu'ils ont sculptés en autels ou en têtes colossales.

Le lac de Catemaco, au milieu de la Sierra, le volcan de San Martin Pajapan, recélaient d'importants vestiges olmèques. Faut-il penser que les gens de la Venta, descendant de ces montagnes et installés sur une île basse au milieu de terres amphibies, ont voulu ériger une imitation, un *ersatz* de volcan ?

Au nord de la « pyramide » avait été construite une vaste cour, la « cour cérémonielle » du « complexe A » ; c'est un rectangle de 40 mètres sur 50, entouré d'une clôture faite de colonnes prismatiques en basalte pesant chacune entre 700 kilos et 1 tonne. Elle est limitée au nord par une plate-forme peut-être pyramidale, à degrés (en mauvais état de conservation). Si l'on relève l'emplacement des monuments (sculptures, têtes colossales), des stèles et des tombes, on s'aperçoit que le site avait été soigneusement planifié de telle sorte qu'il s'échelonne au nord et au sud de la « pyramide » selon un axe légèrement divergent (8° Ouest) par rapport au Nord vrai. Le « complexe B », situé au sud de la « pyramide », n'a pas été complètement exploré, bien qu'on y ait découvert, notamment, une tête colossale et plusieurs autels dont ceux qui ont été numérotés 4 et 5 et figurent parmi les œuvres les plus remarquables de la sculpture olmèque.

La zone située au nord est beaucoup mieux connue. Les Olmèques y avaient exécuté (vers l'an 1000 av. J.-C.) d'immenses travaux de terrassement. Un des traits les plus extraordinaires de ces travaux est l'utilisation d'argiles colorées — roses, rouges, jaunes — et de sables de couleurs différentes, et cela par milliers de tonnes, pour construire des soubassements et distinguer divers niveaux. Cette technique très originale a été mise en œuvre en particulier lorsqu'il s'est agi de réaliser ce qui nous apparaît comme des « offrandes massives ».

Une « offrande massive »

Qu'est-ce qu'une « offrande massive » ? C'est d'abord une énorme fosse (dans un cas 8 mètres de profondeur, 17 mètres de largeur, 20 mètres de longueur) creusée dans le sol spongieux de l'île. Cette fosse était ensuite comblée, d'abord par plus de 1 000 tonnes de serpentine — cette pierre semi-précieuse qui semble avoir été hautement appréciée par les Olmèques — sous forme de dalles juxtaposées, puis par des argiles de couleur. Le tout était ensuite recouvert de terre et caché définitivement aux regards des hommes. Trois de ces offrandes ont été retrouvées. Encore plus surprenantes, bien que d'une technique analogue, sont les trois mosaïques enterrées, découvertes, l'une au nord de la pyramide, deux sous les plates-formes sud de la cour cérémonielle. Chacune d'elles est formée de quatre cent quatre-vingt-cinq blocs de serpentine, qui couvrent une surface d'environ 5 mètres sur 7 ; le motif représenté est le masque stylisé d'un félin, d'un jaguar, la tête couronnée de quatre ornements en forme de losanges. La couleur verdâtre de la serpentine se détache vigoureusement sur celles du sable et de l'argile jaunes qui remplissent les interstices. Les mosaïques avaient été enfouies au fond d'une fosse, sous une couche d'argile vert olive et de terre. Tout porte à croire qu'elles ont été ensevelies immédiatement après leur mise en place : trois mille ans environ se sont écoulés avant que des yeux humains puissent les contempler.

Que signifient ces sépultures de pierres vertes, ces masques de jaguar enterrés ? La seule hypothèse satisfaisante qu'on ait pu émettre, c'est qu'il s'agissait d'offrandes à une ou à des divinités —

peut-être aux dieux de la Terre, protecteurs de l'agriculture et maîtres des subsistances. Le dieu-jaguar est certainement une divinité de la Terre.

Un autre point d'interrogation a trait à l'origine des matériaux utilisés. Même les argiles de couleurs variées ne se trouvent pas à La Venta. Les pierres volcaniques ne peuvent guère provenir que des montagnes de Los Tuxtlas. C'est le Cerro Cintepec qui paraît avoir fourni le basalte. Quant à la serpentine et aux pierres dures (jadéite, néphrite), nous ne savons pas d'où elles étaient amenées à La Venta ; les gisements les plus proches pourraient se trouver dans les montagnes de l'Oaxaca, ou plus loin dans le bassin du rio Balsas. Il est stupéfiant que les Olmèques de La Venta aient pu consacrer autant d'énergie à rechercher, extraire du sol, transporter sur de longues distances, façonner et enfin enterrer d'énormes quantités de lourdes pierres.

Énigmatiques miroirs

Au-dessus de la couche d'argile qui recouvrait le masque de jaguar de la plate-forme sud-est, une offrande de petits objets avait été disposée en forme de croix. Elle se composait de vingt petites haches polies, en jade et en serpentine, et d'un miroir concave en hématite. Sept de ces miroirs, en tout, ont été découverts à La Venta. Ils ont été taillés dans de l'hématite, de la magnétite ou de l'ilménite ; un spécialiste, J. E. Gullberg, a pu écrire : « Il nous est impossible de reconstruire la technique utilisée pour fabriquer ces miroirs concaves... Ils ont une grâce, une dignité et une perfection qui rend difficile de les considérer comme des objets seulement ornementaux. La face concave a été exécutée avec un soin qui semble aller au-delà des normes des lapidaires les plus accomplis. » Quel pouvait être l'usage de ces miroirs ? Tous sauf un portent des perforations qui semblent indiquer qu'ils pouvaient être suspendus à un collier. De fait, une figurine de La Venta porte un miroir en réduction comme un pectoral. Des expériences montrent que ces miroirs étaient susceptibles de concentrer les rayons du soleil pour allumer un feu. Peut-être les prêtres olmèques portaient-ils ces miroirs sur la poitrine et s'en servaient-ils pour allumer le feu sacré, notamment pour incendier la jungle, premier acte de la culture du maïs.

Dix-neuf offrandes de petits objets ont été découvertes dans des « caches » en divers points de l'ensemble cérémoniel au nord de la pseudo-pyramide. Les Olmèques ont donc été les initiateurs d'une pratique que l'on retrouvera plus tard en Méso-Amérique, notamment chez les Mayas classiques : celle d'enterrer des objets précieux à proximité des monuments, au pied des murs, sous les escaliers, etc. Ces offrandes à La Venta se composent de diverses catégories d'objets : petites haches polies en jade, en serpentine, en diorite, en basalte ou en schiste, figurines, pendentifs, ornements d'oreilles, pièces de collier en pierres dures ; modèles de pirogues en jade ; ornements, peut-être jadis cousus à des vêtements, en cristal de roche ; masques en réduction (« *maskettes* ») en jade, représentant la face d'un jaguar ; miroirs concaves ; vases en terre cuite en forme de bols ou d'écuelles. Le nombre d'objets contenus dans ces caches est souvent considérable : huit cent quatre-vingt-quinze (pièces de collier) dans l'offrande n° 9, onze cent quatre-vingts (pièces de collier également) dans l'offrande n° 11. Mais, plus que le nombre des objets, c'est leur extraordinaire qualité artistique qui retient l'attention et provoque l'admiration. Deux offrandes méritent d'être distinguées à cet égard. Celle qui porte le n° 2, enfouie sur la ligne centrale du site, contient cinquante et une petites haches polies, dont quatorze de jade. Cinq de ces haches ont été décorées de dessins finement gravés, dont un, particulièrement clair, représente une belle tête de style olmèque vue de profil, coiffée d'une sorte de bonnet pointu.

Seize figurines

Mais c'est surtout l'offrande n° 4 qui peut être considérée comme une des plus extraordinaires découvertes jamais faites à La Venta. Immédiatement à l'ouest de la plate-forme située au nord-ouest de la cour cérémonielle, à la hauteur du milieu de cette plate-forme, un étrange trésor était enterré à environ 60 centimètres de profondeur dans une cache de 51 centimètres sur 35,6 centimètres. Dans cette cavité se tenaient debout, dans le sol sablonneux, seize figurines d'un merveilleux fini, dont deux en jade, treize en serpentine et une en pierre volcanique rougeâtre. Cette dernière était adossée à une rangée de six petites colonnes de jade plantées verticalement dans le fond de la cache ; les quinze autres figurines lui faisaient face, arrangées en demi-cercle.

Toutes les figurines sont du plus pur style olmèque. Elles représentent des hommes — sans indication du sexe — debout, les jambes légèrement fléchies. Leur tête, volumineuse par rapport au corps, a été visiblement déformée par ligature du crâne pendant l'enfance. Ils sont chauves et imberbes ; ils ont les yeux obliques, la bouche aux lèvres épaisses et aux commissures tirées vers le bas, de la convention olmèque. Les colonnettes de jade portent des traces de dessins gravés ; il est possible qu'elles aient été obtenues en débitant une plaque de jade incisée antérieurement. Les figurines elles-mêmes ont probablement été ciselées assez longtemps avant d'être déposées dans la cache ; elles montrent des brisures, certaines ont perdu un pied ou une partie d'un bras. Ceux qui ont réalisé cette offrande exceptionnelle auraient donc réuni des objets fabriqués auparavant.

La cavité contenant cet ensemble avait été remplie de sable, puis dissimulée sous plusieurs couches d'argile orange, rose, jaune, blanche. Mais, plus tard — personne ne peut dire quand —,

Pages suivantes : voici l'offrande n° 4 telle qu'elle a été reconstituée au Musée national de Mexico. Le jade dans lequel ont été taillées statuettes et colonnettes est de teinte laiteuse tirant parfois sur le bleu.

quelqu'un — personne ne peut dire qui — creusa un trou vertical, situé très exactement au-dessus du centre de la cache, à travers les couches d'argile. Ce trou, ayant permis sans doute de vérifier que l'offrande était toujours là, fut rebouché ; les débris des couches supérieures qu'on observe dans le remplissage de ce « puits de contrôle » montrent clairement ce qui s'est passé. On peut conclure que les Olmèques possédaient des plans ou des schémas précis grâce auxquels des caches de cette qualité pouvaient être exactement localisées.

Une scène singulière

Mais que signifie la scène retracée par l'offrande ? Le type physique des personnages, leurs crânes déformés, leurs ornements d'oreilles, indiquent qu'il s'agit là de dignitaires, religieux ou non ; ils entourent et semblent écouter attentivement le seul qui ne soit pas représenté par une figurine de jade ou de serpentine. S'agit-il de commémorer un conseil au cours duquel des décisions très importantes auraient été prises ? Ou bien ce groupe de nobles ou de prêtres est-il en train d'accomplir un rite devant la colonnade en miniature formée par les pièces de jade verticales ? Il n'est peut-être pas inutile d'observer que ces personnages ne portent dans leurs mains aucun objet, ne tiennent dans leurs bras aucun enfant, ne brandissent aucune arme, en quoi ils se distinguent de nombreuses sculptures olmèques. Cette constatation serait plus favorable à la thèse du « conseil » qu'à celle du « rite ».

Les statuettes de cette offrande avaient été enduites d'un pigment rouge vif. Le même usage était observé en ce qui concerne les sépultures. La « tombe A », au nord de la pyramide, est exceptionnelle en ce qu'elle a été construite avec des colonnes de basalte, puis recouverte d'un tumulus, et aussi parce qu'elle contient encore quelques ossements, ce qui est rarissime à La Venta. Deux très jeunes gens, peut-être des enfants, y avaient été ensevelis sous une couche d'ocre rouge. En les enterrant, on avait déposé à côté de leurs corps un riche mobilier funéraire : figurines, dont un personnage féminin portant un petit miroir d'hématite sur la poitrine, ornements d'oreilles, deux mains en jade, deux disques d'obsidienne, un miroir concave en magnétite, un pendentif de jade en forme de coquillage.

Plus au sud fut trouvé un sarcophage long de 2,81 mètres qui ne contenait pratiquement plus de vestiges humains, mais dont les parois étaient enduites d'ocre rouge. Une des extrémités de ce coffre de pierre est sculptée d'un splendide bas-relief : c'est le visage du dieu-félin, avec ses sourcils en forme de flammes, le nez large et court, la lèvre supérieure protubérante et arquée, deux crocs recourbés. La langue bifide évoque non le jaguar, mais le serpent. Des ornements d'oreilles et une figurine en serpentine, à l'intérieur du sarcophage, avaient accompagné le défunt.

Les autels de La Venta

Caractéristiques de l'art de La Venta sont les autels, les stèles et les têtes colossales.

Le terme d'« autel » est sans doute employé à tort ici : aucune indication ne tend à prouver qu'un rite quelconque ait été effectué à la surface supérieure de ces monolithes. Quoi qu'il en soit, sur les sept « autels » repérés à La Venta, cinq comportent sur une des faces, que l'on peut considérer comme la face antérieure, une niche d'où émerge un personnage ; et dans deux cas (autels n°s 2 et 5) ce personnage porte sur ses bras un « bébé ». La figure principale de l'autel n° 4 est accroupie dans une niche que surmonte le mufle stylisé du jaguar. Elle tient dans ses mains une corde reliée au poignet d'un autre personnage figuré en bas-relief sur la face droite du monument.

L'autel n° 3 est fort endommagé. On distingue néanmoins sur la face antérieure une niche d'où se détache un personnage sculpté presque en ronde bosse. Deux figures assises et une debout apparaissent sur les faces latérales ; l'un des hommes assis a une longue barbe pointue.

Le motif des « bébés » atteint son développement maximum, comme il a été dit plus haut, avec l'autel n° 5, où sont représentés cinq petits enfants, un étendu dans les bras du principal personnage, quatre autres qui semblent se débattre dans les bras de quatre adultes sur les faces latérales.

Dans la mesure où l'érosion subie par ces sculptures le permet, on y discerne une foule de détails caractéristiques : coiffures élaborées, mitres, chapeaux, ceintures, jupes et pagnes ; ornements d'oreilles, colliers, pectoraux. On peut distinguer aussi le type physique « olmèque » le plus courant, et certains personnages au nez convexe, aux lèvres minces.

Les stèles

Des cinq stèles de La Venta, la première à avoir été découverte par Blom et La Farge (stèle n° 1) est un monolithe de basalte de 2,50 mètres de haut. Un personnage debout, vu de face, dans une attitude rigide, se dresse dans une niche. Il est coiffé d'une sorte de casque rond décoré en avant d'un médaillon, porte des pendants d'oreilles et une jupe plissée qui le couvre de la ceinture aux genoux. Le bord supérieur de la niche, très érodé, ressemble au masque stylisé de jaguar qui surmonte la niche de l'autel n° 4. Cette stèle donne une impression de relative « primitivité » : la rigidité du personnage, la simplicité du vêtement, comme l'absence d'autres éléments iconographiques.

Tout autre apparaît la stèle n° 2, trouvée dans le « complexe C » au sud de la pseudo-pyramide. Là , un personnage central se détache en haut relief, tenant obliquement devant son torse un objet (hache ?) au manche assez long. Sa tête est coiffée d'un extravagant couvre-chef à trois étages. Le visage « olmèque », avec ses yeux en amande, son nez large, ses joues pleines, sa bouche large, est doté d'une barbe — qui pourrait bien être postiche. Le corps est trapu. Autour de lui six autres formes humaines plus petites, en bas relief, brandissent des objets indéterminés. Elles sont masquées, portent des ornements de tête, des pagnes et des manteaux flottants.

La stèle n° 3 n'est pas moins élaborée : c'est celle qui décrit la rencontre, l'entretien entre un personnage de type olmèque et l'« Oncle Sam * ». Là aussi nous pouvons observer six figures plus petites qui semblent voler autour des deux principaux personnages.

Les autres stèles connues sont tellement usées qu'il est impossible d'y relever aucun détail.

Essai de chronologie

Dans une première phase (de 1100 à 1000 environ avant notre ère), les premiers Olmèques de La Venta commencèrent à construire la pyramide et à mettre en place le plan général du centre cérémoniel. L'île avait-elle été habitée avant eux ? Il semble qu'on puisse répondre affirmativement : on découvre en effet dans les remblais des premiers tumuli de la cour cérémonielle ce qui paraît bien être des fragments de couches d'argiles colorées qui ont dû être détruites par les constructions de la phase I.

C'est entre 1000 et 800 avant notre ère que s'étend la phase II, marquée par une activité extraordinaire. Les « offrandes massives » commencent pendant cette période et se poursuivront pendant les phases III et IV de — 800 à — 400. Les offrandes de figurines de jade, les riches tombeaux, se rattachent à ces derniers siècles, qui ont vu l'apogée du centre cérémoniel au nord de la pseudo-pyramide.

Que s'est-il passé quatre siècles avant notre ère ? La fin de la civilisation de La Venta demeure ensevelie dans le mystère. Ce que nous constatons c'est qu'entre 450 et 325 avant Jésus-Christ toute activité a cessé dans l'île. Plus de constructions, plus de fosses creusées pour accueillir les offrandes de serpentine, plus de caches à figurines de jade. L'élite dirigeante a disparu : chassée, exterminée ou simplement partie en exil ? En tout cas, l'île demeure inoccupée, et le vent y accumule du sable ; puis, nous ne savons pas exactement par qui, ni quand, une nouvelle activité s'y manifeste : hélas, c'est une activité de destruction et de pillage. Des monuments sont alors brisés, des statues décapitées, des stèles martelées. Les vandales creusent des puits, dans l'espoir sans doute d'y découvrir des trésors de jade. Ensuite, eux aussi ont abandonné l'île, dont la paix n'a été troublée qu'à notre époque, d'abord par quelques paysans mexicains en quête de terre, puis par les archéologues, enfin par les pétroliers.

J. SOUSTELLE

---

* En ce qui concerne ce personnage, ainsi que les hypothèses proposées à son sujet, voir page 89.

DIEUX ET CIEUX
DES AZTÈQUES

Les Aztèques sont le peuple du Soleil. Et nous allons voir combien est important le soleil dans les mythes des Aztèques, dont le dieu principal, dieu guerrier et jaloux, Uitzilopochtli est « le soleil-héros des guerriers ». C'est guidé par ce dieu et ses prêtres guerriers que le peuple des Aztèques ou Mexica est venu du Nord jusqu'aux lagunes du lac de Tezcoco où il va fonder Mexico-Tenochtitlán, à une époque bien tardive dans l'histoire du Mexique, vers 1325. Selon d'antiques légendes qui nous ont été conservées par les chroniqueurs espagnols, les tribus nahuas, auxquelles appartiennent les Aztèques, seraient sorties d'un lieu mythique appelé Chicomoztoc, « les sept Cavernes » ; de là les Aztèques seraient parvenus à un lieu nommé Aztlan, « le pays des hérons blancs », qui dans les manuscrits indigènes est représenté comme une île dominée par une montagne conique, mais on ne sait précisément si cette île est au milieu d'un lac ou de la mer. Plusieurs traditions situent ce pays d'origine au-delà des steppes du nord du Mexique. Or, divers peuples des Pueblos ont des légendes similaires. Par ailleurs, la langue aztèque, le nahuatl, appartient à la famille linguistique shoshoni-aztèque, qui comprend les dialectes shoshoni parlés par les Indiens de l'Utah, du Nevada et du Colorado, à l'ouest des États-Unis, le pima, parlé en Basse-Californie et dans le Sonora, au nord du Mexique, et enfin l'aztèque, c'est-à-dire le nahuatl du Mexique central et le pipil et le niquirane parlés dans le Guatemala et le Nicaragua, au sud du Mexique. C'est l'une des preuves les plus certaines de l'origine nordique des Aztèques.

Toujours est-il qu'après un siècle passé en une vie difficile sur les lagunes de Mexico, les Aztèques commencent par se libérer de la tutelle de la cité voisine d'Azcapotzalco en 1428 et en moins d'un siècle soumettent alors tous les peuples voisins et constituent un vaste empire, héritier de toutes les anciennes cultures indiennes des plateaux du Mexique. C'est cet empire en pleine expansion que va détruire Cortez avec une poignée d'hommes : mais il ne faut pas oublier que les Espagnols, armés d'arquebuses et d'épées d'acier, protégés par des armures et des casques de fer, montés sur des chevaux, combattirent des multitudes d'hommes armés de flèches et de javelots à pointes d'obsidienne et casqués de plumes, ne se déplaçant qu'à pied, et ne combattant pas pour tuer l'adversaire mais pour le capturer afin de le sacrifier à leurs divinités. Par ailleurs, les Espagnols tirèrent le plus grand profit des guerres intestines et des révoltes des populations soumises malgré elles à la domination aztèque.

Nous allons ici encore faire appel au professeur Soustelle pour pénétrer dans l'univers mental et religieux des Aztèques, un univers qui apporte en quelque sorte une lumière sur ces temples et ces pyramides qui ne se dressent plus que comme les témoins muets de l'antique grandeur des anciens peuples du Mexique.

Les quatre Soleils

Aussi bien dans les traditions et chroniques rédigées après la conquête que dans les manuscrits précolombiens et sur les bas-reliefs de certains monuments, on retrouve l'idée que notre monde a été précédé de quatre mondes ou « Soleils » qui ont pris fin dans des cataclysmes. On donne à ces mondes disparus les noms de « Soleil du Tigre » (*Ocelotonatiuh*), « Soleil de Vent » (*Eecatonatiuh*), « Soleil de Pluie » (*Quiauhtonatiuh*) et « Soleil d'Eau » (*Atonatiuh*). Le Soleil de Pluie est quelquefois aussi appelé Soleil de Feu (*Tletonatiuh*), car c'est une pluie de feu qui a détruit le monde à la fin de cette période.

L'ordre de succession de ces quatre âges n'est pas toujours décrit de la même manière. Selon les *Anales de Cuauhtitlán*, le premier des Soleils a été le Soleil d'Eau, suivi des Soleils du Tigre, de Pluie et de Vent. L'*Historia de los Mexicanos por sus pinturas* donne l'ordre : Soleil du Tigre — Soleil de Vent — Soleil de Pluie — Soleil d'Eau, qui est corroboré par le magnifique monument connu sous le nom de « Calendrier aztèque ». Ce célèbre bas-relief, comme ceux de la « Pierre des Soleils », énumère les quatre âges dans le même ordre que l'*Historia*, chacun des âges étant représenté par une date, celle du cataclysme qui le termina. Ces dates sont :

4 *Ocelotl*   (4 Tigre), fin du Soleil du Tigre.
4 *Eecatl*   (4 Vent), fin du Soleil de Vent.
4 *Quiauitl*   (4 Pluie), fin du Soleil de Pluie.
4 *Atl*   (4 Eau), fin du Soleil d'Eau.

Essai de reconstitution d'un centre cérémoniel de l'ancienne Mexico-Tenochtitlan, tel qu'ont pu le voir Cortez et ses compagnons. Ces monuments étaient situés au centre de la Mexico actuelle (Maquette du Musée d'anthropologie de Mexico).

Enfin notre monde actuel est signalé sur le « Calendrier Aztèque », par la date de 4 *Ollin* (4 Mouvement, Tremblement de terre). Cette date, on le verra, est celle où notre soleil s'est mis en mouvement quatre jours après sa naissance. C'est, dans le calendrier rituel, le jour de la fête du soleil et des seigneurs. Mais c'est aussi, probablement, la date où notre monde prendra fin dans les tremblements de terre, le signe *ollin* symbolisant à la fois le mouvement du soleil et les secousses sismiques.

Jours néfastes et ensorcelés

Dans le *tonalamatl* ou calendrier divinatoire, tous les jours portant le chiffre 4 sont considérés comme néfastes. Le jour 4 *ocelotl*, fin du Soleil du Tigre, est un jour néfaste, dominé par le dieu Tezcatlipoca. Tezcatlipoca, dieu du Nord, du froid et de la nuit, s'est transformé en tigre, selon l'*Historia de los Mexicanos*, pour abattre le soleil. Le premier âge, selon les *Anales de Cuauhtitlán*, a pris fin dans les ténèbres et le froid, à la suite d'une éclipse.

La date 4 *eecatl*, fin du Soleil de Vent, est considérée comme un jour d'enchantements, de sorcellerie. Le jour 1 *eecatl* est par excellence le jour des sorciers. En fait, c'est par une vaste opération magique que le deuxième monde s'est achevé : tous les hommes ont été transformés en singes. En même temps soufflait un vent violent, manifestation de *Eecatl*, dieu du vent, qui est une des formes de *Quetzalcoatl*. L'idée que les hommes d'un des mondes disparus ont été métamorphosés en singes se retrouve dans la grande chronique maya-quiché, le *Popol-Vuh*. Chez les Mexicains du Centre, cette idée est liée à l'action du dieu Quetzalcoatl sous la forme de divinité du vent, protectrice des magiciens.

La date 4 *quiauitl*, fin du Soleil de Pluie, est placée sous la protection de Tlaloc, dieu de la pluie, et c'est le masque de ce dieu, reconnaissable à ses longues dents et à ses yeux énormes, qui est employé comme signe de la pluie. Le troisième monde s'est écroulé sous une pluie de feu. Tlaloc n'est pas seulement dieu de l'eau, bien que ce soit là sa fonction la plus ordinaire, mais aussi dieu du feu qui tombe du ciel, éclairs et foudre, éruptions volcaniques peut-être ; c'est la pluie de feu (*tlequiauitl*).

La date 4 *atl*, fin du Soleil d'Eau, est représentée sur les monuments signalés plus haut par le chiffre 4 accompagné du visage de la déesse Chalchiuhtlicue, « celle qui porte une jupe de pierre précieuse » compagne de Tlaloc et divinité de l'eau ; elle semble sortir d'un récipient. Ici, c'est bien de l'eau qu'il s'agit, car le quatrième monde a pris fin dans les inondations, dans une sorte de déluge.

Soleil et points cardinaux

Ainsi, à quatre reprises, un monde est né et s'est effondré dans de gigantesques catastrophes. Le monde d'aujourd'hui aura le même sort. Les anciens Mexicains concevaient cette histoire des univers comme celle des victoires et des défaites de principes alternants, tour à tour régnant sur les choses, puis chassés et privés d'emprise sur le réel. Le premier des Soleils est celui de Tezcatlipoca ; c'est l'âge du froid, de la nuit, du Nord. Le deuxième, sous l'influence de Quetzalcoatl, dieu de l'Occident, est l'époque des sortilèges et de l'Ouest. Le troisième est dominé par Tlaloc, qui, en tant que dieu du feu, est une divinité du Sud. Le quatrième, Soleil de l'Eau et de Chalchiuhtlicue, est une période de l'Est, car l'eau et sa déesse appartiennent à l'Est. Quant au Soleil d'aujourd'hui, le cinquième, c'est le Soleil du Centre, car cinq est le nombre du centre ; la divinité du centre est Xiuhtecutli, dieu du feu : aussi notre Soleil est-il un Soleil de feu, représenté parfois * par le même symbole que le feu, un papillon.

On verra plus loin quelle importance les anciens Mexicains attribuaient aux quatre points cardinaux, souvent complétés par un cinquième point, le centre. La tradition relative aux quatre soleils n'est qu'un cas particulier d'une habitude mentale qu'on retrouve à tout propos : l'interprétation de tous les phénomènes du monde par l'alternance d'aspects fondamentaux de la réalité, qui se succèdent et se remplacent, triomphent et disparaissent, et qui sont liés aux directions de l'espace.

Les mythes cosmogoniques contiennent peu d'indications sur la manière dont on se représentait les habitants du monde aux époques disparues. On pensait généralement qu'il y avait eu alors des géants, puis des hommes qui se nourrissaient d'herbes sauvages. Les anciens Mexicains avaient le sentiment très net de la supériorité de leur civilisation agricole sur celle des tribus nomades, les Chichimèques, qui erraient dans les régions semi-désertiques du Nord. Eux-mêmes, avant d'arriver sur le plateau central, avaient mené dans les steppes à cactus cette vie précaire. Par opposition à la civilisation du maïs, dont ils étaient les dépositaires, ils dépeignaient leurs ancêtres des Soleils morts comme des barbares ignorants de l'agriculture — ce qu'eux-mêmes, en fait, n'avaient cessé d'être que peu de siècles auparavant.

Entre la fin du quatrième Soleil et le début du nôtre, on plaçait une période de transition, qui aurait duré deux fois treize ans : les années, dans le compte du temps, sont en effet divisées en séries de treize, chacune de ces séries rattachée à un des points cardinaux ; en quatre « treizaines », un « siècle » indigène, cycle de cinquante-deux ans, est achevé.

La « chute du ciel », sans doute le déluge qui mit fin au Soleil d'Eau, eut lieu en l'an 1 *Tochtli* (1 Lapin), année du Sud. Les dieux Quetzalcoatl et Tezcatlipoca entreprirent de relever le ciel ; et, lorsque cette tâche fut achevée, Tezcatlipoca changea de nom, devenant Mixcoatl, dieu du Nord en l'année 2 *Acatl* (2 Roseau) : dans le calendrier divinatoire, le jour 2 *Acatl* est consacré à

---

* Le Soleil, dans la « maison des aigles », ou temple des guerriers, était figuré par l'image d'un papillon.

Au centre de cette page d'un manuscrit aztèque on voit le dieu oiseau-mouche, Huitzilopochtli, guidant le peuple aztèque lors de sa migration vers le sud et l'Anahuac.

Tezcatlipoca. Au cours de la huitième année, furent créés les *macehualtin* *, les hommes du peuple. C'est qu'il fallait des hommes pour le soleil futur, des hommes destinés à être sacrifiés et à nourrir l'astre de leur sang.

Les dieux réunis dans les ténèbres

Avec la deuxième « treizaine » d'années, qui débute par l'an 1 *Acatl*, on entre dans le domaine de l'Est. Ce *acatl* (1 *Acatl*-Roseau), c'est le nom cyclique de Quetzalcoatl, en tant que dieu de l'Est et de l'étoile du matin, de la résurrection. Tout le cinquième Soleil sera

---

* Pluriel de *macehualli*.

dominé par ce grand thème de la mort et de la renaissance, du sacrifice nécessaire à la vie des astres et de l'univers. En l'an 1 *Acatl*, les dieux décident de créer le Soleil. Mais il faut, pour cela, déjà verser du sang, libérer des forces de vie : et on ne peut les libérer qu'en tuant, par le sacrifice et par la guerre. Les dieux déchaînent la guerre, y prenant part eux-mêmes à l'occasion. La dernière année de la deuxième série, 13 *Acatl*, est celle de la naissance du Soleil.

Le Soleil qui éclaire notre monde a pris naissance en l'an 13 *Acatl*, c'est-à-dire dans une année qui appartient à l'Est. Avant qu'il apparaisse, les dieux se demandent en quel point de l'horizon il va se lever : et c'est à l'Est qu'ils le verront surgir. Les signes *acatl*, *atl*, *ollin*, *cipactli* et *coatl* sont les signes vénusiens, comme nous l'exposerons plus loin ; la naissance du Soleil est toute dominée par les puissances de l'Est et de la planète Vénus, c'est-à-dire par Quetzalcoatl en tant que dieu de la résurrection. Le Soleil lui-même est Quetzalcoatl ressuscité.

Selon Sahagún, les dieux se réunirent, dans les ténèbres, à Teotihuacán, et décidèrent de créer les luminaires du monde. Ils se posèrent entre eux cette question : qui sera transformé en astre ? Le premier dieu qui répondit fut Tecciztecatl, le second Nanauatzin. Tous deux firent pénitence pendant quatre jours, et les dieux allumèrent un grand feu.

Tecciztecatl, « Celui du coquillage » (*tecciztli*), est le dieu de la lune ; son symbole, le coquillage marin, représente la matrice de la femme, et signifie « naissance », « génération ». La Lune préside à la naissance de la végétation et de la vie en général. Peut-être serait-il plus juste de dire : renaissance, car la Lune, qui apparaît et disparaît dans le ciel, symbolise pour les anciens Mexicains la mort et la renaissance des plantes, l'alternance des saisons, le sommeil mystérieux et le réveil de l'homme ivre. Quant à Nanauatzin, petit dieu dépeint comme lépreux ou syphilitique, couvert de pustules et d'ulcères, c'est un doublet de Quetzalcoatl en tant qu'il est mort et ressuscité.

Tout le drame mythique qui va se dérouler est contenu en puissance dans la personnalité de ses deux principaux acteurs.

Quand les pénitences furent finies, poursuit Sahagún, les deux divinités firent offrande. Tecciztecatl offrait des plumes, de l'or, des pierres précieuses ; Nanauatzin ne pouvait disposer que des épines teintes de sang avec lesquelles il s'était mortifié *, il offrit aussi 9 roseaux : 9 est le nombre des choses terrestres et infernales, du séjour des morts sous les plaines du Nord. Les dieux édifièrent ensuite deux grands monticules ou pyramides au sommet desquelles montèrent Tecciztecatl et Nanauatzin ; et ils y demeurèrent en pénitence pendans quatre jours.

---

* *Quetzalcoatl* est toujours dépeint comme faisant pénitence en se transperçant avec des épines.

Sacrifices des dieux

Quand cette période se fut écoulée, un peu avant minuit, on remit aux dieux les ornements qu'ils allaient porter pour leur sacrifice ; à Tecciztecatl, des ornements de plumes ; à Nanauatzin, des ornements de papier. Puis les dieux se rangèrent des deux côtés du feu. Le premier, Tecciztecatl essaya de se jeter dans le brasier ; mais, quatre fois, il recula devant les flammes. Alors Nanauatzin, sans hésiter, se jeta dans le feu, et l'autre dieu à sa suite.

Les dieux commencèrent alors à se demander de quel côté apparaîtraient les deux astres. Les uns se tournaient vers le Nord, d'autres vers le Sud, d'autres vers l'Ouest, d'autres, parmi lesquels Tezcatlipoca et Quetzalcoatl, vers l'Est. Et c'est à l'Est que se levèrent le Soleil (*Nanauatzin*) et la Lune (*Tecciztecatl*). Cette dernière brillait d'un éclat aussi vif que le Soleil ; mais, pour punir *Tecciztecatl* de sa lâcheté, un des dieux jeta un lapin à la face de la Lune et depuis lors cet astre, dit-on, porte une tache en forme de lapin, qui amoindrit sa clarté.

Mais les dieux s'aperçurent avec terreur que les deux astres ne bougeaient pas. Ils demeuraient immobiles au-dessus de l'horizon, brûlant le monde de leurs feux. C'est qu'ils étaient morts, et qu'il fallait du sang pour leur redonner vie. Alors les dieux décidèrent de se sacrifier. « Mourons tous, dirent-ils, et faisons que le Soleil ressuscite grâce à notre mort. » L'un d'eux, Eecatl (Quetzalcoatl en tant que dieu du vent), se chargea de les tuer tous. Un dieu, pourtant, chercha à se dérober à la mort : c'était Xolotl, le dieu double, autre reflet de Quetzalcoatl. Il s'enfuit dans un champ de maïs, devenant un épi double ; puis dans un champ d'agaves se transformant en *mexolotl* (double agave) ; puis dans l'eau, où il se métamorphosa en *axolotl*. Enfin il fut rejoint et tué. Ainsi Quetzalcoatl, qui s'était déjà sacrifié sous la forme de Nanauatzin, se mettait à mort une seconde fois sous les espèces de Xolotl. Alors, au-dessus des dieux sacrifiés et tirant vie de leur mort, le Soleil et la Lune commencèrent leur course dans le ciel*.

Le chroniqueur Torquemada donne de ces événements mythiques une version légèrement différente. Selon lui, lorsque les dieux s'aperçurent que le Soleil demeurait immobile, ils lui envoyèrent un oiseau pour l'interroger. Le Soleil répondit qu'il allait les faire mourir. Saisi de désespoir, un des dieux chercha à atteindre le Soleil à coups de flèches, mais l'astre le transperça d'un dard. Les dieux se soumirent, se décidant à donner leur sang pour le Soleil. Xolotl les sacrifia, leur ouvrant la poitrine avec un couteau de silex, et se mit à mort lui-même. Le Soleil, satisfait, commença à se mouvoir.

Enfin, selon une autre variante, les dieux Quetzalcoatl et Tlaloc auraient sacrifié leurs fils, qui seraient respectivement devenus l'un

---

* En aztèque, le soleil est appelé *tonatiuh*, la lune *metztli*.

Masque en mosaïque de turquoises du dieu aztèque Nanauatzin (début XVIᵉ s., British Museum, Londres).

le Soleil et l'autre la Lune. Celle-ci était en effet considérée comme en rapports étroits avec l'eau, domaine de *Tlaloc*.

Toutes ces traditions recèlent des idées communes qu'il est facile de retrouver dans maintes autres croyances et pratiques mexicaines. D'abord, le sacrifice par le feu comme condition de résurrection. Dans la fête de *Xocouetzi*, le dieu Xocotl, autrement appelé Xiuhtecutli, « seigneur de turquoise » ou « seigneur du feu * », Otontecutli, « seigneur otomi » **, Ueueteotl, « le vieux dieu » ou Tota, « notre père », est représenté par une sorte de momie funéraire en pâte de

---

* Turquoise et feu sont synonymes dans le langage théologique.

** Les Nahuatl ont emprunté plus d'une croyance aux Otomi, qui les ont précédés dans la vallée de Mexico.

grains comestibles, portant un ornement en forme de papillon, symbole du feu, et que l'on hisse au sommet d'un mât. On fait tomber cette momie du haut du mât ; elle descend, elle naît, car naître c'est descendre. En même temps, on sacrifie des prisonniers en les jetant dans un brasier. Ces victimes sont chargées de jouer à nouveau le rôle de Nanauatzin dans le drame cosmique. Elles meurent pour renaître, leur sort représente celui des morts ; c'est pourquoi la fête s'appelle aussi *Miccailhuitl*, « fête des morts ».

Dans les *Anales de Cuauhtitlán*, on trouve le récit du sacrifice de Quetzalcoatl. Poursuivi par un sorcier puissant, ce dieu s'arrêta au bord « de l'eau céleste, de la mer divine », sur la côte du golfe du Mexique. Là, il édifia un bûcher et s'y jeta. A mesure qu'il se consumait, on vit surgir des oiseaux, puis une étoile brillante. C'était la planète Vénus, *Tlauizcalpantecutli*, c'est-à-dire Quetzalcoatl ressuscité.

Après leur mort, on brûlait les empereurs aztèques, revêtus des ornements de Quetzalcoatl ; on leur assurait ainsi la résurrection.

L'« eau précieuse »

Un autre thème que l'on retrouve dans les traditions relatives à la naissance du Soleil, c'est celui du sang nécessaire à la vie de l'astre. Il est impossible de rien comprendre à la religion des anciens Mexicains si l'on ne garde en mémoire que, pour eux, les sacrifices humains étaient indispensables à la bonne marche de l'univers. Le Soleil a besoin de nourriture, et cette nourriture c'est le *chalchiuatl*, « l'eau précieuse », c'est-à-dire le sang humain. Dans l'*Historia de los Mexicanos por sus pinturas*, on voit les dieux, dès les débuts du monde, se préoccuper de fournir du sang au Soleil en déchaînant la guerre. Le sacrifice sanglant, c'est l'alimentation (*tlazcaltiliztli*) du Soleil. Au centre du bas-relief du grand Calendrier aztèque, on voit un visage qui tire la langue : c'est *Tonatiuh*, le Soleil, qui, altéré, exige son tribut de sang. Quand un garçon naissait, on lui adressait une sorte de discours, où on lui disait notamment qu'il était venu sur terre pour donner du sang au Soleil.

Le sort normal d'un guerrier, c'est d'offrir des victimes aux dieux, puis de tomber lui-même sur la pierre à sacrifices. Il devient alors, dans les cieux, un compagnon du Soleil : Sahagún écrivait, sous la dictée de ses informateurs indigènes : « Le cœur du prisonnier, ils l'appellent précieuse « tuna »* de l'aigle (*quauhnochtli*). Ils l'élèvent vers le Soleil, prince de turquoise (c'est-à-dire : de feu), aigle qui monte ; ils le lui offrent, ils l'en alimentent. Et, après l'offrande, ils le placent dans la calebasse de l'aigle (*quauhxicalli*) : et, les prisonniers sacrifiés, ils les appellent les gens de l'aigle ». Devenus compagnons du Soleil, les guerriers sacrifiés le suivent dans la première moitié de sa course, depuis l'Est jusqu'au Zénith, chantant

---

* Figue de Barbarie, fruit du cactus *nopal*.

et agitant leurs armes. Au bout de quatre ans, ils se transforment en oiseaux-mouches, et reviennent sur la terre. On comprend, dès lors, pourquoi Uitzilopochtli, « l'oiseau-mouche de la gauche », c'est-à-dire du Sud, est à la fois un dieu solaire et la divinité guerrière par excellence.

Les « femmes vaillantes »

Quand le Soleil arrive au milieu du ciel, les guerriers rebroussent chemin et regagnent l'Orient. Mais un nouveau cortège vient à la rencontre de l'astre et l'accompagnera jusqu'au Couchant : c'est le cortège féminin, mais non moins guerrier d'apparence que le premier, des Ciuateteo, les « femmes divinisées », qui entonnent des chants belliqueux et se livrent à des simulacres de combats. Ces Ciuateteo, ce sont les femmes mortes en donnant naissance à un enfant. Non seulement elles sont assimilées aux guerriers morts sur le champ de bataille ou sur la pierre des sacrifices — on les appelle *mociuaquetzque*, « femmes vaillantes » — mais encore elles sont revêtues d'un prestige surnaturel et quelque peu sinistre ; formes vagues qui hantent l'Occident, fantômes du crépuscule, elles viennent apporter sur la terre l'épouvante et la maladie. Lorsqu'une femme meurt en couches, le cortège de l'enterrement est composé de femmes qui miment des combats. Du reste, elles ont effectivement à soutenir des combats contre les jeunes gens, les *telpopochtin*, jeunes nobles élèves de l'école sacerdotale et militaire appelée *telpochcalli*. Ils cherchent, en effet, à s'emparer du corps afin de lui couper le médius gauche, le doigt avec lequel on tient le bouclier, pour l'utiliser comme un talisman à la guerre. Les *telpopochtin* sont à la fois une société professionnelle et une classe d'âge ; ce sont les jeunes gens voués à la guerre et à la mort en sacrifice. Incarnant la vaillance masculine, ils cherchent à se procurer le talisman de la vaillance féminine ; hommes sacrifiés, ils iront tenir dans le ciel oriental le rôle que les femmes divinisées tiennent dans le ciel de l'Ouest. En même temps, le combat qui se déroule autour du cortège de l'enterrement symbolise la rivalité des deux sexes, éternellement opposés même dans le ciel.

Une fois enterrée, au bout de quatre jours, la femme devient une *Ciuateotl* *. Elle va habiter le ciel de l'Ouest, qui s'appelle du reste *Ciuatlampa*, « le côté des femmes ». Et elle va accompagner le soleil, tous les jours, du zénith au couchant. Au crépuscule, à certains jours de l'année, les Ciuateteo descendent sur la terre, effrayent et frappent de paralysie ou d'épilepsie ceux qu'elles rencontrent. Elles apparaissent aux carrefours, redoutables croisements où les influences des différents secteurs du monde s'opposent et se neutralisent, où l'insolite, l'étrange et l'affreux deviennent possibles.

---

* Singulier de *Ciuateteo*.

Le pays rouge et noir

Tel est donc le trajet du Soleil dans le ciel. Entouré des guerriers le matin, des femmes divinisées l'après-midi, il atteint l'Occident. Il pénètre sous la terre, dans *Mictlan*, l'enfer du Nord, où commence alors le jour. De tout temps, pour les anciens Mexicains, l'Ouest a été le point de contact des deux mondes, de la vie et de la mort, soit qu'on aille de la vie à la mort (coucher du soleil), soit qu'on aille du néant à la vie (*Tamoanchan*, le jardin de l'Ouest, est le lieu des dieux et déesses de la génération) ; c'est le chemin entre le haut et le bas, et ce chemin conduit forcément au séjour souterrain, au plus profond des séjours, *Mictlan*, retranché derrière les « neuf fleuves » au-dessous des grandes steppes septentrionales, « sous la plaine divine ». Et, du Nord, le Soleil remontera de nouveau à l'Est, le côté de la renaissance, des jeunes dieux, du jeune maïs, le « pays rouge et noir » (*Tlillan Tlapallan*), c'est-à-dire la contrée de la mort et de la résurrection. C'est à l'est du Mexique que Quetzalcoatl s'est sacrifié pour devenir la planète Vénus ; c'est encore Quetzalcoatl qui est devenu, sous une autre forme, le Soleil qui s'est levé à l'Est. Chaque jour, la montée, le déclin et le retour du Soleil sont le grand symbole de la mort et de la renaissance. Chaque jour, l'astre donne la preuve que le passage d'un monde à l'autre est possible. Entouré de guerriers et de femmes ressuscités, il est lui-même le plus haut garant de la résurrection.

Quand le Soleil est au zénith, il triomphe et domine la nature et les hommes ; il semble répandre du feu sur le monde. C'est alors qu'il prend, au moins chez les Aztèques dont c'était le grand dieu tribal, la personnalité de Uitzilopochtli. Dieu guerrier, avide plus qu'aucun autre de sacrifices humains, Uitzilopochtli est né d'une déesse de la terre, Coatlicue, « celle qui a une jupe de serpents ». Coatlicue, vieille déesse-mère, ayant ramassé une balle de plumes qu'elle plaça dans son sein, devint enceinte. Ses fils, les Centzon Uitznaua, « les quatre cents (innombrables) du Sud », à l'instigation de leur sœur Coyolxauhqui, décidèrent de la tuer, pour se venger de ce qu'ils considéraient comme un déshonneur. Mais l'enfant miraculeux naquit tout armé au moment où les Centzon Uitznaua allaient massacrer sa mère. Il était peint en bleu, couleur du Sud, et en jaune, couleur du feu et du Soleil. Brandissant son arme caractéristique, le *xiucoatl*, « serpent de feu », il extermina Coyolxauhqui et les Uitznaua.

Uitzilopochtli et Quetzalcoatl

Le sens cosmologique de la légende est bien net. Le Soleil triomphant, né de la terre (*Coatlicue*), anéantit les ténèbres (*Coyolxauhqui*) et efface les étoiles : les *Centzon Uitznaua* sont les étoiles du Sud, qui font pendant aux *Centzon Mimixcoa*, les étoiles du Nord. Mais ce n'est pas tout. La balle de plumes qui a fécondé *Coatlicue*, n'est-ce pas l'âme d'un guerrier sacrifié qui est redescendu du ciel sous cette forme, analogue aux oiseaux-mouches où se réincarnent les Quauh-teca ? Uitzilopochtli n'est pas seulement le Soleil, un des aspects du Soleil, mais le dieu tribal de la guerre et du sacrifice. Dans l'hymne *Uitzilopochtliicuic* qui lui est dédié, le dieu, revêtu de son armure de plumes, s'écrie : « Pour moi le Soleil s'est levé ! », ce que le scholiaste aztèque interprète comme signifiant : « L'heure des sacrifices est venue ». Le Soleil et le sacrifice humain sont si étroitement associés dans la pensée mexicaine que le lever de l'astre symbolise cette association ; il est le Soleil comme guerrier sacrifiant et sacrifié. Tandis que Nanauatzin renaît sous la forme du Soleil après s'être sacrifié, Uitzilopochtli commence sa carrière par un massacre. Ces deux aspects qui se rejoignent sont aussi, en un certain sens, antithétiques. Quetzalcoatl-Nanauatzin, c'est le soleil-dieu des prêtres, qui voient dans l'auto-holocauste volontaire la plus haute expression de leur doctrine du monde et de la vie ; Quetzalcoatl est un roi-prêtre, respectueux des rites et des arrêts du destin, qui ne combat pas et qui s'offre à mourir pour renaître. Uitzilopochtli, au contraire, c'est le soleil-héros des guerriers, qui se défend, qui lutte et qui triomphe, *invictus* sol qui terrasse ses ennemis sous les flammes de son *xiucoatl*. Chacune des personnalités divines correspond à l'idéal d'une classe distincte de la société aztèque, ou plutôt d'une des fractions principales de la classe dirigeante. Quant aux paysans, aux gens du peuple, nous savons qu'ils adoraient un soleil-père, mais nous ignorons jusqu'à quel point l'idée qu'ils s'en faisaient différait de celles qui étaient en vigueur chez les chefs, ou avait subi leur influence.

En tout cas, s'il est exact que les mythes cosmologiques reflètent le monde, ce n'est qu'indirectement ; ils sont le reflet d'un reflet. La nature et ses phénomènes les plus visibles ne fournissent qu'une sorte de matière première qui est pétrie et mise en forme par les désirs, les aspirations et l'orgueil de chaque fraction du corps social.

La Lune, dieu et déesse

Le Soleil, la Lune et la planète Vénus sont les trois astres qui ont attiré le plus fortement l'attention des anciens Mexicains et provoqué la plus abondante éclosion de croyances et de mythes. La Lune (*metztli*) est un dieu qui s'est sacrifié, ou, selon d'autres légendes, le fils de Tlaloc. Les taches qui dessinent vaguement sur son disque une forme que les traditions paysannes de l'Europe expliquent par la présence d'un « homme dans la Lune », représentaient, selon les Indiens, un lapin. Aujourd'hui encore, les indigènes du Mexique croient distinguer un lapin sur la face de l'astre.

Les phases de la Lune, sa disparition et sa réapparition, ont vivement frappé les peuples du Mexique. Ils voyaient dans ce phénomène le prototype de tout ce qui meurt et renaît périodique-ment ; la végétation qui s'endort et reprend une vie nouvelle selon les saisons, l'homme ivre qui dort lourdement et se réveille après avoir tout oublié, le sang menstruel des femmes. La Lune représente le côté féminin de la nature, la fécondité, la végétation, et aussi l'ivresse. Son symbole est le coquillage marin, *tecciztli*, qui est en même temps le symbole de l'organe féminin. Lorsqu'une éclipse se produisait, on pensait que la Lune mourait ; si une femme enceinte sortait de sa maison pendant une éclipse de Lune, elle devait porter dans sa ceinture une lame d'obsidienne, faute de quoi l'enfant naissait avec un « bec-de-lièvre », son visage ressemblant à celui d'un lapin lunaire. Encore aujourd'hui, dans les campagnes, les Indiens disent que « la Lune est morte » lorsqu'une éclipse a lieu, et les femmes enceintes ne sortent de chez elle qu'en portant un couteau ou des ciseaux dans leur ceinture.

Voici deux sculptures aztèques : à gauche, la déesse Coatlicue « celle qui porte une jupe de serpents », déesse de la Terre et de la mort. Elle était à l'origine une déesse de la fertilité, comme Quetzalcoatl (à droite), divinité aux attributs complexes qui aurait donné aux hommes la civilisation (Musée national de Mexico).

Cortés, conquérant du Mexique

Né en 1485 à Médellin, en Estrémadure, dans une famille noble, Hernan Cortés fit des études de droit à Salamanque puis mena une vie oisive dans sa ville natale avant de partir pour l'Amérique. On le trouve en 1511 secrétaire du gouverneur de Cuba. Vers ce temps-là, Cordoba découvrit le Yucatan qu'explora peu après Grijalva. Ce dernier ayant assuré avoir découvert les monuments d'une véritable civilisation, Diego Velasquez, le gouverneur protecteur de Cortés, chargea celui-ci de prendre possession de ces terres au nom de la couronne d'Espagne. Le conquistador quitta Cuba en février 1519 avec 500 hommes, 15 chevaux et 10 canons embarqués sur onze vaisseaux. La flotte longea les rives du golfe de Campêche où les Espagnols prirent contact avec les indigènes, descendants des Mayas, qui échangèrent de l'or contre des tissus. C'est au cours de cette navigation que Cortés reçut des Yucatèques un présent de dix belles esclaves parmi lesquelles l'une d'entre elles, Malinalli, lui fut, par sa connaissance du pays, des Indiens et de leurs langues, une précieuse auxiliaire dans la conquête du Mexique.

A la fin du mois d'avril, les Espagnols débarquent sur la côte du Mexique où Cortés échange des présents avec le gouverneur aztèque et fonde une ville, « Villa Rica de Vera Cruz ». En août, il se met en route pour Mexico. Après deux mois et demi de marche, ayant dû à plusieurs reprises utiliser artillerie et mousquets pour impressionner les Indiens parfois hostiles, il parvient aux environs de Mexico : l'empereur Moctézuma est venu à sa rencontre dans son palanquin et il ramène les étrangers dans sa capitale qui fait l'admiration des Espagnols. Mais bien vite ces derniers se comportent en maîtres et ils emprisonnent Moctézuma. Bientôt Cortés doit faire face à une révolte des Aztèques et à une troupe espagnole commandée par Narvaez, chargée de le ramener à Cuba en tant que rebelle. Il défait la troupe espagnole qu'il enrôle dans sa petite armée puis met le siège devant Mexico qu'il avait dû quitter précipitamment lors de la fameuse « triste nuit » au cours de laquelle la révolte avait mis en fuite les Espagnols. La ville est prise à la suite d'un long siège le 13 août 1521, et à moitié détruite. L'Empire aztèque est tombé ce jour-là et les Indiens réduits en esclavage. Pendant quatre ans encore, Cortès organise la conquête, puis il revient en Espagne pour se plaindre auprès de Charles Quint qu'on lui ait retiré ses pouvoirs. Il reviendra au Mexique en 1530, dans ses vastes domaines, avant de rentrer en Espagne, où il mourra dans un demi-oubli en 1547.

Bien que la Lune passât pour un dieu sacrifié, il est hors de doute qu'on se la représentait souvent commme une déesse, opposée au Soleil, astre masculin. Selon une ancienne tradition, on sacrifiait, à Teotihuacan, des hommes au Soleil et des femmes à la Lune. Comme on le verra plus loin, il y a toute une série de déesses qui président à la terre et à la végétation ; elles sont, par là, étroitement liées à la Lune, et portent toutes un attribut lunaire : le *yacametztli*, « lune de nez », ornement en forme de croissant suspendu à la cloison nasale au-dessus de la bouche. Par certains côtés, la Lune est aussi en rapports très nets avec l'eau. Dans les manuscrits, elle est représentée par une sorte de récipient en forme de croissant, plein d'eau, sur lequel se détache la silhouette d'un lapin. La déesse de l'eau et les déesses terrestres ont d'ailleurs bien des attributs en commun, en particulier dans leurs vêtements. En fait, sous les conditions climatiques qui règnent au Mexique, l'image de fécondité, de fertilité, d'abondance végétale implique nécessairement celle de l'eau.

Les quatre cents lapins

Les dieux de l'ivresse, de la boisson alcoolique appelée « pulque », sont des divinités lunaires ; non seulement la Lune représente par ses diverses phases le sommeil et le réveil de l'homme ivre — sommeil et réveil qui ont paru mystérieux et pleins d'un sens caché —, mais encore, en tant qu'astre de fertilité, elle préside aux abondantes récoltes. Or, les dieux de l'ivresse sont les dieux des récoltes et protègent les banquets, véritables fêtes de boisson, par lesquels on en célèbre l'abondance. On les considérait comme innombrables, et on les appelait Centzon Totochtin, « les quatre cents lapins ». Selon une des traditions qui nous ont été rapportées, on disait qu'il y avait des formes innombrables de l'ivresse, et que pour cette raison les dieux de la boisson devaient être également innombrables. Pourtant, lorsqu'on examine les noms de ces divinités, on voit que, très fréquemment, ces noms se rattachent à un lieu donné, à un village. Tepoztecatl, par exemple, un des Totochtin, porte un nom qui signifie « (le dieu) de Tepoztlán », village nahuatl de la vallée de

Cette peinture du codex mexicain « Azcatitlan » représente la marche des Espagnols vers Tenochtitlan. En tête, Cortez et Malinalli, Marina de son nom chrétien, qui servit de guide aux envahisseurs ; en arrière, les porteurs indiens (Bibl. Nationale).

Cuernavaca. Il est vraisemblable que les prêtres qui ont cherché à unifier et à « rationaliser » le panthéon mexicain ont formé une troupe de dieux (comme les Centzon Mimixcoa, les Centzon Uitznaua, les Ciuateteo) en groupant de petits dieux locaux qui présidaient, dans chaque village, à la récolte et aux réjouissances saisonnières des moissons. Le plus important des « quatre cents lapins » était Ometochtli, « deux-lapin ». Un des hymnes religieux que nous a transmis Sahagun est consacré aux Totochtin.

Quand on compare ce qui a été dit du Soleil et de la Lune, on voit sans peine transparaître sous les deux astres les traits du vieux couple primordial, le feu (Soleil) et la terre (Lune). C'est la très ancienne dualité transposée dans le ciel. La Lune représente pour ainsi dire la terre dans le monde céleste.

La grande étoile

La planète Vénus était appelée Ueycitlalin, « la grande étoile » ; en tant que dieu, c'est *Tlauizcalpantecutli*, c'est-à-dire Quetzalcoatl ressuscité. Les *Anales de Cuauhtitlán* et les divers manuscrits représentent toujours ce dieu comme un archer. De ses flèches, il perce, selon les dates, des catégories de personnes déterminées ; par exemple les vieillards pendant les jours 1 *cipactli*, les seigneurs pendant 1 *mazatl*, etc. Dieu-archer, il est redouté comme donneur de maladies, et on prenait soin de fermer les ouvertures et de boucher les fissures des maisons lorsque Vénus montait à l'horizon. La croyance à un dieu-archer incarnant la planète Vénus était commune à diverses populations du Mexique. Chez les Huichol d'aujourd'hui, le dieu vénusien Tonoami est armé d'un arc et de flèches. Par cette particularité, Tlauizcalpantecutli se rattache aux divinités des peuplades chasseresses, des Chichimèques barbares du Nord ; il est représenté presque de la même manière que Mixcoatl, le dieu de la chasse, divinité des barbares septentrionaux.

Sous un autre aspect, Tlauizcalpantecutli apparaît sous le déguisement funèbre du dieu de la mort, Mictlantecutli, le visage couvert d'un masque en forme de tête de mort. Ce déguisement le caractérise en tant que dieu de mauvais augure, donneur de maladie ; mais surtout il rappelle que Vénus est née de la mort de Quetzalcoatl. Après le sacrifice, Quetzalcoatl, devenu Tlauizcalpantecutli, a passé quatre jours dans l'enfer du Nord, le domaine de Mictlantecutli. Ici encore on retrouve le thème fondamental de la mort et de la renaissance, du voyage au pays de la mort, qui relie les trois personnalités de Quetzalcoatl - Xolotl - Tlauizcalpantecutli.

L'observation des mouvements de Vénus avait pris une grande importance dans l'astronomie et la chronologie indigènes. Soixante-cinq années vénusiennes équivalent à cent quatre années solaires, la grande période appelée *ueuetiliztli*, « vieillesse » ; au bout de ce temps, le cycle solaire et le cycle vénusien repartaient de la même date du calendrier divinatoire. D'autre part, les années vénusiennes étaient comptées par groupes de cinq (équivalant à 8 années solaires), la première année de chaque groupe appartenant à l'Est, la seconde au Nord, la troisième à l'Ouest, la quatrième au Sud, la cinquième au Centre. C'est sans doute pour cela que Tlauizcalpantecutli est toujours représenté le visage peint de cinq gros points blancs en quinconce, deux sur chaque joue et un sur le nez.

Constellations et planètes

Les anciens Mexicains distinguaient et connaissaient de nombreuses constellations, comme par exemple les Pléiades, la Grande Ourse, etc. On observait spécialement le mouvement des Pléiades à chaque fin de « siècle », tous les 52 ans ; si ce mouvement, à minuit, continuait, le monde était assuré de ne pas périr encore pour une période de 52 ans. Quant à la Grande Ourse, c'est Tezcatlipoca, toujours représenté avec une jambe à laquelle il manque un pied. Ce pied, dit-on, a été dévoré par le monstre terrestre : c'est la dernière étoile de la « queue » de la Grande Ourse, qui sous la latitude du Mexique, disparaît sous l'horizon, « dévorée par la terre », pendant une partie de l'année. Par ce trait, Tezcatlipoca est curieusement analogue au dieu maya Hurakan, qui est mutilé de la même manière, et correspond assurément à la même constellation. Mais Tezcatlipoca, le plus multiforme peut-être des dieux mexicains, ne représente pas seulement la Grande Ourse. Il est aussi tout le ciel nocturne, où l'obscurité règne souverainement, il est le vent de la nuit qui souffle dans les ténèbres ; il apparaît dans l'ombre, aux carrefours, aux guerriers attardés dehors et leur lance des défis. Il synthétise le côté sombre et nocturne de la nature, la nuit propice aux sorciers et aux maléfices ; lui-même, dieu-sorcier, voit se dérouler dans son miroir d'obsidienne tous les événements du monde *.

D'une façon générale, on divisait tous les corps célestes secondaires en deux troupes opposées : les Centzon Mimixcoa au Nord, les Centzon Uitznaua au Sud. Les « quatre cents serpents de nuages », petites divinités septentrionales, hantent la grande steppe de cactus ; les « quatre cents méridionaux » sont les frères de Uitzilopochtli, qu'il a massacrés en naissant.

On appelait les planètes *tzontemoc*, « ceux qui descendent », parce que leur mouvement, contrairement à celui des étoiles, les amène à disparaître sous l'horizon. Ces périodes de disparition dans l'invisible, au séjour des morts, les ont fait identifier avec les Ciuateteo et avec les Tzitzimime, monstres de l'Ouest qui attendent, dissimulés derrière le monde que nos yeux connaissent, la destruction de l'univers par de nouveaux cataclysmes.

Les anciens Mexicains admettaient l'existence de treize cieux superposés, mais il est difficile de savoir quelles particularités ils attribuaient à chacun d'eux. Selon l'*Historia de los Mexicanos por*

---

* Le nom du dieu signifie « miroir *(tezcatl)* fumant *(popoca)* », c'est-à-dire miroir d'obsidienne, le verre volcanique noir.

sus pinturas, le premier ciel est celui des étoiles. Le second est habité par les Tzitzimime, monstres à l'aspect squelettique qui se déchaîneront sur le monde quand, à la date fixée par les dieux, notre soleil périra. A ce moment, le feu nouveau qu'on allume tous les cinquante-deux ans ne pourra pas être allumé, des tremblements de terre éclateront, et les Tzitzimime dévoreront les vivants. Dans le troisième ciel, on trouve « quatre cents », c'est-à-dire d'innombrables êtres créés par Tezcatlipoca et chargés de garder les cieux : certains sont rouges (couleur de l'Est), d'autres noirs (Nord), d'autres blancs (Ouest), d'autres bleus (Sud) ; d'autres enfin sont jaunes, couleur du feu et du centre.

Le quatrième ciel est le séjour des « oiseaux qui descendent sur la terre ». Il faut probablement entendre par là les âmes des guerriers sacrifiés, qui se transforment en oiseaux précieux au bout de quatre ans pour revenir hanter les campagnes du Mexique. Le cinquième ciel est celui des « serpents de feu », c'est-à-dire des météores et des comètes. Comme beaucoup de peuples anciens, les Mexicains attribuaient aux météores et aux comètes une grande valeur comme présages. On dit qu'une comète et différents autres phénomènes célestes insolites avertirent l'empereur Motecuzoma de l'arrivée prochaine des Espagnols et de l'asservissement de son pays. Une comète est une « étoile qui fume », *citlalin popoca*. Elle annonce une famine, une guerre, la mort d'un roi. Sa queue brillante est faite de flèches de feu qu'elle lance. Si ces flèches atteignent un homme ou un animal, elles provoquent, à l'endroit qu'elles ont touché, une inflammation où se développe un ver par une sorte de génération spontanée.

Dans le sixième ciel se trouvent les vents, au nombre de quatre, un pour chacun des points cardinaux. Le septième ciel est celui de la poussière (?). Dans le huitième habitent les dieux.

Les cinq cieux supérieurs sont réservés dans leur ensemble aux grands dieux, au couple primordial Tonacatecutli et Tonacaciuatl. Il semble bien que l'on ait fixé à treize le nombre des cieux parce que 13 est le grand nombre magique, le nombre suprême du calendrier, et qu'on ait été embarrassé, pour ainsi dire, d'avoir à les remplir. Tantôt on attribue le neuvième ciel au couple primordial, tantôt le onzième, tantôt le treizième. Les jours du calendrier divinatoire qui portent les chiffres 9 à 13 sont caractérisés comme suit :

Jours portant le chiffre 9 : jours de maléfices ; 9 est aussi le nombre de la terre et des séjours souterrains.

Jours à chiffre 10 : dédiés à Tezcatlipoca et à Tlauizcalpantecutli.

Jours à chiffre 11 : dédiés à Citlalicue, « celle qui a une jupe d'étoiles », c'est-à-dire Tonacaciuatl.

Jours à chiffre 12 : dédiés au Soleil.

Jours à chiffre 13 : dédiés à Tonacatecutli.

Ainsi, la superposition des cieux est calquée sur la succession des jours. Treize exprime l'ensemble des espaces comme l'ensemble des temps.

Telle est, en résumé, la représentation mexicaine du monde céleste. Le Soleil, né d'un sacrifice, traverse le ciel de l'Est à l'Ouest, avec son cortège masculin et son cortège féminin, en passant par le plein midi où il triomphe et règne sur la nature. Il atteint l'Ouest, et s'enfonce sous la terre, dans le séjour des morts. Alors le monde est livré aux puissances nocturnes, à Tezcalipoca le sorcier, aux Ciuateteo, monstres indistincts et redoutables du crépuscule, aux flèches de Tlauizcalpantecutli, aux présages inquiétants des mé-téores ; seule la Lune brille comme un symbole de fertilité et d'abondance à venir. Au-dessus de la course des astres, les cieux superposés s'étagent, avec leur population bigarrée de monstres et de divinités ; et, au sommet de l'univers, dans les cieux supérieurs « où l'air est très froid, délicat et gelé », impassible et presque inactif par-delà les activités turbulentes et contradictoires des dieux et des hommes, source inépuisable de vie sans mouvement et sans histoire, presque oublié mais assurant par sa seule existence celle de tous les êtres, règne le vieux couple primordial.

J. SOUSTELLE

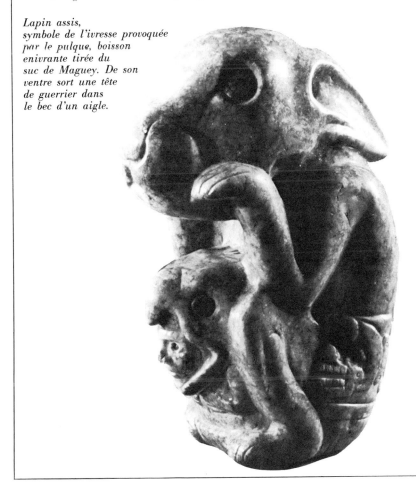

Lapin assis,
symbole de l'ivresse provoquée
par le pulque, boisson
enivrante tirée du
suc de Maguey. De son
ventre sort une tête
de guerrier dans
le bec d'un aigle.

Chapitre III

EN PAYS MAYA

Le pays maya s'étend sur la plus grande partie du Guatemala, le Honduras, la presqu'île du Yucatan et l'est du Chiapas et du Tabasco, au sud du Mexique. Si l'époque classique de la civilisation maya occupe près des neuf premiers siècles de notre ère, ses origines vers le Belize en Honduras et au Guatemala, à Kaminaljuyu, remontent au moins au début du IIe millénaire avant notre ère. D'un autre côté, une civilisation maya fortement influencée par la civilisation mexicaine des Toltèques fleurit au Yucatan entre le Xe et le XVe siècle de notre ère. Lorsqu'en 1517 les premiers Espagnols sous la conduite de Francisco Hernandez de Cordova découvrirent les côtes du Yucatan la civilisation maya était parvenue à l'ultime pointe de la décadence et les Indiens étaient décimés par les guerres tribales et les épidémies.

Les villes du Yucatan, qui s'élevaient dans un pays plat et relativement découvert, furent très tôt connues des Espagnols et c'est à celles-ci, et plus particulièrement à Chichen-Itza et à Mayapan, ainsi qu'à la civilisation toltéco-maya de cette région, que furent consacrés leurs premiers écrits dont le plus connu demeure la Relation des choses du Yucatan *de Diego de Landa, dont il va être question plus loin. En revanche, la grande civilisation maya de l'époque classique, qui s'est développée dans des régions montagneuses et couvertes de denses forêts, est restée longtemps insoupçonnée.*

C'est vers 1566, sans doute lors d'un séjour qu'il fit en Espagne, que Diego de Landa rédigea sa Relation des choses du Yucatan. *Né en 1524, entré en 1541 dans l'ordre de saint François, il fut l'un des premiers franciscains envoyés au Yucatan afin d'évangéliser les descendants des Mayas. Son ouvrage sert de base à toute étude des peuples du Yucatan et de l'écriture des Mayas. Utilisant des sources écrites, mais aussi ayant mené une enquête sur le terrain et ayant interrogé les indigènes, Diego de Landa décrit les mœurs et les croyances des Yucatèques, rapporte des traditions historiques et religieuses, donne des indications très précieuses sur leur calendrier, parle d'une manière plus ou moins concise d'Izamal, Chichen-Itza et Mayapan.*

Personnage assis, détail supérieur d'un vase polychrome de l'époque maya : VIIe-VIIIe s. (Museo nacional de Arqueologia y etnologia, Ciudad, Guatemala).

CHRONIQUE DU YUCATAN

Le livre de Diego de Landa ne fut pas publié de son vivant. Après sa mort en 1579, le manuscrit fut conservé dans la bibliothèque du monastère des Franciscains de Mérida. L'historien A. de Herrera (1549-1625) utilisera dans son Histoire générale des Indes occidentales *une copie du manuscrit dont on fit un abrégé en 1616. Cogolledo, au XVIIᵉ siècle, consulta encore le manuscrit complet de Diego de Landa pour son* Histoire du Yucatan. *On n'a plus trace ensuite du texte original. En 1863, un américaniste, l'abbé Brasseur de Bourbourg, découvrit le manuscrit de l'abrégé dans la bibliothèque de l'Académie royale d'histoire de Madrid. Voici quelques intéressants extraits de ce texte capital pour la connaissance des derniers Mayas.*

Monuments du Yucatan

Il y a au Yucatan de nombreux monuments d'une grande beauté : ils sont la chose la plus remarquable qui ait été découverte dans les Indes, tous faits en pierres soigneusement taillées, bien qu'on ne trouve là-bas aucune espèce de métal avec lequel on pourrait les travailler. Ces édifices, fort rapprochés les uns des autres, sont des temples ; la raison pour laquelle ils sont si nombreux tient au fait que la population se déplace souvent et que dans chaque nouveau village on élève un temple pour la construction duquel il y a de la pierre, de la chaux et une terre blanche excellente pour les bâtiments.

Ces édifices n'ont pas été bâtis par un autre peuple que les Indiens, ce qui apparaît dans les statues en pierre d'hommes nus et dont la pudeur est sauvée grâce à une longue bande qu'ils appellent dans leur langue « ex », et à d'autres caractères de ces statues qu'on retrouve chez les Indiens.

Le religieux, auteur de cet ouvrage, étant dans ce pays, trouva dans un édifice en ruine un grand vase à trois anses, peint à l'extérieur de chaudes teintes argentées ; il contenait les cendres d'un corps incinéré et quelques ossements de bras et de jambes étonnamment gros et trois grains de pierre pareils à ceux que les Indiens utilisent comme monnaie *.

Les édifices d'Izamal sont onze ou douze en tout et on n'a aucun souvenir de leurs fondateurs. Dans l'un entre eux, sur les instances des Indiens, fut organisé dans l'année 1550 un monastère qui s'appelle « Saint-Antoine ».

---

* Ces gros grains étaient généralement taillés dans une pierre bleue ; les Mayas du Yucatan les appelaient « cuzcas » ; ce terme est le même que le nahuatl (langue des Aztèques) cuzcatl qui signifie « collier », ces grains de pierre pouvant aussi servir de perles de colliers.

Rois et dieux de Chichen-Itza

Les plus importants des autres monuments sont ceux de Tikoch et de Chicheniza (Chichen-Itza), dont il sera question plus loin. Chicheniza est un lieu très agréable, à dix lieues (quarante kilomètres) d'Izamal et à onze lieues (quarante-quatre kilomètres) de Valladolid. On rapporte qu'y régnèrent autrefois trois sérénissimes seigneurs qui vinrent dans cette terre depuis le couchant. Ils étaient très religieux, raison pour laquelle ils bâtirent tant de magnifiques temples et vécurent fort honnêtement sans femmes. Mais l'un d'eux ayant péri ou s'en étant allé, les autres se comportèrent d'une manière injuste et déshonnête, si bien qu'ils furent mis à mort. [...]

Il est une croyance parmi les Indiens, selon laquelle avec les Izaes qui peuplèrent Chicheniza vint un grand prince appelé Cuculcan ; cela paraît être vérifié du fait que l'édifice principal de la cité se nomme Cuculcan. Ils assurent qu'il vint du côté du couchant, mais leurs opinions diffèrent quant à savoir s'il vint avant ou après les Izaes, ou encore avec eux ; ils disent qu'il était fort beau, mais qu'il n'eut jamais ni femme ni fils, et qu'après sa disparition il fut tenu au Mexique pour l'un de leurs dieux appelé Cchalcouati * ; au Yucatan il est pareillement regardé comme un dieu à cause du zèle avec lequel il s'occupa des affaires publiques, ce qui se vit dans l'ordre qu'il instaura dans le Yucatan à la suite de la mort des seigneurs, afin d'apaiser les querelles que leur exécution avait suscitées dans cette terre.

Fondation de Mayapan

Ce Cuculcan décida de fonder une autre cité, en accord avec les maîtres indigènes de la contrée, afin d'y vivre avec eux, et qu'ils y fassent toutes leurs affaires et leur négoce ; dans ce dessein ils choisirent un excellent site, à huit lieues (trente-deux kilomètres) vers l'intérieur des terres de l'endroit où se trouve aujourd'hui Merida et à quinze ou seize lieues de la mer. Ils l'enfermèrent dans une très large muraille de pierre sèche d'une étendue d'un demi-quart de lieue (cinq cents mètres), n'y laissant que deux portes étroites. L'enceinte n'était pas très haute et en son centre ils élevèrent leurs temples dont le plus important, semblable à celui de Chicheniza, fut appelé Cuculcan. Ils en édifièrent un autre circulaire **, pourvu de quatre portes, différent de ceux qui se voient dans ce pays, et bien d'autres tout alentour, voisins les uns des autres. Et dans cette même enceinte ils bâtirent des maisons seulement pour les seigneurs entre lesquels

---

* C'est-à-dire Quetzalcoatl, le « Serpent à plume », l'une des grandes divinités mexicaines.
** D'autres auteurs espagnols assurent que les temples dédiés à Quetzalcoatl étaient circulaires, comme celui-ci, qui n'est pas unique comme le déclare Landa. Lui-même cite, par ailleurs, ceux de Campêche, Champoton et Chichen-Itza.

furent réparties toutes les terres ; les villages furent distribués à chacun selon l'antiquité de son lignage et sa propre valeur. Cuculcan ne donna pas à la cité son propre nom, comme les Izaes l'avaient fait pour Chicheniza qui signifie « puits des Izas », mais il l'appela Mayapan, ce qui signifie l'« étendard de la Maya », parce qu'ils appellent maya la langue parlée dans la contrée. Les Indiens appellent actuellement la cité Ychpa, ce qui signifie « à l'intérieur de l'enceinte ».

Ce Cuculcan vécut avec les seigneurs quelques années dans cette cité, puis, les ayant établis dans la plus grande paix et l'amitié, il s'en retourna par le même chemin au Mexique. En passant il s'arrêta à Champoton où, en mémoire de son séjour et de son départ, il érigea dans la mer, à un grand jet de pierre de la rive *, un beau monument dans le style de celui de Chicheniza. C'est ainsi que Cuculcan perpétua son souvenir dans le Yucatan. [...]

Comput des Indiens

Selon les comptes des Indiens il y aura bientôt cent vingt ans que Mayapan a été dépeuplée. Il se trouve sur l'emplacement de cette cité sept ou huit pierres de dix pieds de long chacune, arrondies d'un côté, bien travaillées, et qui présentent quelques lignes dans les caractères de leur écriture ; mais à cause de l'érosion de l'eau on ne peut plus les lire ; beaucoup pensent qu'elles conservent le souvenir de la fondation et de la destruction de cette cité ; il y en a d'autres à Zilan, ville de la côte, qui sont plus hautes. Comme on avait demandé aux gens du pays ce qu'était cela, ils répondirent qu'ils avaient coutume d'ériger de vingt ans en vingt ans, nombre d'années constituant une ère ou un siècle pour eux, une de ces pierres. Mais il paraît que c'est absurde car selon ce calcul il devrait y en avoir beaucoup plus, d'autant qu'il n'y en a pas dans d'autres villes, hors Mayapan et Zilan. [...]

Landa consacre un chapitre aux diverses querelles qui divisèrent les grandes maisons seigneuriales de la contrée.

« L'ouragan des quatre vents »

Ces gens vécurent plus de vingt ans dans l'abondance et la santé et se multiplièrent tant que toute la contrée ne semblait plus faire qu'une seule ville. C'est en ce temps-là que furent bâtis des temples en grand nombre, comme on peut le voir encore aujourd'hui dans toutes les parties du pays ; et lorsqu'on parcourt les montagnes on

---

* Il y avait sans doute là une île, comme en témoigne un chroniqueur, Herrera, selon qui, à l'époque de la conquête, on voyait dans une île voisine de Champoton un temple qui commémorait le séjour qu'y avait fait Cuculcan.

En haut des escaliers du Temple des Guerriers, à Chichen-Itza, cette tête qui évoque nos gargouilles gothiques est celle du dieu serpent Quetzalcoatl, surplombée par un porte-étendard.

129

aperçoit dans les forêts les bases des demeures et des édifices, merveilleusement travaillées.

Mais au milieu de cette opulence, par une nuit d'hiver, il se leva, vers les six heures du soir, un vent qui alla croissant jusqu'à devenir un ouragan *. Ce vent abattit tous les grands arbres, ce qui causa la mort de toutes sortes de bêtes sauvages, et il renversa toutes les hautes demeures ; celles-ci étaient couvertes de paille et on y faisait à l'intérieur du feu pour se protéger du froid, si bien qu'elles s'embrasèrent et que nombre de personnes furent consumées et celles qui en réchappèrent furent estropiées à la suite de la chute des morceaux de poutres. Cet ouragan dura jusqu'au jour suivant à midi. N'en sortirent indemnes que ceux qui habitaient de petites maisons et les nouveaux mariés qui, suivant la coutume, logeaient dans une cabane en face de la maison du père ou du beau-père, ceci pendant toute une année. C'est à la suite de ce cataclysme que se perdit le nom de cette contrée appelée jusqu'alors « terre des cerfs et des dindons ». Il ne resta plus guère d'arbres, si bien que ceux qu'on y voit actuellement paraissent avoir été tous plantés par la suite, car ils sont tous semblables, et quand on jette un regard sur cette région de quelque point élevé, ils paraissent tous avoir été taillés avec des ciseaux.

Suite de calamités

Les rescapés s'exhortèrent à reconstruire et à cultiver la terre, et ils se multiplièrent considérablement pendant une durée de seize années d'abondance et de bon temps, la dernière ayant été la plus fertile de toutes ; mais lorsque fut revenu le temps où ils s'apprêtaient à cueillir les fruits, il s'abattit sur toute la terre des fièvres pestilentielles qui sévirent pendant vingt-quatre heures ; après qu'elles eurent cessé, les corps remplis de vermine enflaient, puis crevaient, de manière que cette peste fit périr beaucoup de monde et la plus grande part des fruits ne fut pas cueillie.

Après cette épidémie, il y eut à nouveau seize années favorables pendant lesquelles se renouvelèrent les passions et les querelles de manière qu'il périt au cours de diverses batailles cent cinquante mille hommes. Ce n'est qu'après toutes ces tueries qu'on commença à se calmer et qu'on fit la paix ; après vingt nouvelles années de tranquillité survint une nouvelle pestilence qui se manifestait par de grosses pustules qui pourrissaient le corps avec une affreuse puanteur de manière que les membres tombaient en morceaux dans les quatre ou cinq jours suivants.

Depuis la fin de cette dernière peste il s'est passé plus de cinquante années **, et les guerres mortelles eurent lieu vingt ans auparavant,

---

* L'expression espagnole est « huracan de quatre vientos » (ouragan des quatre vents), qui serait une expression traduite directement du yucatèque.
** Ce qui situe cette peste vers 1516.

et la pestilence provoquant l'enflure des vers sévit vingt années avant la guerre et l'ouragan seize ans avant les guerres et vingt-deux ou vingt-trois ans après la destruction de la cité de Mayapan. Selon ces calculs il y a eu cent vingt-cinq ans de calamités, pendant lesquels les habitants de ce pays connurent ces diverses misères. C'est après tous ces maux que les Espagnols commencèrent à entrer dans cette contrée et du fait des guerres ainsi que des autres châtiments envoyés par Dieu, il est étonnant qu'il reste encore des gens, bien qu'il n'y en ait plus beaucoup.

D. DE LANDA

VOYAGE ARCHÉOLOGIQUE CHEZ LES MAYAS

On peut faire débuter l'archéologie maya en 1841, date de la publication d'Incidents de voyage en Amérique centrale, Chiapas et Yucatan, par John Lloyd Stephens. Né en 1805, cet avocat new-yorkais délaissa bientôt le barreau pour effectuer un grand voyage dans le Proche-Orient et la Grèce. En Égypte, il fit la connaissance du dessinateur et architecte Frederick Catherwood : en 1839, les deux hommes s'étant liés d'amitié débarquèrent au Guatemala et s'enfoncèrent dans la forêt des pays mayas. Ils parcoururent toutes ces vastes régions, explorant de nombreux sites dont certains étaient encore inconnus. Catherwood effectua de nombreux dessins de stèles, statues, monuments, et fit des levés topographiques et architecturaux qui servirent à illustrer les deux volumes rédigés par Stephens. L'œuvre eut le plus grand retentissement, révélant l'archéologie maya au public, stimulant des vocations. Comme le soulignent deux des plus éminents américanistes actuels, Gordon Willey et Jeremy Sabloff dans leur Histoire de l'archéologie américaine, l'ouvrage de Stephens et celui de Squier et Davis sur les anciens monuments de la vallée du Mississippi « devinrent des modèles pour les nouveaux travaux ».

Parmi les nombreux sites parcourus et étudiés par les deux voyageurs, nous en retiendrons quatre qui demeurent essentiels.

1. Copan

Le premier grand site que « découvrirent » Stephens et Catherwood fut celui de Copan. Le site fut fouillé un demi-siècle plus tard par l'Américain G. B. Gordon, pour le compte du Peabody Museum. La ville fut fondée au Ve siècle et fut abandonnée vers 900. A côté du centre religieux on a retrouvé des quartiers d'habitation, occupés sans doute par les prêtres et les nobles.

Particulièrement original dans sa conception, élevé sur une première vaste terrasse à laquelle on accède par une longue volée de degrés, c'est le temple des Méditations à Copan.

L'achat d'une cité en ruine

Le lecteur est peut-être curieux de savoir comment se vendent les anciennes cités d'Amérique. Comme tout autre objet de commerce, elles sont régies sur le marché par la loi de l'offre et de la demande. Mais elles ne sont pas des articles indispensables comme le coton ou l'indigo, elles suivent des cours fantaisistes et, à cette époque, n'étaient pas très demandées. Je payai 50 dollars pour Copan. Il n'y eut aucune difficulté pour fixer le prix. J'offris la somme, ce qui me fit passer pour un excentrique aux yeux de Don José Maria *. Si j'avais offert plus, il m'aurait probablement considéré d'une manière pis encore. Nous étions en relations régulières avec l'hacienda grâce à Francisco ** qui en apportait chaque matin une grande cruche de lait, parcourant pour ce faire une distance de 5 kilomètres et traversant deux fois la rivière. Les dames de l'hacienda nous avaient fait dire qu'elles avaient l'intention de nous rendre visite

---

* C'est le propriétaire du terrain.
** Un serviteur de la propriété (hacienda) où avaient été reçus Stephens et Catherwood.

et, ce matin-là, l'épouse de Don Gregorio * apparut, conduisant une procession de toutes les femmes de la maison, servantes et enfants, et deux de ses fils. Nous les reçûmes parmi les ruines, les fîmes s'asseoir comme nous le pûmes et, comme premier acte de politesse, offrîmes des cigares à la ronde. Il est difficile de le croire, mais aucune d'elles, pas plus que les fils de Don Gregorio, n'avait vu les « idoles » auparavant, et maintenant ils étaient tous très curieux de voir les dessins de Catherwood.

Mondanités dans les ruines

En fait, je crois que c'était la réputation de ces dessins qui nous procura l'honneur de cette visite. En son for intérieur, Catherwood n'était guère plus heureux de les voir que le « gros bonnet » de nous voir, nous, car son travail s'en trouvait arrêté, et chaque jour lui était précieux. Comme je me considérais moi-même en quelque sorte le propriétaire de la cité, je devais rendre les honneurs. Ayant nettoyé les chemins, je les conduisis tout autour, leur montrant les lions tout comme un cicerone le pourrait faire au Vatican ou au palais Pitti. Mais je ne pus les garder éloignés et, au grand dam de Catherwood, fus obligé de les ramener près de lui.

Obligés d'abandonner notre travail, nous les invitâmes dans notre hutte afin qu'ils puissent voir notre installation. Quelques-uns étaient nos malades qui nous rappelèrent que nous n'avions pas encore envoyé les médicaments promis. En réalité, nous évitions, quand nous le pouvions, de leur donner des médicaments, par peur, entre autres raisons, que si l'un d'eux mourait dans nos mains, nous ne fussions tenus pour responsables. Mais notre réputation était établie. Nous endossions les honneurs et étions obligés de les porter. Ces dames, en dépit de l'humeur bourrue de Don Gregorio, nous avaient toujours traités avec gentillesse, et nous aurions bien voulu leur montrer que nous étions sensibles à leur amabilité autrement qu'en leur donnant des médecines. Cependant, afin de les remercier selon leur désir, nous leur distribuâmes des poudres et des pilules ainsi que des instructions écrites concernant leur usage. Lorsqu'elles partirent, nous leur fîmes escorte sur une certaine distance, et leurs compliments sur notre galanterie et nos attentions compensèrent pour nous la rudesse de Don Gregorio.

On se met au travail

Il ne plut pas cette nuit-là et, le jour suivant, le sol étant relativement sec, nous commençâmes le relevé systématique des ruines. C'était mon premier essai de topographie. Nos appareils étaient peu nombreux pour ce faire. Nous n'avions qu'une bonne boussole à

---

* Propriétaire de ladite hacienda.

alidade et un ruban métreur que Catherwood avait déjà utilisé pour ses relevés des ruines de Thèbes et de Jérusalem. Ma part de travail était surtout technique. Il me fallait diriger les Indiens afin que ceux-ci fassent des coupes rectilignes à travers bois, indiquer à Bruno et à Frederico où il fallait qu'ils plantassent leurs piquets couronnés d'un chapeau afin de marquer les points de base, et enfin mesurer les distances entre ces piquets. La deuxième jour, nous étions vraiment en plein travail.

Ce jour-là, Don José Maria refusa de remplir son contrat. Don Gregorio était la cause de ce refus. Il n'avait cessé de nous mettre des bâtons dans les roues et, à l'idée que nous nous étions installés dans les environs, il n'avait pu se contenir et avait persuadé Don José Maria qu'il pourrait avoir des ennuis s'il travaillait pour nous. Il lui assura même que le passeport du général Cascara * n'était pas valable et que le général Cascara lui-même était parti à Morazan. Il avait marqué un point sur le moment, mais finalement nous le battîmes, et le contrat fut rempli. Après trois jours d'un travail très dur mais fort intéressant, nous finîmes notre levé de plans. Mais avant d'infliger au lecteur les détails de cette opération, je rappellerai le peu qui était alors connu concernant ces ruines.

Un témoignage ancien

Huarros, l'historien du Guatimala **, dit : « Francisco de Fuentes, qui écrivit les *Chroniques du royaume de Guatimala,* nous assura qu'en son temps, c'est-à-dire en l'an 1700, la grande place de Copan était encore intacte. Elle consistait en un espace circulaire entouré de pyramides d'environ 2 mètres de hauteur, fort bien construites. À la base de ces pyramides se trouvaient des figures d'hommes et de femmes, fort bien sculptées, qui gardaient encore les couleurs qui les avaient émaillées. Ce qui était non moins remarquable, c'est qu'elles étaient toutes habillées du *costume castillan.* Au centre de cette place se trouvait le lieu du sacrifice auquel on accédait par une volée de marches. Le même auteur affirme qu'à une courte distance de cette place se trouvait un portail en pierre sur les colonnes duquel étaient représentés des hommes, eux aussi montrés en *habits espagnols,* avec des chausses, une fraise autour du cou, une épée, un chapeau et un court manteau. Passant la porte, on trouve de belles pyramides de pierre, hautes et de largeur modérée, où était suspendu un hamac supportant deux figurines humaines, une de chaque sexe, vêtues dans le style indien. La vue de cette structure suscitait forcément l'admiration car, bien que très grande, on ne pouvait voir la jonction de ses parties. Et bien qu'entièrement en pierre, et d'un poids énorme, elle pouvait être bougée par le plus léger attouchement de la main. »

---

* Gouverneur de la province qui avait délivré un passeport aux deux voyageurs.
** C'est l'État que nous appelons Guatemala.

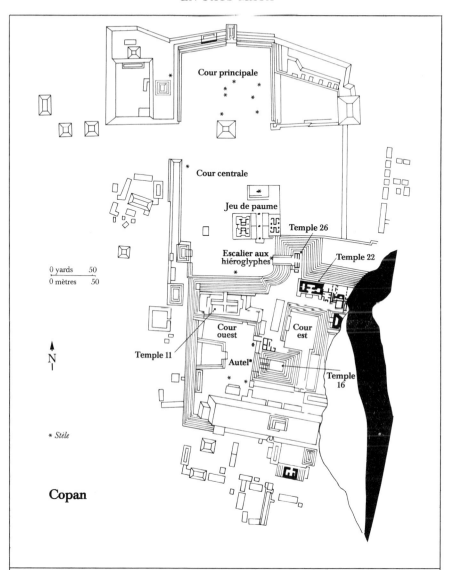

Copan

Une expédition officielle

À partir de cette époque, c'est-à-dire l'an 1700, il n'y eut aucun récit sur ces ruines jusqu'à la visite effectuée par le colonel Galindo en 1838, qui les examina sur l'ordre d'une commission du gouvernement d'Amérique centrale. Les communications du colonel Galindo à ce sujet furent publiées dans les procès-verbaux de la Société royale de Géographie de Paris ainsi que dans la *Literary Gazette* de Londres. Il fut le seul homme de ce pays qui ait jamais conçu de l'intérêt pour les antiquités, ou qui ait présenté Copan comme digne d'intérêt pour l'Europe et notre propre pays. N'étant pas un artiste, son récit est nécessairement insatisfaisant et imparfait, mais il n'est pas exagéré. En fait, il est en dessous du récit merveilleux que Fuentes en avait donné cent trente-cinq ans auparavant, et ne mentionne pas le hamac mobile en pierre ni ses figures assises, lesquels nous avaient grandement incités à visiter les ruines. Aucun plan ni dessin n'en ont jamais été publiés, ni rien qui puisse donner la moindre idée de cette vallée romantique et merveilleuse où, comme il a déjà été remarqué, semblaient avoir œuvré les génies qui avaient travaillé pour le roi Salomon.

Sur la berge de la rivère de Copan

Ce site se trouve dans le district du pays maintenant connu comme étant l'État du Honduras, une des plus fertiles vallées d'Amérique centrale, et fameuse jusqu'à maintenant pour la supériorité de son tabac. Catherwood tenta plusieurs fois d'en déterminer la longitude, mais l'horizon artificiel que nous avions pris avec nous dans ce but s'était trouvé faussé et, tout comme le baromètre, était inutilisable. Les ruines se trouvent sur la rive gauche de la rivière de Copan qui se jette dans le Motagua, lequel se déverse dans la baie du Honduras près d'Omoa. Elles sont distantes d'environ 500 kilomètres de la mer. La rivière de Copan n'est pas navigable, même pour des canoës, excepté pendant un court laps de temps pendant la saison des pluies. Des chutes interrompent son cours avant qu'il atteigne celui du Motagua. Pendant son terrible voyage du Mexique au Honduras, dont les difficultés sont difficilement imaginables, maintenant que le pays est relativement ouvert et pacifié, Cortès dut passer à moins de deux jours de marche de cette cité.

Celle-ci s'étend le long de la rivière, comme le montrent les monuments qu'on peut encore y trouver, sur plus de 3 kilomètres. Il y a un autre monument de l'autre côté de la rivière, à environ 1 600 mètres, au sommet d'une montagne haute de 640 mètres. Il est impossible de dire si la cité s'étendait de l'autre côté de la rivière jusqu'à ce monument. Pour ma part, je ne le pense pas. Au-delà s'étend une forêt inexplorée, au sein de laquelle peuvent être d'autres ruines. Il n'y a aucun vestige de palais ni de constructions privées, et la partie principale de cette cité est celle qui se trouve sur la berge de la rivière. Elle pourrait peut-être plus proprement être appelée « le temple ».

Un temple extraordinaire

Ce temple est inclus dans une enceinte oblongue. Le mur de façade, sur la berge de la rivière, s'étend en ligne droite du nord au sud sur une distance de 200 mètres, et est haut de 20 à 30 mètres. Il est fait de pierres taillées, chacune de 1 à 2 mètres de longueur et d'environ 0,50 mètre de largeur. Les pierres ont été disloquées en de nombreux endroits par des buissons qui ont poussé dans les crevasses. A un endroit se trouve une petite ouverture, ce qui fait que les Indiens ont parfois appelé ces ruines du nom de Las Ventanas, « Les Fenêtres ». Les trois autres côtés consistent en rangées de marches et de structures pyramidales, s'élevant sur la pente jusqu'à une hauteur de 10 à 45 mètres. Le périmètre total du plan est d'environ 920 mètres, ce qui, bien qu'extraordinaire pour un monument fait par les aborigènes, et afin que l'imagination du lecteur ne puisse se tromper, n'est pas aussi grand que le périmètre de la base de la grande pyramide de Gizeh.

Description du site

La gravure ci-dessous donne le plan selon nos relevés, et pourra aider le lecteur à comprendre notre description. Commençons par la droite : près de l'angle formé par le sud-ouest du mur de la rivière et le mur sud se trouve un renfoncement qui était probablement occupé par un monument colossal faisant face à la rivière, mais dont rien n'est visible maintenant. Il dut tomber et se briser en morceaux, et ses fragments ont été enterrés ou bien emportés par les inondations de la saison des pluies. Au-delà se trouvent les vestiges de deux petites structures pyramidales. A la plus grande s'adjoint un mur longeant

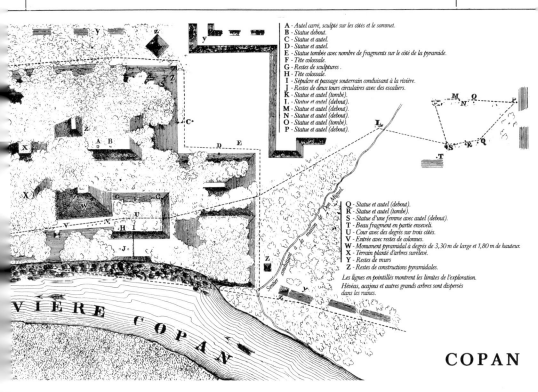

A - Autel carré, sculpté sur les côtés et le sommet.
B - Statue debout.
C - Statue et autel.
D - Statue et autel.
E - Statue tombée avec nombre de fragments sur le côté de la pyramide.
F - Tête colossale.
G - Restes de sculptures .
H - Tête colossale.
I - Sépulcre et passage souterrain conduisant à la rivière.
J - Restes de deux tours circulaires avec des escaliers.
K - Statue et autel (tombé).
L - Statue et autel (debout).
M - Statue et autel (debout).
N - Statue et autel (debout).
O - Statue et autel (tombé).
P - Statue et autel (debout).

Q - Statue et autel (debout).
R - Statue et autel (tombé).
S - Statue d'une femme avec autel (debout).
T - Beau fragment en partie enseveli.
U - Cour avec des degrés sur trois côtés.
V - Entrée avec restes de colonnes.
W - Monument pyramidal à degrés de 3,30 m de large et 1,80 m de hauteur.
X - Terrain planté d'arbres surélevé.
Y - Restes de murs
Z - Restes de constructions pyramidales.

Les lignes en pointillés montrent les limites de l'exploration.
Hévéas, acajous et autres grands arbres sont dispersés dans les ruines.

COPAN

la berge ouest de la rivière : il semble avoir été un des murs principaux de la cité. Entre les pyramides paraît avoir existé un porche ou entrée principale donnant sur l'eau.

Le mur sud fait un angle droit avec la rivière. Il débute par une volée de marches d'environ 10 mètres de hauteur, chaque marche ayant environ 45 centimètres de côté. A l'angle sud-est, à environ 40 mètres sur la pente, on trouve une pyramide massive. Sur la droite se dressent d'autres vestiges de terrasses et de bâtiments pyramidaux. Ici aussi il y avait sans doute une porte d'entrée, constituée par un passage d'environ 6 mètres de largeur se trouvant sur une place rectangulaire de 50 mètres carrés, dont deux des côtés sont occupés par de massives pyramides situées à 40 mètres sur la pente.

Vestiges de sculptures

Au pied de ces structures, et dans diverses parties de cette place rectangulaire, se trouvent de nombreux vestiges de sculptures. Au point marqué *E* un monument colossal richement décoré de sculptures est tombé et se trouve en ruine. Derrière, des fragments de sculptures, jetés bas par les arbres, se trouvent épars sur les degrés de la pyramide, depuis le sol jusqu'au sommet. Notre attention fut attirée par des rangées de têtes de mort de proportions gigantesques se trouvant parmi ces blocs. Elles étaient encore en place vers le milieu du côté de la pyramide. L'effet produit était extraordinaire.

A l'époque de notre visite, nous ne doutions pas que c'étaient là des têtes de mort, mais on me fit remarquer que le dessin ressemble

Relief représentant un jaguar, dans la cour Est de l'acropole de Copan.

plus au crâne d'un singe qu'à celui d'un homme. Et, en relation avec cette remarque, j'ajoute quelque chose qui attira notre attention, bien qu'à l'époque cela nous eût semblé de peu d'importance. Parmi les fragments épars sur le côté de la pyramide, se trouvaient les vestiges d'une statue colossale représentant un singe ou un babouin, ressemblant fortement, tant dans le dessin que dans l'apparence générale, aux quatre monstrueux animaux qui se trouvaient autrefois accolés à la base de l'obélisque de Louxor, maintenant à Paris, et qui, sous le nom de cynocéphales, étaient adorés à Thèbes. Ce fragment avait environ 2 mètres de hauteur. La tête manquait. Le corps se trouvait sur le côté de la pyramide, et nous le fîmes rouler en bas sur plusieurs des degrés. Il tomba alors parmi une masse de pierres dont nous ne pûmes le dégager.

2. Quirigua

Le second site, Quirigua, est voisin de Copan et se trouve aussi au Guatemala. C'est grâce à des « on-dit » que le site fut révélé aux voyageurs, mais seul Catherwood s'y rendit et il ne put guère relever de plans. On peut cependant considérer ces deux voyageurs comme les « inventeurs » de ce site où les premières fouilles, encore très timides, ne furent conduites qu'en 1911 et 1912.

Un utile renseignement

Revenons pour un instant à Catherwood qui, pendant mon absence, n'était pas resté oisif. En atteignant Guatimala pour la première fois à partir de Copan, je décidai de m'intéresser particulièrement aux ruines. Je n'avais jamais rencontré personne qui eût visité celles de Copan, et très peu qui fussent intéressés en quoi que ce soit aux antiquités du pays. Mais heureusement, quelques jours après mon arrivée, Don Carlos Meiney, un Anglais de la Jamaïque qui avait longtemps résidé dans le pays, propriétaire d'une grande hacienda et engagé dans des opérations minières, fit l'un de ses voyages d'affaires réguliers à la capitale. Ce gentleman était en possession de nombreuses informations sur le pays et avait une curiosité des antiquités que les circonstances ne lui avaient jamais permis de satisfaire. Il me parla des ruines de Quiriga, sur la rivière Motagua près d'Encuentros, endroit où nous avions passé la deuxième nuit après notre traversée de la montagne Mico.

Je n'avais jamais vu ces ruines et ne pensais pas qu'elles pussent exister car nous nous étions informés sur place des ruines de Copan, et on ne nous avait rien dit concernant d'autres ruines. J'étais heureux que Don Carlos ne fût pas un homme parlant à tort et à travers. D'après lui, ces ruines se trouvaient sur les domaines du Señor

Payes, un gentleman de Guatimala décédé depuis peu. Il en avait entendu parler par le Señor Payes lui-même et s'était intéressé à elles jusqu'à se renseigner plus avant, et il avait obtenu des détails sur certains monuments.

Une immense région sauvage

Trois fils du Señor Payes avaient hérité des domaines et, à ma demande, Don Carlos me présenta à eux. Aucun des fils n'avait vu les ruines ni même visité le domaine. Il consistait en une immense région sauvage que leur père avait obtenue pour presque rien de nombreuses années auparavant. Celui-ci les avait visitées une fois ; et ils avaient entendu leur père en parler. Dernièrement, l'esprit de spéculation avait atteint ce pays. Et comme le domaine constituait unr terre fertile et bien située sur les bords d'une rivière navigable proche de l'océan, il avait fait l'objet d'une concession, laquelle devait être vendue par actions en Angleterre. Le prospectus le décrivant vantait les grands avantages naturels du site, et les conditions qui pourraient être faites aux émigrants, en termes qui auraient pu provenir d'une officine de New York avant le krach de 1929.

Les Señors Payes étaient les premiers à espérer en tirer un avantage financier ; ils en parlaient dans le style familier des bâtisseurs de cités de chez eux. Ils étaient anxieux de tout ce qui pouvait ajouter de la valeur à leur domaine. Ils me dirent que deux d'entre eux se préparaient à aller visiter la région, et me proposèrent aussitôt de les accompagner. Catherwood, en venant de Copan, avait rencontré une personne à Chiquimula qui lui avait parlé de telles ruines, ajoutant que le colonel Galindo s'y trouvait et y travaillait. Passant dans les environs, il conçut l'idée d'aller les visiter, mais il était très fatigué par les travaux qu'il avait effectués à Copan. De plus, sachant que le colonel Galindo se trouvait dans une autre partie du pays, il ne pouvait que trouver l'information suspecte.

Nous avions quelques doutes quant à leur intérêt réel, mais comme Mr. Catherwood n'avait pas l'occasion de m'accompagner à San Salvador, nous convînmes que, pendant mon absence, il irait avec les Señores Payes à Quiriga. Ce qu'il fit effectivement.

Expédition de Catherwood vers Quirigua

Mais revenons à Encuentros, là où nous avions passé la deuxième nuit de notre arrivée dans le pays. A partir de cet endroit, Catherwood et ses compagnons s'étaient embarqués sur un canot d'environ 8 mètres de longueur sur 1,20 de largeur, creusé dans un tronc d'acajou et, après une descente qui avait duré deux heures, avaient débarqué à Los Amates près d'El Poso, sur la route principale allant d'Yzabal à Guatimala, endroit où les Señores Payes furent obligés d'attendre deux ou trois jours. Le village consistait en une réunion de huttes misérables, mal approvisionné, où les gens buvaient l'eau boueuse qui était à leur porte plutôt que de prendre la peine d'aller à la rivière.

Un beau matin, après une forte pluie, ils partirent pour les ruines. Après une chevauchée d'environ une demi-heure par une route exécrable, ils atteignirent de nouveau Los Amates. Le village était agréablement situé sur la berge de la rivière et à environ 10 mètres au-dessus des eaux. La rivière était ici large d'une soixantaine de mètres, et pouvait être passée à gué presque partout. Elle n'avait généralement qu'un mètre d'eau environ et, en de nombreux endroits, était encore moins profonde. On disait que plus en aval, elle devenait navigable jusqu'à la mer pour des bateaux n'ayant pas un tirant d'eau supérieur à un mètre. Ils embarquèrent sur deux canots taillés dans des troncs de cèdres et descendirent la rivière sur environ 3 kilomètres avant de prendre à leur bord un Noir appelé Juan Lima et ses deux épouses. Ce gredin noir, comme l'appelle Catherwood dans ses notes, devait leur servir de guide. Ils continuèrent alors leur navigation pendant 4 ou 5 kilomètres et s'arrêtèrent à un ranch situé sur le côté gauche de la rivière. Traversant deux champs de maïs, ils pénétrèrent dans une forêt de grands cèdres et acajous. Le sentier était extrêmement mou et humide, couvert de feuilles pourrissantes, et la chaleur était très grande.

Monuments de Quirigua

Continuant leur chemin à travers la forêt vers le nord-est, ils atteignirent en trois quarts d'heure le pied d'une structure pyramidale semblable à celle de Copan, dont les degrés étaient par endroits en parfait état. Ils montèrent au sommet, lequel était à environ 8 mètres du sol, et redescendirent de l'autre côté par des marches. A quelque distance derrière cette pyramide ils tombèrent sur une tête colossale d'environ 2 mètres de diamètre, presque complètement enterrée sous un arbre énorme, et couverte de mousse. Près d'elle était un grand autel si couvert de mousse qu'on pouvait à peine le discerner. Ces deux objets se trouvaient dans un enclos.

Revenant sur leurs pas vers la pyramide et continuant vers le nord pendant environ 3 ou 400 m , ils atteignirent une série de monuments semblables à ceux de Copan, mais deux à trois fois plus hauts.

Stèles et « obélisques »

Le premier avait environ 7 mètres de hauteur, 1,70 mètre de longueur et 80 centimètres de largeur. La face représentait l'image d'un homme, bien préservée ; le revers, celle d'une femme, très effacée. Les côtés étaient couverts de hiéroglyphes en bon état de préservation, en bas-relief, d'un style exactement semblable à celui de Copan. Un autre, d'environ 7,50 mètres de hauteur, avait des images d'hommes sur la face et le revers, et des hiéroglyphes en bas-relief sur les côtés.

A une courte distance, dans la même position et avec la même orientation, est un obélisque ou pierre sculptée s'élevant à une hauteur de 8,50 mètres (et enterré d'au moins 2 mètres). Elle penche d'environ 4 mètres et paraît sur le point de tomber. Sa chute fut probablement empêchée par un arbre ayant poussé contre elle, ainsi que par les grandes pierres de son piédestal. Le côté tourné vers le sol représentait l'image d'un homme, en parfait état et finement sculptée. Le côté opposé montrait la même image, mais elle était si cachée par la végétation qu'elle était à peine visible. Les deux autres faces montraient des hiéroglyphes en bas-relief. Pour sa taille et ses sculptures, ce monument est le plus beau du groupe.

Statues et autels

Une statue de plus de 3 mètres de hauteur gît sur le sol, couverte de mousses et d'herbes, et une autre d'à peu près la même taille repose la tête tournée vers le ciel. Il y en a quatre autres encore debout, chacune d'environ 4 mètres de hauteur, mais en mauvais état de conservation, et plusieurs autels si recouverts d'herbes qu'il était difficile de distinguer leur forme exacte. L'un d'eux est rond et se trouve sur une petite éminence à l'intérieur d'un cercle formé par un mur en pierres. Au centre du cercle se trouve une grande pierre ronde à laquelle on accède en descendant des marches très étroites. Ses côtés sont décorés de hiéroglyphes. Elle est couverte de végétation et est supportée par ce qui semble être deux têtes colossales. Tous ces monuments se trouvent au pied d'un mur pyramidal, l'un près de l'autre, et aux environs d'un ruisseau qui se déverse dans le Motagua. En dehors de ces monuments, ils trouvèrent 13 fragments, et il ne fait pas de doute qu'il en reste beaucoup d'autres à découvrir.

A quelque distance se trouve un autre monument, haut de 3 mètres environ, probablement enterré d'un mètre, décoré sur la face et le revers de l'image d'une femme. Les côtés sont richement ornés, mais ne portent pas d'hiéroglyphes. Le jour suivant, le Noir promit de montrer à Catherwood onze colonnes plus hautes que celles qu'il avait déjà vues et se tenant en rang au pied d'une montagne. Mais après avoir été traîné pendant trois heures dans la boue, Catherwood, consultant sa boussole, s'aperçut qu'ils changeaient constamment d'orientation. Comme l'homme était armé de pistolets, qu'il était connu comme étant un vaurien, et qu'il s'indignait de ce que les propriétaires du terrain avaient permis l'installation de squatters, Catherwood conçut des craintes et insista pour revenir. Comme les Payes étaient occupés et que Catherwood n'avait personne pour l'aider, ce dernier ne put faire aucune exploration méthodique ni aucun dessin complet.

Voici l'une des belles stèles que trouva et dessina Catherwood lors de sa visite à Quirigua. Les signes enfermés dans un cartouche, au haut de la stèle et sur la base, sont des hiéroglyphes, encore en partie indéchiffrés.

Un site ignoré

Le caractère général de ces ruines est le même qu'à Copan. Les monuments sont beaucoup plus grands, mais sont décorés de bas-reliefs moins élaborés et plus oblitérés, étant probablement de date plus ancienne.

Mais il ne fait pas de doute qu'il y eût ici autrefois une grande cité. Son nom est perdu, son histoire inconnue. Et, excepté un passage extrait des notes de Catherwood et publié par les Señores Payes dans un journal de Guatimala après leur visite, journal qui circula dans le pays et parvint jusqu'en Europe, aucun récit concernant son existence n'a jamais été publié. Pendant des siècles, cette cité est demeurée aussi complètement enfouie que si elle avait été recouverte par les laves du Vésuve. Tous les voyageurs allant d'Yzabal à Guatimala s'en trouvaient à moins de trois heures de chemin. Nous avions fait de même. Et encore maintenant ce site demeure, tout comme la cité bâtie dans le roc d'Edom, ignoré et complètement inconnu.

3. Palenque

Situé au Mexique, Palenque est peut-être le plus prestigieux des sites mayas. Le site était déjà connu depuis longtemps lorsqu'y vinrent Stephens et Catherwood. Au XVIIIe siècle, Del Rio l'avait exploré et G. Dupaix en avait fait une première description en 1807. Les chapitres que Stephens consacre à ce site sont copieux et nous ne pouvons ici reproduire les longues descriptions qu'il lui consacre, d'autant que nous reviendrons sur les découvertes modernes qu'on y a faites, dans le volume consacré aux Pyramides et Tours de Babel. Dans le texte que nous donnons ici, on pourra voir combien les voyages de cette époque se faisaient souvent dans des conditions bien peu agréables : mais les voyageurs étaient soutenus par l'enthousiasme de découvertes réelles, dont il ne nous reste plus à notre époque que l'illusion.

Préparatifs de départ

Tôt le lendemain matin, nous nous préparâmes à nous rendre aux ruines. Il nous fallait faire des provisions importantes pour notre subsistance. Nos ustensiles de cuisine étaient en poterie grossière et nos bols des écorces dures de quelques légumes ronds, le tout ayant coûté à peu près un dollar.

En même temps nous nous étions attachés l'affection de l'alcade en lui confiant notre argent à garder. Nous le fîmes à grand renfort de publicité, de manière qu'il soit connu dans le village qu'il n'y avait pas de « plata » (argent) dans les ruines, mais l'alcade prit cela comme une marque de confiance particulière. En fait, nous ne pouvions lui en donner de plus grande. C'était un vieil avare soupçonneux qui gardait son argent dans une malle d'une chambre intérieure et qui ne quittait jamais sa maison sans avoir fermé la porte donnant sur la rue, gardant la clé sur lui. Il nous fit payer d'avance pour tout ce que nous désirions, et ne nous aurait pas fait crédit d'un demi-dollar.

Il était nécessaire d'emporter du village tout ce qui pouvait contribuer à notre confort, et nous essayâmes d'engager une femme pour nous aider. Mais aucune ne voulut se joindre à nous. Cela nous manqua beaucoup. Une femme nous était nécessaire, non pas, comme pourrait le supposer le lecteur, pour embellir notre vie, mais pour faire les tortillas. Afin d'être mangeables, elles doivent être consommées dès qu'elles sont cuites. Nous fûmes donc obligés de conclure un arrangement avec l'alcade qui devait nous en envoyer chaque jour en même temps que le lait de notre vache.

Un singulier équipage

Notre équipage était le même que celui que nous avions eu pour venir. Un Indien partit avec un coffre en peau de vache, retenu sur son dos par une corde en écorce. De chaque côté pendait une volaille enveloppée dans des feuilles de plantain, la tête et la queue demeurant seules visibles. Un autre avait sur son coffre un dindon vivant, pattes liées et ailes étendues, comme un aigle planant. Un autre encore portait attachés de chaque côté de sa charge des cordons d'œufs, chaque œuf étant soigneusement enveloppé dans une gousse de maïs, tous étant liés comme des oignons avec une corde d'écorce. Les ustensiles de cuisine et la jarre d'eau étaient portés à dos par d'autres Indiens, ainsi que des paquets contenant du riz, des haricots, du sucre, du chocolat, etc. Des cordons de porc et des bouquets de plantain y étaient suspendus. Juan portait dans ses bras notre boîte à café de voyage en fer blanc remplie de lard qui, dans ce pays, était toujours à l'état liquide.

Chemins dans la boue

Nous quittâmes le village à sept heures et demie. Sur une petite distance la route était dégagée, mais nous entrâmes très vite dans une forêt qui continuait sans interruption jusqu'aux ruines, et se prolongeait probablement au-delà pendant des kilomètres. La route n'était qu'un simple sentier indien. Les branches des arbres étaient chargées d'eau de pluie et si basses que nous étions sans cesse obligés de nous courber ; très vite, nos chapeaux et manteaux furent totalement trempés. En raison de l'épaisseur du feuillage, le soleil du matin était impuissant à assécher le déluge de la nuit précédente. Le sol était très boueux, parcouru de ruisselets grossis par les pluies matinales, avec, en des endroits très difficiles à franchir, des fondrières où les mulets pataugeaient et s'embourbaient. De tous les

Au cœur de la forêt vierge, quelques-uns des plus remarquables monuments de Palenque : sur la gauche, le temple des Guerriers sur une base peu élevée ; sur la droite, le « Palais » avec sa tour ajourée. Le célèbre temple des Inscriptions, dont il sera question dans un autre volume de cette collection, serait derrière vous si vous vous trouviez placé devant ces monuments.

empires naufragés, rien ne peut mieux évoquer les mutations du monde que cette immense forêt cachant ce qui fut autrefois une grande cité. Il y avait eu ici, en d'autres temps, une grande route, parcourue par une foule de gens ayant les mêmes passions que celles qui animent encore les activités humaines. Tous ont disparu, leurs habitations ont été enfouies et rien n'en reste plus.

Nous atteignîmes en deux heures la rivière Micol. Une demi-heure plus tard nous arrivâmes à celle d'Otula, obscurcie par l'ombre des arbres et dont les eaux se brisaient joliment sur un lit rocheux. La traversant, nous aperçûmes presque aussitôt des amoncellements de pierres, puis un rocher rond sculpté. Nous nous hâtâmes d'escalader une pente couverte de fragments, si raide que les mulets pouvaient à peine avancer, jusqu'à une terrasse qui, tout comme la route, était recouverte d'arbres et dont il était impossible de discerner la forme. Continuant notre chemin sur cette terrasse, nous nous arrêtâmes bientôt au pied d'une deuxième que nos Indiens appelèrent « el Palacio » (le Palais).

Un édifice unique

A travers les échancrures des arbres nous vîmes la façade d'un grand et élégant bâtiment dont les pilastres étaient richement ornés de figures. Des arbres poussaient tout contre, les branches passaient par les portes. L'effet produit par le style de cet édifice était unique, extraordinaire et d'une lugubre magnificence. Nous attachâmes nos mulets aux arbres et, montant par un escalier aux marches disjointes et comme écartelées par les arbres, nous pénétrâmes dans le palais, parcourant pendant un moment un couloir puis une cour intérieure et, après un premier coup d'œil curieux, revînmes vers l'entrée. Nous tenant sur le seuil, nous tirâmes chacun un *feu-de-joie* de quatre cartouches, brûlant ainsi nos dernières munitions. Au lieu de manifester notre satisfaction de cette manière, nous aurions pu faire résonner les voûtes d'un hourrah. Mais nous procédâmes ainsi afin d'impressionner les Indiens, lesquels n'avaient probablement jamais auparavant entendu pareille canonnade et qui, tels leurs ancêtres du temps de Cortés, considéraient presque nos armes comme des instruments crachant des éclairs. Nous savions qu'ils en parleraient au village, ce qui aurait pour effet de tenir à distance ceux de leurs respectables amis qui auraient pu avoir l'intention de nous rendre visite de nuit.

La récompense des peines

Nous avions atteint la fin de notre long et fatigant voyage et le premier regard sur les ruines nous avait récompensés de notre peine. Nous nous trouvions pour la première fois dans un édifice construit par des aborigènes établis là avant même que les Européens n'eussent connaissance de ce continent, et nous nous préparâmes à nous installer sous son toit. Nous choisîmes pour nous établir le couloir d'entrée, lâchâmes les dindons et la volaille dans la cour intérieure, laquelle était si encombrée d'arbres qu'on pouvait à peine en voir l'autre côté. Comme il n'y avait aucune pâture pour les mulets en dehors des feuilles des arbres, et comme nous ne pouvions les lâcher en forêt, nous les conduisîmes par l'escalier à travers le palais et les laissâmes également dans la cour. A un bout du couloir, Juan établit une cuisine en posant trois pierres en angle de manière à laisser de la place entre elles pour le foyer. Nos bagages furent entassés ou suspendus à des perches posées en travers du couloir. Pawling * mit une pierre plate d'environ 1,20 mètre de longueur sur des pieds de pierre afin de former une table et, avec les Indiens, coupa un certain nombre de perches. Ils attachèrent celles-ci avec des cordes d'écorce et les posèrent sur des pierres à chaque bout pour faire des lits. Nous coupâmes les branches qui pénétraient dans le palais, ainsi que quelques arbres sur la terrasse. Du seuil du palais, nous pouvions voir la frondaison d'une immense forêt qui s'étendait jusqu'au golfe du Mexique.

Les Indiens, superstitieux, avaient peur de demeurer la nuit dans les ruines. Ils nous laissèrent seuls, habitants solitaires d'un palais de rois inconnus. Peu d'entre ceux-ci durent avoir pensé qu'en quelques années leur lignée périrait et que leur race s'éteindrait, leur cité tombant en ruine, et que Catherwood, Pawling, Juan et moi-même en serions les seuls habitants. D'autres étrangers vinrent également ici qui durent aussi se poser, comme nous-mêmes, des questions. Leurs noms étaient écrits sur les murs, assortis de commentaires et de dessins. Même ici on trouvait des marques de ces esprits vils et bas qui se délectent de profaner les lieux saints.

L'imagination des hommes...

Voyons maintenant l'étendue de ces ruines. Même à notre âge matérialiste, l'imagination des hommes se repaît de choses merveilleuses. Les Indiens et les gens de Palenque disent qu'elles couvrent un espace de cent kilomètres. Dans une série d'articles fort bien écrits parus dans notre pays, on leur attribue une grandeur égale à dix fois celle de New York. Et, dernièrement, j'ai vu un article dans un des journaux relatant notre expédition, disant que cette cité _découverte_ par nous avait été trois fois grande comme Londres.

---

* Serviteur de Stephens.

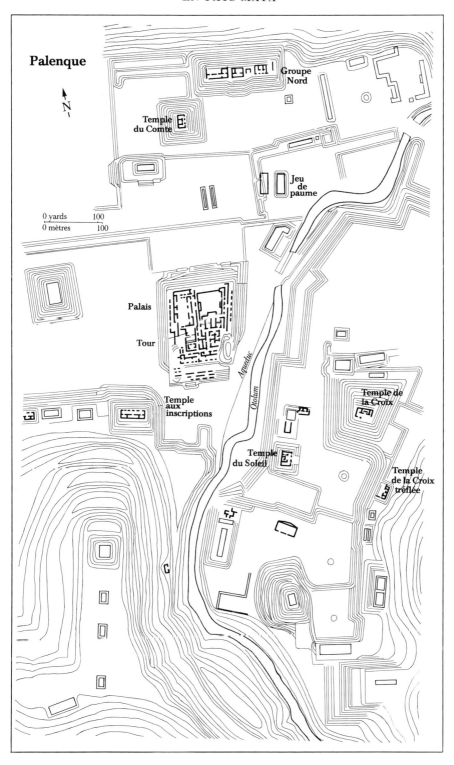

Palenque

Il n'est pas dans mon caractère de discréditer une histoire merveilleuse. Je suis assez peu porté à nier et aimerais plutôt apporter de la crédibilité à de telles inventions. Mais il m'était malheureusement échu de voir s'évanouir ces merveilles en les approchant : même la mer Morte avait perdu son charme mystérieux. En outre, en tant que voyageur et « auteur d'un livre », je savais que si je me trompais, ceux qui viendraient après moi ne manqueraient pas de me corriger. Tout bien considéré, et tout en remerciant mes amis de la presse, il me faut bien dire que ni les Indiens ni les gens de Palenque ne connaissaient personnellement les ruines, et que les autres relations de voyage ne reposent sur aucune preuve suffisante. Toute la région sur des kilomètres est couverte par une dense forêt d'arbres gigantesques, avec un sous-bois et des buissons inconnus chez nous, qu'il est impossible de traverser dans quelque direction que ce soit, à moins de se frayer un chemin à coups de machette. A ma propre connaissance, il est impossible de dire ce qui gît enfoui dans cette forêt. Sans guide, nous eussions pu passer à quelques dizaines de mètres de tous ces bâtiments sans en soupçonner l'existence.

Passage des premiers explorateurs

Le capitaine Del Rio, le premier explorateur qui eût de nombreux hommes sous ses ordres et des moyens importants, dit dans son rapport que, dans l'exécution de sa mission, il avait coupé et brûlé toute la forêt. Il ne dit pas jusqu'à quel point, mais si l'on en juge d'après les brèches et les fouilles faites à l'intérieur des monuments, ce fut probablement sur des kilomètres alentour. Le capitaine Dupaix, agissant sur ordre royal, avec tous les moyens qu'une telle mission pouvait lui donner, ne découvrit pas plus de monuments que ceux mentionnés par Del Rio, et nous ne vîmes que les mêmes. Mais comme nous bénéficions d'eux comme guides, tout au moins de Del Rio (car à cette époque nous n'avions pas vu l'ouvrage de Dupaix), nous pûmes voir des choses qui leur avaient échappé, tout comme ceux qui viendront après nous verront ce qui n'a pas frappé notre regard. Cependant, cet endroit étant le but principal de notre expédition, il était dans nos intentions d'en faire une exploration complète. Le caractère officiel de ma mission, les termes particuliers de mon passeport et les lettres des autorités mexicaines me donnèrent toutes les facilités.

Difficultés inattendues

Le préfet avait assuré que j'avais été envoyé par mon gouvernement exprès pour explorer les ruines. Et chacun à Palenque était disposé à nous aider. Mais il y avait des difficultés accidentelles insurmontables. Tout d'abord, c'était la saison des pluies. En toutes circonstances, cela aurait rendu notre tâche difficile. Mais comme les pluies ne commençaient pas avant 3 ou 4 heures, et que le ciel

L'une des cours intérieures du Palais de Palenque, telle qu'ont pu la voir les voyageurs du siècle dernier et du début de notre siècle, avant les restaurations.

était toujours clair le matin, elles n'auraient pas constitué un empêchement majeur pour l'accomplissement de notre tâche.

Mais il y avait d'autres difficultés qui nous embarrassèrent dès le début et continuèrent de le faire pendant tout notre séjour parmi les ruines. Il n'existait ni une hache ni une bêche en ce lieu et, comme d'habitude, le seul instrument disponible était la machette, sorte d'épée courte à large lame. C'était l'époque des semailles du maïs et les Indiens, pressés par la faim, étaient tous occupés avec leurs *milpas*. Le coût d'une journée de travail d'Indien était de 18 cents. Mais l'alcade qui avait la charge de répartir les tâches ne voulait pas me laisser les payer plus de 25 cents, et le plus qu'il pouvait s'engager était de m'envoyer de 5 à 6 Indiens chaque jour. Ils ne voulaient pas dormir dans les ruines, arrivaient tard et partaient tôt. Parfois deux ou trois seulement venaient, et les mêmes hommes revenaient rarement deux fois, ce qui fait que pendant tout notre séjour, tous les Indiens du village vinrent à tour de rôle. Ceci augmentait de beaucoup notre travail, car il fallait sans cesse les diriger pendant le travail. Et juste au moment où un groupe commençait à comprendre avec précision ce que nous voulions faire, nous étions obligés d'enseigner la même chose à d'autres. Et qu'il me soit permis de remarquer que leur travail, bien que peu payé, s'avérait cher en regard du travail qui était effectivement fait.

A cette époque, je pensais pouvoir revenir à Palenque. Il n'est pas certain que je puisse le faire maintenant. Mais je voudrais faire bien comprendre que les rapports qui ont été publiés concernant l'immense travail et les énormes dépenses nécessités par l'exploration de ces ruines sont exagérés et faux. Si on est sur place au commencement de la saison sèche avec 8 ou 10 jeunes « pionniers » ayant autant d'enthousiasme que de force, on pourrait dégager complètement la totalité de ces ruines en moins de six mois. Tout homme qui a déjà « débroussaillé » 400 ares de terrain est compétent pour entreprendre ce travail. L'argent et le temps dépensés par un de nos jeunes gens pendant un « hiver à Paris » auraient permis de se rendre compte sans coup férir si la cité avait jamais couvert l'immense espace que d'aucuns ont suggéré.

Un asile peu hospitalier

Mais revenons à notre sujet. Nous avions eu, sous la conduite de notre guide, une journée fatigante mais extrêmement intéressante. Dans l'après-midi arriva l'orage coutumier. Nous avions installé nos lits le long des couloirs, sous la protection du mur extérieur et étions mieux protégés, mais nous souffrîmes terriblement des moustiques, dont le bourdonnement et les piqûres nous empêchèrent de dormir. Au milieu de la nuit, je pris mon matelas afin de trouver un endroit où je pourrais leur échapper. La pluie avait cessé et la lune, perçant à travers les lourds nuages, éclairait de sa face embrumée le couloir en ruine. Je grimpai sur un tas de pierres se trouvant à une de ses extrémités, à un endroit où le mur s'était écroulé et, trébuchant, longeai l'extérieur du palais, entrai dans un bâtiment latéral près du pied de la tour, avançai à tâtons au long d'un passage humide et sombre et enfin étendis mon matelas devant une porte basse du fond. L'humidité du passage était rafraîchissante. Avec quelque appréhension quant aux serpents, aux reptiles, lézards et scorpions qui infestent les ruines, je m'endormis.

4. Uxmal

Uxmal est encore l'un des grands sites mayas du Yucatan. Il appartient à l'époque du Nouvel Empire et les influences toltèques y sont sensibles. Outre une intéressante description, Stephens donne aussi des éléments non dépourvus d'intérêt comme par exemple l'histoire du nain que lui a rapportée un Indien et qui semble bien être l'écho affaibli d'un ancien mythe maya dont la signification s'est perdue.

Un immense champ de ruines

Je retournai une fois de plus voir les ruines. L'ouvrage que Waldeck écrivit sur ces ruines était paru avant que nous ayons quitté ce pays. Il fut publié à Paris en grand format, avec des illustrations pleines de fantaisie et très joliment coloriées, et contenait les résultats d'une année de résidence à Mérida et de 8 jours passés à Uxmal. A l'époque de sa visite, les ruines étaient recouvertes par les arbres, mais elles avaient été dégagées pendant l'année écoulée, et l'ensemble se trouvait maintenant dénudé et exposé aux regards. La description de ces ruines représente un tel travail que je ne sais par où commencer. Comme nous nous étions arrêtés au début de nos travaux, je me trouve dans l'incapacité de donner un quelconque plan général. Mais heureusement, l'étendue des monuments était plane, libre d'arbres, et on pouvait en avoir un coup d'œil général. La première vue que j'en eus s'imprima de manière indélébile dans mon esprit et la seule journée que Catherwood y passa fut bien utilisée.

Un gigantesque édifice

Le premier objet qui frappe l'œil au sortir de la forêt est un important édifice de forme pyramidale. Attiré par les monticules de ruines et les entassements de gigantesques édifices, l'œil sans cesse revient s'attacher à cette haute structure. Ce fut le premier monument dans lequel je pénétrai. Je comptai 16 niveaux à partir de la porte d'entrée, ainsi que des murs écroulés, des tas de pierres et d'immenses et magnifiques édifices qui, vus de cette distance, paraissaient intacts et défiant le temps. Je me tenais dans l'entrée alors que le soleil déclinait, projetant d'immenses espaces d'ombre, obscurcissant les terrasses sur lesquelles les bâtiments se tenaient, le tout composant un spectacle assez étrange pour donner l'illusion d'un enchantement. Cet édifice a 22 mètres de longueur. Le niveau sur lequel il se trouve est entièrement fait de main d'homme et s'élève au-dessus de la plaine. Sa forme n'est pas pyramidale, mais oblongue et arrondie. Elle a près de 80 mètres de longueur à la base sur 40 mètres de largeur, et est protégée tout autour et jusqu'à son sommet par un mur de pierres équarries.

Une large volée de degrés de pierre

Il se peut que les hautes structures en ruine de Palenque, que nous avions qualifiées de pyramidales et qui étaient dans un tel état de ruine qu'on ne pouvait s'en faire une idée exacte, aient été à l'origine de cette même forme. Sur le côté est de la structure se trouve une large volée de degrés de pierre, chacun haut de 20 à 25 cm et si raides qu'il est nécessaire de faire très attention en les montant ou en les descendant. Nous comptâmes cent une de ces marches alors en place. Neuf d'entre elles manquaient au sommet, et peut-être une vingtaine se trouvaient recouvertes par des débris au pied. Au sommet des marches se trouve une plate-forme de pierre d'environ 1,50 mètre de largeur, et courant tout le long de la partie arrière du bâtiment. Il n'y a pas de porte au milieu, mais à chaque extrémité une porte s'ouvre sur une chambre d'environ 6 mètres sur 3. Entre les deux se trouve une troisième chambre de même largeur mais de 11 mètres de longueur.

Ornements de l'édifice

Tout l'édifice est en pierre. A l'intérieur, les murs ont un beau poli ; à l'extérieur et jusqu'à la hauteur de la porte, les pierres sont simplement équarries. Au-dessus de cette ligne se trouve une riche corniche ou moulure et, à partir de celle-ci jusqu'au sommet de l'édifice, tous les murs sont couverts d'ornements sculptés d'une grande richesse et très élaborés, formant une sorte d'arabesque. Le style et le caractère de ces ornements étaient complètement différents de ceux que nous avions pu voir auparavant, dans ce pays ou dans un autre. Ils n'avaient aucune ressemblance avec ceux de Copan ou de Palenque. Les dessins étaient étranges et incompréhensibles, très fouillés, parfois grotesques, mais souvent simples, pleins de goût et splendides. Parmi les motifs compréhensibles se trouvaient des carrés et des losanges décorés de bustes d'êtres humains, de têtes de léopards, et des compositions de feuillages et de fleurs, ainsi que des ornements connus en d'autres lieux sous le nom de *grecques.* Les décors qui se succédaient étaient tous différents. Le tout formait une masse extraordinairement riche et complexe, d'un effet à la fois grandiose et bizarre. La construction de ces décorations n'était pas moins particulière et frappante que l'effet général. Il n'y avait aucune plaque ou pierre représentant par elle-même un sujet entier, mais chaque décor ou combinaison de sujets était réalisé avec des pierres différentes sur lesquelles avaient été sculptées des parties de l'ensemble, et qui avaient été ensuite fixées en place dans le mur. Chaque pierre en elle-même ne constituait qu'une partie sans signification de l'ensemble. Mais, placée à côté des autres, elle participait à la compréhension du tout qui, sans elle, aurait été incomplet. On peut peut-être l'appeler, avec justesse, une sorte de mosaïque de sculptures.

Intérieur de l'édifice

A partir de la porte d'entrée de cet extraordinaire monument, un dallage de dur ciment, de 7 mètres sur 5, descendait sur le toit d'un autre édifice se trouvant plus bas sur la terrasse, comme on pouvait le constater. Il n'y avait ni escalier visible ni autre moyen de communication entre les deux structures. Mais, en descendant d'un empilement de débris le long du côté du bâtiment le plus bas, et

Ce bas-relief d'Uxmal, représentant une tête de chouette, témoigne de l'influence toltèque sur l'art maya du Yutacan.

en tâtonnant pour en contourner l'angle, nous entrâmes par une porte de 1,20 mètre de large, et nous trouvâmes à l'intérieur d'une chambre d'environ 4 mètres de hauteur, d'où partaient des renfoncements sur toute la largeur. Le premier était profond de 2,30 mètres et les autres de seulement 1,25 mètre. Les murs intérieurs étaient faits de pierres carrées et polies, et il n'y avait aucune porte intérieure ou moyens de communication avec d'autres lieux. A l'extérieur, le portail était surchargé d'ornements, et toute la façade était identique à celle du bâtiment décrit plus haut. Les marches conduisant du portail au pied de la structure étaient entièrement détruites.

Légende de la maison du nain

Les Indiens regardaient ces ruines avec un respect superstitieux. Ils ne s'en approchaient pas pendant la nuit et croyaient qu'un immense trésor y était caché. Chaque édifice avait un nom donné par les Indiens. Celui-ci est appelé Casa del Anano ou « Maison du Nain ». Ce nom est dû à une légende sauvage qu'un Indien me narra comme suit, alors que j'étais assis sur le seuil.

Il était une fois une vieille femme qui vivait dans une hutte à l'endroit exact maintenant occupé par la terrasse sur laquelle cet édifice est perché, face à la Casa del Gobernador (la maison du Gouverneur, dont nous parlerons plus loin). Cette femme se désolait de ne point avoir d'enfant. Un jour dans sa détresse elle prit un œuf, l'enveloppa dans un tissu et le déposa avec précaution dans un coin de sa cabane. Chaque jour elle venait le contempler et, un matin, elle vit que l'œuf s'était brisé et qu'une *criatura* (ou créature) ou un bébé en était né. La vieille femme fut transportée de joie, l'appela son fils, lui procura une nourrice, prit grand soin de lui, de telle sorte qu'un an après il marchait et parlait comme un homme. Alors il cessa de grandir. La vieille femme en fut encore plus heureuse que jamais, et dit qu'il deviendrait un grand seigneur ou un roi. Un jour, elle lui dit d'aller à la maison du Gouverneur et de lui porter un défi sur sa force. Le nain tenta de la dissuader, mais la vieille femme insista et il s'y rendit.

Le garde le laissa entrer et il jeta son défi au Gouverneur. Celui-ci sourit, et lui demanda de soulever une pierre de trois *arrobas* (ou 35 kilogrammes). Le petit homme se mit à pleurer et retourna chez sa mère qui le renvoya dire que si le gouverneur la soulevait en premier, il le pourrait lui aussi. Le gouverneur alors souleva la pierre, et le nain en fit immédiatement autant. Alors le gouverneur essaya avec lui diverses épreuves de force et, à chaque fois le nain faisait la même chose que le gouverneur. A la fin, indigné de ce qu'un nain pouvait l'égaler, le gouverneur lui dit que, s'il n'était pas capable de bâtir en une nuit une maison plus haute que toutes les autres, il le tuerait. Le pauvre nain retourna alors chez sa mère en pleurant. Mais celle-ci lui dit de ne pas perdre courage. Le lendemain matin, il se réveilla dans ce haut bâtiment. Le gouverneur, voyant celui-ci depuis la porte de son palais, en fut étonné et envoya chercher le nain, lui demandant de réunir deux faisceaux de cogoiol, un bois d'une espèce très dure, avec l'un desquels, lui, le gouverneur, le frapperait sur la tête. Après quoi, le nain pourrait à son tour le battre avec l'autre faisceau. Le nain s'en fut en pleurant retrouver sa mère qui lui dit de ne pas avoir peur et posa sur le sommet de sa tête une tortilla de *trigo*, c'est-à-dire une fine galette de farine de blé.

Le triomphe du nain

L'épreuve se déroula en présence de tous les hommes importants de la cité. Le gouverneur cassa toutes les baguettes de son faisceau sur la tête du nain sans pour cela blesser le moins du monde le petit homme. Il essaya alors d'éviter de recevoir des coups sur sa propre tête mais, ayant donné sa parole en présence de ses officiers, il fut obligé de se soumettre à l'épreuve. Le deuxième coup asséné par le nain lui brisa le crâne, et tous les spectateurs saluèrent le vainqueur comme leur nouveau gouverneur. Alors, la vieille femme mourut. Cependant, dans le village indien de Mani, distant de 17 lieues, se trouve un puits profond s'ouvrant dans une grotte et qui mène sous terre à une grande distance jusqu'à Merida. Dans cette grotte, sur les rives d'un torrent, à l'ombre d'un grand arbre, est assise une vieille femme avec un serpent à son côté, qui vend de l'eau en petites quantités, non pas pour de l'argent, mais seulement contre de la nourriture donnée au serpent par une *criatura* ou bébé. Cette vieille femme est la mère du nain. Telle est la fantastique légende en relation avec cet édifice. Mais elle ne semble guère plus étrange que la structure à laquelle elle fait référence. [...]

La maison royale

Pendant que je faisais le tour de ces ruines, Catherwood se rendit à la Casa del Gobernador, nom donné par les Indiens au bâtiment principal de la cité, c'est-à-dire la résidence du gouverneur ou maison royale. C'est le plus grand, le plus majestueux tant par son style d'architecture que par ses proportions, et le mieux préservé de tous les monuments existant à Uxmal

Le plan page 160 donne la situation de ce bâtiment ainsi que des trois rangs de terrasses sur lesquels il s'élève. La première terrasse a plus de 200 mètres de longueur pour une hauteur d'environ 1,60 mètre. Elle est renforcée par un mur de pierres taillées. Sur son sommet se trouve une plate-forme de 6 mètres de largeur d'où s'élève une deuxième terrasse haute de 5 mètres. Cette terrasse est maintenue aux angles par des pierres taillées dont les faces ont été arrondies de manière à présenter une meilleure apparence que des angles à vif. La grande plate-forme au-dessus est plate et dépourvue d'arbres, mais est encombrée de souches vertes, la forêt n'ayant été éclaircie que récemment. Elle est maintenant plantée, ou plutôt, en

Un personnage fabuleux

Jean-Frédéric de Waldeck est, malgré toutes ses extravagances, l'un des fondateurs de l'archéologie maya. Ce personnage, qui se faisait passer pour comte, n'avait en réalité aucun lien de parenté avec la famille princière de Waldeck, petit État situé entre la Hesse et la Westphalie, en Allemagne. Né en 1766, établi en France, il connut la Révolution et s'engagea dans l'armée d'Égypte pour suivre l'expédition de Bonaparte, avec Vivant Denon. Auparavant il avait appris la peinture avec David, ce qui lui fut fort utile par la suite. Après le retrait des troupes françaises, il resta en Égypte, voyagea jusqu'à Assouan et organisa une expédition au Sahara qui se termina par la mort de ses compagnons. On le retrouve en 1818 dans la flotte d'Alexandre-Thomas Lord Cochrane, aventurier et marin anglais qui combattit avec des Chiliens pour leur indépendance. Lorsqu'il quitta Cochrane en 1821 il fit un premier voyage au Guatemala et l'année suivante il est à Londres afin d'illustrer la publication du rapport du capitaine espagnol Del Rio envoyé en 1785 à la tête d'une expédition chargée d'étudier les ruines de Palenque. Ce rapport parut cette même année sous le titre de *Description des ruines de Palenque*. C'est à l'occasion de son séjour à Londres qu'il rencontra Lord Kingsborough qui finança ses expéditions au Mexique de 1832 à 1836. Ainsi Waldeck avait-il soixante-six ans lorsqu'il entreprit ses explorations.

Son *Voyage pittoresque et archéologique dans la province d'Yucatan et aux ruines d'Itzalane* parut en 1838 et, avec les documents que Waldeck ramena de ses voyages, il eut une influence capitale sur la décision de Stephens d'explorer les sites mayas. Partisan d'une origine égyptienne de la civilisation maya, Waldeck eut le tort d'interpréter dans ce sens nombre de monuments qu'il égyptianise et de sculptures où il voit par exemple des éléphants ; sa fantaisie va jusqu'à affubler un personnage d'un bonnet phrygien. Les deux principaux sites qu'il étudia furent Uxmal, qu'il identifie à l'Itzalane des chroniqueurs espagnols, et Palenque où il trouve l'influence du style asiatique. Cet homme qui naquit sous le règne de Louis XV, vécut en France sous celui de Louis XVI, connut la Révolution, retourna en France sous Napoléon III, mourut à Paris en 1875, âgé de 109 ans, sous la IIIᵉ République... Et il ne mourut pas de vieillesse : il fut renversé par un véhicule qu'il n'avait pas vu, ayant tourné la tête pour lorgner une jolie femme !

---

raison de son irrégularité, semée de maïs qui ne dépasse pas actuellement 30 centimètres. A l'angle sud-est de cette plate-forme se trouve une rangée de piliers ronds de 1 mètre environ de hauteur et de 50 centimètres de diamètre, s'étendant sur environ 30 mètres le long de la plate-forme. Ces piliers étaient ce qui se rapprochait le plus de ce que nous avions pu voir dans nos explorations des ruines de ce pays. Au centre de la terrasse, le long d'une allée conduisant à une volée de marches, se trouvait un pilier rond cassé, incliné comme sur le point de tomber, entouré d'arbres. Il faisait partie de nos projets de pratiquer une excavation dans cette plate-forme, car nous avions l'impression qu'elle devait reposer sur une voûte abritant une partie des immenses réservoirs fournissant l'eau à la cité.

La troisième terrasse

Au centre de la plate-forme, à environ 66 mètres de son rebord frontal, se trouve une volée de marches, larges de plus de 30 mètres, au nombre de 35, et conduisant à une troisième terrasse. Celle-ci, haute de 5 mètres au-dessus de la précédente, se trouve à plus de 10 mètres du sol. La construction de ces seules terrasses avait dû nécessiter un travail énorme. La noble structure de la Casa del Gobernador, avec son portail principal faisant face à la volée de marches, s'élève sur cette troisième terrasse. Sa façade mesure près de 105 mètres. A l'abri des atteintes des pluies et de la forêt qui ravagent les ruines de Palenque, le bâtiment se dresse avec ses murs intacts et dans un état presque aussi parfait que lorsqu'il fut déserté par ses habitants. Tout l'édifice est de pierres unies, jusqu'à la corniche qui court tout au long au-dessus de l'entrée ; plus haut, ces pierres portent les mêmes sculptures, étranges et précises, parmi lesquelles se remarque particulièrement le motif déjà rencontré, la grecque. Ni rudesse ni barbarie, tant dans le dessin que dans les proportions. Bien au contraire, l'ensemble a une certaine grandeur et une symétrie architecturale de bon aloi. Le voyageur qui gravit les marches et jette un regard étonné sur ces portails ouverts et inhabités peut difficilement croire qu'il se trouve devant l'ouvrage d'une race dont les historiens écrivirent, en guise d'épitaphe, qu'elle était ignorante en matière d'art et qu'elle avait disparu en raison de la rudesse de sa vie sauvage. Si cet édifice se tenait maintenant avec sa grande terrasse artificielle sur Hyde Park ou dans le Jardin des Tuileries, il constituerait un ordre architectural nouveau, peut-être pas égal, mais en tout cas comparable aux vestiges de l'art égyptien, grec et romain.

Cette photographie ancienne, due au célèbre Charnay, nous permet de voir l'état de délabrement des ruines mayas, tel ce « palais du Gouverneur » à Uxmal.

159

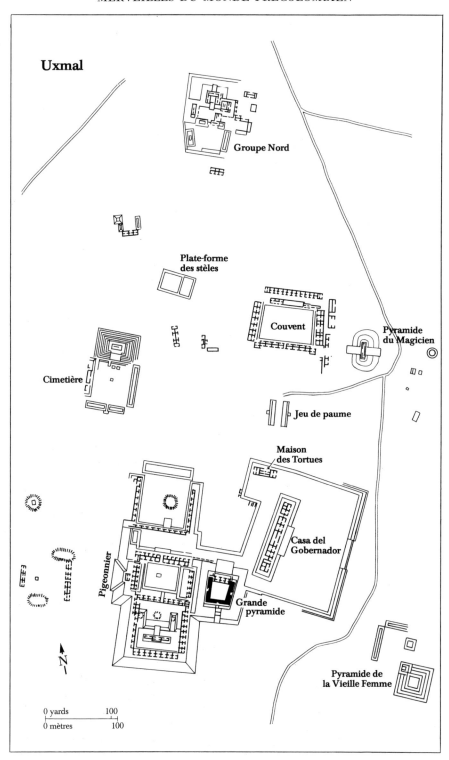

Uxmal

Groupe Nord

Plate-forme
des stèles

Couvent

Pyramide
du Magicien

Cimetière

Jeu de paume

Maison
des Tortues

Casa del
Gobernador

Pigeonnier

Grande
pyramide

Pyramide de
la Vieille Femme

N

0 yards   100
0 mètres   100

D'énormes poutres en bois

Mais il y avait une chose qui paraissait détonner avec le reste. C'était le premier objet qui avait attiré mon attention dans la maison du nain, et que j'avais remarqué dans tous les autres édifices. J'ai déjà dit qu'à Ocosingo nous avions vu une poutre de bois, et à Palenque, un fragment d'un mât en bois. En cet endroit *tous les linteaux avaient été en bois et, dans toutes les ruines, la plupart d'entre eux se trouvaient encore en place au-dessus des portes.* Ces linteaux étaient constitués par d'énormes poutres de près de 3 mètres de longueur, d'environ 50 centimètres de largeur sur 25 ou 30 d'épaisseur. Le bois, comme celui trouvé à Ocosingo, était très dur, et sonnait sous les coups de machette. Notre guide nous dit qu'il s'agissait d'un bois qui ne se trouvait pas aux environs, mais qui provenait des lointaines forêts se trouvant près du lac de Peten. Il semble inexplicable qu'on ait utilisé du bois au lieu de la pierre dans la construction des édifices. Si notre guide disait la vérité en ce qui concerne l'endroit où ce bois avait poussé, chaque poutre avait dû être portée sur les épaules de huit Indiens, sans compter les équipes de rechange, sur une distance de 500 kilomètres. Ce bois devait être rare, coûteux et, pour ces raisons, considéré comme décoratif. La position de ces linteaux était pour le moins précaire, car ils devaient supporter un mur solide en pierre de 5 mètres environ et d'une épaisseur de 1 mètre ou 1,20 mètre. Peut-être à l'origine étaient-ils aussi résistants que la pierre, mais ils se révélèrent moins durables et portaient en eux le germe de la destruction des édifices. Il est vrai cependant que beaucoup d'entre eux étaient encore en place, sains et plus durs que du cœur de chêne. Mais d'autres étaient rongés par les termites. Certains étaient fendus par le milieu et les murs qu'ils supportaient devaient rapidement les écraser sous leur poids. D'autres s'étaient écroulés. En fait, si l'on excepte la maison des Nonnes, les plus grandes destructions provenaient du pourrissement et de la rupture de ces poutres de bois. Si les linteaux avaient été en pierre, les principaux édifices de cette cité déserte seraient encore presque intacts. Ou, si les édifices avaient encore été occupés et surveillés, les linteaux pourris auraient été remplacés et l'édifice sauvé de la ruine. Dans leurs moments de grandeur et de pouvoir, les constructeurs n'imaginaient pas qu'un temps viendrait où leur cité serait désertée.

Une perfection architecturale

La Casa del Gobernador fait face à l'est. Au centre, et à l'opposé de l'escalier qui conduit à la terrasse, sont les trois principaux portails. Celui du milieu est large de 2,75 mètres et haut de 2,80 mètres. Les autres ont la même hauteur mais sont moins larges de 60 centimètres. La porte centrale s'ouvre sur une pièce de 32 mètres de longueur sur 8,70 mètres de profondeur. Elle est divisée en deux ailes par un muret épais de 1 mètre percé par une porte communicante de la même dimension que les portes extérieures. Le plan est le même que celui du couloir de la façade du palais de Palenque, sauf qu'ici le couloir ne court pas sur toute la longueur du bâtiment, et que le couloir arrière ne possède pas de porte de sortie. Le plancher est fait de pierres carrées et unies, les murs de blocs carrés bien appareillés et finement polis. Le plafond forme une arche triangulaire sans clé de voûte, comme à Palenque. Mais au lieu de pierres brutes posées en encorbellement ou couvertes de stuc, les rangées de pierres sont ici biseautées au fur et à mesure qu'elles s'élèvent, présentant ainsi une surface unie et polie. Partout, l'appareillage et le poli des pierres sont aussi parfaitement exécutés que s'ils avaient été réalisés en suivant les règles de la meilleure maçonnerie moderne.

J.-L. STEPHENS

Kukulkan, la forme maya du dieu-serpent créateur Quetzalcoatl : sculpture en calcaire (81 × 99 cm) provenant d'Uxmal (Musée national de Mexico).

BONAMPAK : UNE VILLE OUBLIÉE
DANS LA FORÊT

Malgré le fanatisme avec lequel le christianisme a été imposé aux peuples de l'Amérique centrale, certaines tribus sont parvenues à préserver dans une certaine mesure les cultes ancestraux, et en particulier celles qui vivent dans les régions marginales, tels les Huichols au nord du Mexique ou les Lacandones au sud, vers le haut Usimacinta. Ces derniers sont les descendants des anciens Mayas de ces régions et ils continuent de célébrer leurs cérémonies dans les temples abandonnés, au milieu de la fumée de copal (une sorte d'encens résineux qui jouait déjà un rôle important dans l'ancien culte des Mayas). C'est ainsi que G. Healey découvrit, au cours d'un séjour chez ces Lacandones, un site oublié qui s'est révélé d'une importance capitale pour la connaissance des anciens Mayas et de leur art.

Cette aventure assez extraordinaire a été relatée, avec un commentaire sur l'intérêt de la découverte, par l'archéologue américain Charles Gallenkamp, directeur de la Fondation pour les recherches mayas (Maya Research Fund), dans un livre qu'il a consacré à la découverte des Mayas.

Pèlerinages à des sanctuaires interdits

Au printemps de 1946 un explorateur-photographe nommé Giles G. Healey pénétra dans la région sauvage et déserte des Chiapas du Nord. Il avait été chargé de la production d'un film documentaire sur l'histoire des Mayas depuis les temps précolombiens jusqu'à ce jour. Il avait pour mission au cours de ce voyage bien déterminé de photographier les Lacandones que l'on ne connaissait guère.

Alors qu'il travaillait auprès d'un groupe d'individus qui occupaient les terres d'alluvions fortement boisées de la rivière Lacanja, Healey remarqua le fait suivant : de petits groupes d'hommes disparaissaient en même temps du village pendant plusieurs jours. Ils participaient, disait-on, à des pèlerinages à des sanctuaires interdits à la vue des étrangers. La curiosité d'Healey fut passionnément éveillée. Il savait bien que la région abondait en ruines archéologiques ; mais la perspective pourtant peu probable de visiter un site encore vénéré par les descendants actuels de ses constructeurs offrait un attrait irrésistible.

Healey réussit en fin de compte à traiter avec eux pour visiter le sanctuaire caché. On le conduisit au plus profond de la forêt environnante. Par endroits, un rayon de soleil perçait le taillis ombreux ; on aurait pu facilement passer à quelques mètres d'une cité entière sans soupçonner, de loin, son existence. Finalement ils débouchèrent dans un endroit beaucoup moins boisé, entouré d'amas cachés de pierres blanches. Ils avaient devant eux les vestiges visibles de huit constructions reposant sur ce qui avait été autrefois une acropole en terrasses.

Quoique à peine reconnaissables sous un épais manteau de broussailles, les bâtiments étaient bas, rectangulaires et d'une simplicité dépouillée. Certains étaient partiellement ensevelis sous les décombres ; d'autres se dressaient presque tels qu'ils avaient été abandonnés, fantômes blancs de craie surgissant d'une mer de jungle verte.

Dans une grande place effondrée au pied de l'acropole gisait une stèle sculptée massive. Son ornementation représentait un prêtre abondamment paré de bijoux tenant un bâton de cérémonie entouré d'inscriptions en hiéroglyphes. Deux autres stèles finement sculptées et à demi enterrées flanquaient un escalier qui escaladait l'acropole. D'autres monuments aux formes de jaguars et de serpents lovés gisaient sur le sol de la jungle. Healey était maintenant tout près d'une révélation d'aspect sensationnel et de grande importance.

Des cortèges de prêtres et de nobles

Le plus grand des bâtiments se dressait près de la pente nord de l'acropole. Il était resté remarquablement bien conservé malgré les arbres qui poussaient sur son toit. Trois portes s'ouvraient sur une succession de voûtes intérieures, et des figures sculptées avaient autrefois orné sa façade au-dessus de chaque entrée. Un seul fragment de relief en stuc, fortement corrodé, était encore discernable sur le mur extérieur entre les deuxième et troisième portes.

Healey franchit l'une des entrées et pénétra dans une salle étroite et voûtée en flèche. Lorsque ses yeux se furent habitués au faible éclairage de la salle, il aperçut soudain sur les murs et le plafond d'innombrables figures qui le dévisageaient. Un instant plus tard, elles accusaient nettement leur tracé et leurs couleurs que le temps avait peu atténués. Il était entouré de cortèges de prêtres et de nobles aux vêtements somptueux, escortés de serviteurs et de guerriers. Lorsqu'il pénétra dans la salle suivante, il tomba sur un tableau représentant des armées adverses engagées dans une bataille, des guerriers à peau brune pêle-mêle dans des attitudes de combat. D'autres figures encore, des danseurs en costumes d'un exotisme sauvage, couvraient les murs de la troisième salle. Ce à quoi s'était heurté Healey était vraiment un éblouissant déploiement de peintures murales, qui couvrait entièrement les murs des trois salles intérieures du temple.

Il était évident qu'il serait nécessaire qu'Healey revienne convenablement outillé pour photographier les superbes fresques en amenant avec lui des spécialistes pour l'évaluation de leur valeur archéologique. Inconnue d'Healey au moment de sa visite initiale, l'existence de ces ruines avait été signalée quatre mois plus tôt seulement par deux voyageurs américains, John G. Bourne et Carl Frey. Bourne avait effectivement dessiné des plans détaillés des bâtiments encore debout, mais le voile de la jungle était si épais, qu'ils avaient complètement laissé échapper la construction abritant les fresques.

L'expédition de Bonampak

L'année suivante, dans l'hiver 1947, Healey conduisit au site caché une expédition placée sous les patronages conjoints de la Compagnie United Fruit, de l'Institut Carnegie et du gouvernement mexicain. Il était accompagné de deux artistes spécialisés dans la restauration de fresques, Antonio Tejeda et Agustin Villagra Caleti, qui entreprirent le projet audacieux de copier les peintures dans le plus grand détail. L'endroit reçut le nom de Bonampak, expression maya signifiant « murs peints ».

Depuis les terrains d'atterrissage des postes éloignés d'El Cedro, Filadelfia ou de Tenosique sur les bords de la rivière Usumacinta, un voyage de plusieurs jours à dos de mulet le long de pistes hasardeuses est nécessaire pour atteindre les bâtiments couverts d'une épaisse végétation et revêtus chaque année d'une voûte fraîche de broussailles. Malgré son extrême difficulté d'accès, de nombreuses expéditions ont cherché à fouiller l'histoire de Bonampak et à évaluer ses prodigieuses réalisations artistiques. L'art et l'archéologie sont d'ordinaire intimement associés ; toutefois peu de découvertes ont suscité avec autant d'intensité l'intérêt réciproque des savants et des historiens des arts que Bonampak.

C'était, chose assez bizarre, une cité de peu d'importance d'après les apparences, un des nombreux petits centres qui florissaient dans la vallée de l'Usumacinta entre les années 100 et 900 de l'ère chrétienne, recevant l'impulsion politique et culturelle de Palenque, Yaxchilan et Piedras Negras situées à proximité.

Les artistes de Bonampak, selon toute apparence, avaient tiré leur inspiration et leurs techniques fondamentales d'exécution des traditions créées depuis longtemps dans ces cités plus grandes, surtout à Yaxchilan. L'éminente spécialiste de la sculpture maya, Tatiana Proskouriakoff, écrit que Bonampak « ne pouvait avoir été qu'un petit centre dans une région possédant de nombreuses autres villes. C'était sans doute simplement une dépendance de la cité beaucoup plus grande de Yaxchilan. L'empreinte du style de Yaxchilan sur ses œuvres d'art ne fait aucun doute, et les artistes, qui, pendant une génération, donnèrent à Bonampak sa caractéristique particulière, furent probablement formés dans les écoles de cette cité plus importante. »

Pourquoi Bonampak a-t-elle été ornée de l'œuvre artistique la plus éminente de son époque ? Nous ne le saurons peut-être jamais. A côté de l'incroyable ingéniosité de ses peintres de fresques, l'art de la sculpture de Bonampak se range parmi les plus beaux spécimens découverts jusqu'ici. Proskouriakoff signale l'énorme stèle trouvée sur la place principale de la cité comme « l'un des plus grands et des plus beaux monuments qu'aient jamais élevés les Mayas ». Les

Les ruines de Bonampak accrochées aux flancs d'une colline au cœur de la forêt tropicale, telles qu'ont pu les voir les premiers Européens, il y a moins d'une quarantaine d'années.

autres spécimens de sculpture sur pierre, quoique peu nombreux, sont presque aussi magnifiques de conception et d'exécution. Quand les fresques furent terminées, la maîtrise déjà absolue de l'expression fut portée à une apogée sans égale.

Originalité de Bonampak

De nombreux spécimens de l'art mural précolombien ont subsisté dans des sites fort clairsemés d'un bout à l'autre du Mexique et de l'Amérique centrale. Des fresques ornées de peinture ont été découvertes sur des murs de tombes à Monte Alban (Oaxaca) et à Teotihuacan dans la vallée de Mexico. Des spécimens intéressants ont été aussi trouvés à Uaxactun, à Palenque, à Chacmultun et à Tulum, en région maya. Des fresques d'excellente facture furent, par exception, mises au jour au Temple des Guerriers et au Temple des Jaguars à Chichen Itza au Yucatan. Cependant les spécialistes de l'art précolombien retiennent le fait qu'elles sont d'une teneur radicalement différente des fresques de Bonampak. Comme Proskouriakoff le fait observer, elles étaient habituellement destinées à rendre un symbolisme extrêmement abstrait, en obéissant à leurs sources

166

d'inspiration rituelle ou mythologique. Sauf pour quelques exemples de peinture maya, notamment les fresques de Chichen Itza qui représentent des scènes de bataille, le réalisme était pratiquement inconnu de l'art précolombien.

Proskouriakoff écrit : « Parmi les civilisations moins bien organisées, certaines ont exprimé la vie avec réalisme et avec succès, dans la confection de figurines de poterie, mais les grands arts religieux étaient surchargés de symboles ésotériques et estimaient peu les sujets courants. Les fresques de Teotihuacan pourraient nous fournir d'intéressantes données sur l'aspect conventionnel de la religion mexicaine, si nous pouvions interpréter leurs symboles, mais leurs scènes, les divinités qui y sont représentées, les monstres mythologiques et les hommes placés dans un décor fantastique autorisent peu de commentaires sur la vie réelle. Nous ne pouvons les apprécier que comme motifs décoratifs et faire des hypothèses sur leur signification... Mis à part leur décoration colorée, leur principal objet est un discours symbolique. »

La sculpture atteignait un plus haut degré de raideur, car la pierre offre beaucoup moins de possibilités comme moyen d'expression. Ainsi il est exact que les grandes traditions artistiques développées par les civilisations précolombiennes ne transmirent guère aux savants modernes que des images et des idées de signification ritualiste. L'art ne fut jamais utilisé pour saisir et transmettre des images de la vie quotidienne, des fêtes, des scènes de la rue et de la chasse, des portraits d'individus ou le drame quotidien de l'homme du peuple. Pour cette raison, les peintures murales de Bonampak offraient un nouvel élément d'appréciation des réalisations artistiques des Mayas : elles représentent une traduction littérale, en forme et en couleur, de faits réels ; nous rencontrons ici pour la première fois les artistes mayas fortement engagés dans des expressions réalistes.

Comparaisons avec l'Occident et l'Orient

Les aspects variés de leur culture : cortèges majestueux, ritualisme, actions de guerre, jugement de captifs, musiciens, sont peints de manière vivante dans un style dépourvu de symboles occultes ou d'ornements décoratifs flamboyants. Sylvanus Morley a déclaré que « certaines figures des fresques de Bonampak présentent un degré de réalisme que l'art n'atteignit en Europe occidentale que plusieurs siècles plus tard ». Cependant Proskouriakoff nous met en garde contre de telles comparaisons, trop avancées en ce qui concerne la Renaissance. « Les peintres mayas, constate-t-elle, ne se souciaient pas de la perspective, des subtilités de la coloration et de l'illusion de la troisième dimension qui domine l'expression artistique de l'Occident à partir du Moyen Âge. Les Mayas ne semblent pas avoir produit d'autres formes que des formes humaines et symboliques, et leurs figures furent toujours peintes strictement de profil. »

« L'art maya, écrit Proskouriakoff, par sa concentration sur un trait rythmique et expressif, par ses observations franches et sans prétention, se rapproche de la réalisation des buts de la peinture orientale. Si on le compare, cependant, à la peinture chinoise, il est extrêmement désavantagé par sa préoccupation de la silhouette et de sa négligence pour toute forme de la nature, hormis celle de la figure humaine. Nous manquons par conséquent dans la peinture maya de la merveilleuse habileté avec laquelle les Chinois transformaient en harmonies le rythme des montagnes et les moindres mouvements des lignes de leurs vêtements. Peut-être que ces omissions si particulières au style maya doivent être cependant considérées, non comme des imperfections, mais comme de la sobriété. Combien il est admirable qu'ils aient pu s'exprimer par de simples traits... »

Méthode des peintres mayas

En restaurant et en reproduisant les fresques, les artistes Tejeda et Caleti rencontrèrent de formidables difficultés techniques. Certaines parties étaient complètement effacées par le délabrement, et les peintures qui avaient subsisté étaient voilées par une couche de chaux déposée dessus par le suintement de l'eau. Comme il était impossible de nettoyer les murs sans endommager les fresques, il fut nécessaire de trouver un produit qui rendrait les dépôts transparents et ferait ressortir tout l'éclat des couleurs sous-jacentes. Après d'assez longues expériences, on découvrit qu'une généreuse application de kérosène produisait l'effet désiré.

En reproduisant les peintures, on essaya de reconstituer la méthode employée à l'origine pour leur exécution. Il apparut que les figures avaient d'abord été dessinées par un trait rouge léger sur les murs de plâtre incolore. Les surfaces mates avaient ensuite été remplies de couleur et les figures retracées et accentuées par un trait noir plus fort. Tejeda et Caleti étaient tous deux d'avis que les premiers traits furent peints alors que le plâtre des murs était encore humide, ce qui réalisait ainsi une véritable technique de la fresque.

Caleti estimait que des brosses de poil animal ou de plumes furent utilisées pour les applications de couleurs sur de grandes surfaces et qu'on se servit de peaux de lapin pour des détails plus précis. Les artistes avaient mis à contribution une palette étendue de couleurs extraites de matières minérales. Le bleu était composé de beidellite pilée. Les rouges et les roses étaient faits d'oxydes de fer. Le jaune était extrait de l'ocre, le brun foncé du bitume ou goudron minéral, et le noir du charbon. Une grande variété de verts fut obtenue en mélangeant du bleu et du jaune en proportions variables.

Travaillant à la lueur des torches sur des échelles et des échafaudages faits de perches liées, les peintres muraux de Bonampak avaient entièrement couvert les murs des trois salles intérieures du Temple des Peintures de profils de prêtres et de nobles aux robes recherchées, de musiciens, de guerriers en armes, de captifs, et de danseurs masqués en cortège, dans une série de tableaux de même

Pages suivantes : combien fantastiques, dans la lueur des lampes, ont dû paraître aux premiers visiteurs de Banampak ces scènes de guerre où dominent les teintes rouges !

genre. Inconsciemment ils avaient en même temps laissé aux futurs archéologues une mine de renseignements, qui, sans cela, seraient inconnus, dissimulés dans les détails minutieux de leurs créations. Des inscriptions hiéroglyphiques indiquaient qu'ils avaient été peints vers la fin du VIIIe siècle.

Depuis leur découverte, l'interprétation des fresques a constitué un champ d'études unique. Il y avait là, pour la première fois, un inappréciable reflet de la vie des Mayas et de leur époque. Les archéologues purent en tirer des données extrêmement précieuses quant aux particularités telles que les instruments de musique, les costumes, les vêtements, les procédés de combat, le rôle des sacrifices humains et la célébration des rites. Finalement la tâche difficile de l'interprétation de toute la série de faits représentés sur les fresques fut entreprise par J. Eric Thompson. De telles reconstitutions reposent inévitablement sur des suppositions, car le sens de nombreux détails ne peut être que deviné et des portions de fresques sont à jamais effacées par la vétusté. Cependant, elles ont apporté une confirmation graphique de beaucoup de choses qui avaient échappé aux déductions antérieures des archéologues.

Une « encyclopédie illustrée »

Nous voyons dépeints sur les murs de la première salle un grand nombre de personnages royaux, y compris le *halach uinic* *, représentés en costume de cérémonie. Autour d'eux, des danseurs escortés de serviteurs revêtent des costumes aux somptueuses garnitures de plumes de quetzal. Sur un panneau inférieur apparaît un groupe de danseurs masqués, accompagnés de musiciens portant des crécelles, un tambour, des trompettes et un sifflet.

Les fresques des murs sud, est et ouest de la salle centrale dépeignent un raid sur une agglomération ennemie. De nombreux guerriers aux corps peints de couleurs éclatantes se ruent sur leurs adversaires avec une fureur aveugle. Sur le mur nord, le butin du combat est représenté : les prisonniers (capturés selon toute présomption à des fins de sacrifice) s'agenouillent devant les nobles mayas victorieux pour attendre la proclamation de leur sort, soit l'esclavage, soit l'exécution rituelle.

Sur les murs de la dernière salle, la cérémonie de supplication finale est représentée, instant de communion suprême avec les dieux portée à son maximum par le précieux don de la vie humaine. L'extase des participants éclate dans le coloris exubérant et les mouvements agités des danseurs richement habillés. Parmi eux se trouve un captif mort,

---

* Ce mot signifie en maya « honnête homme » ; c'était le titre des princes des cités et des chefs de clans.

dont les mains et les pieds sont tenus par des assistants : un prêtre frappe son corps mou avec une espèce de baguette.

L'anthropologue français Jacques Soustelle écrivait récemment : « Bonampak est une espèce d'encyclopédie illustrée d'une cité maya du VIIe siècle ; la cité y revit avec ses cérémonies et ses processions, ses dignitaires compassés et solennels surchargés de lourds ornements de plumes, ses guerriers vêtus de peaux de jaguar. Des scènes pleines de vie ou de violence s'y déploient à côté de gracieux tableaux familliers de la vie quotidienne. Une tranche complète de la société : femmes, enfants, serviteurs, musiciens, chefs militaires, prisonniers mourants, danseurs masqués, c'est ce que ces peintres d'il y a mille trois cents ans ont réussi à peindre sur ces murs oubliés aujourd'hui dans les profondeurs d'une des plus impénétrables jungles du continent... seule une illusion naïve, issue de notre égocentrisme, pouvait nous autoriser à appliquer le mot "primitivisme" à un art porté à sa perfection par des siècles d'efforts, un art qui, comme aucun autre, fut en son temps et en son lieu la création suprême d'une véritable culture. »

Ce fut peut-être avec un sentiment d'urgence que les artistes de Bonampak travaillèrent à perpétuer la grandeur de leur temps. D'un bout à l'autre de l'Empire maya, les événements manifestaient une agitation inquiétante. Proskouriakoff écrit qu'une vague appréhension pénétrait leur sensibilité : « Autant que nous le sachions, ce fut le dernier chapitre éclatant de l'histoire de cette région. Nous voyons Bonampak dans toute sa pompe et ses rites tant soit peu barbares soigneusement dépeints... Il y a une allusion brutale, une simple suggestion dans les scènes dramatiques et dans l'animation du trait qui est étrangère à la sérénité du style maya, d'une tension émotive qui peut avoir fait présager une crise ; mais il n'y a malheureusement pas de suite à ces tableaux... »

L'an 800 de l'ère chrétienne arriva : la vie continua comme auparavant dans les douzaines de cités éparpillées sur les hautes terres au sud ou isolées dans la forêt luxuriante du Peten et la vallée de l'Usumacinta. Cependant les Mayas étaient à la veille d'un bouleversement catastrophique ; leurs magnifiques États-cités n'avaient plus longtemps à vivre.   CH. GALLENKAMP

LE MYSTÈRE DE LA DISPARITION DES CITÉS MAYAS

Il existe en archéologie un certain nombre de véritables « mystères », c'est-à-dire des phénomènes qui restent inexpliqués généralement par manque d'information, mais qu'une accumulation de fouilles et de données nouvelles permet à plus ou moins longue échéance d'éclaircir. Les fins soudaines de certaines civilisations constituent ainsi souvent de véritables mystères dans la mesure où les hypothèses avancées pour

*les expliquer prêtent le flanc à de nombreuses critiques et restent de
ce fait peu satisfaisantes. Ce fut, par exemple, longtemps le cas de
la civilisation minoenne de la Crète : l'hypothèse, finalement démontrée,
de l'explosion du volcan de Théra, semble avoir apporté une solution
à la plupart des problèmes posés par la fin des palais crétois. La fin
soudaine de l'ancien Empire maya est longtemps restée énigmatique,
bien que le texte que nous avons rapporté ici de Diego de Landa,
relativement au déclin des Yucatèques, puisse offrir des éléments de
réflexion pour aider à la solution d'un tel problème.*

*J. Eric Thompson, l'un des plus éminents spécialistes modernes des
Mayas, alors qu'il était attaché à l'Institut Carnegie de Washington,
a proposé il y a une vingtaine d'années, dans un chapitre d'un ouvrage
de base sur les Mayas, une solution qui semble bien définitive au
problème de la fin des cités mayas.*

Le germe de la décadence

On imagine le pays environnant comme une marqueterie de forêts,
d'espaces cultivés et de terres revenant rapidement à la forêt, celle-ci
constituant l'élément dominant, avec, ici et là, les huttes à toit
d'herbe des paysans, groupées par quatre ou cinq dans les clairières,
à l'ombre d'arbres fruitiers, les demeures des prêtres et des
aristocrates s'élevant en bordure des centres cérémoniels. Ceux-ci
pouvaient être déserts un jour, mais remplis, le lendemain, par une
foule venue pour assister à quelque cérémonie ou à un marché. En
venant à l'époque où le maïs réclame moins d'attention, on y aurait
vu, sans doute, de longues théories d'hommes, de femmes et d'enfants
apportant des pierres et de la terre pour agrandir une pyramide, ainsi
que des maçons et des charpentiers affairés à construire des murs
et des escaliers, ou à tailler des linteaux et des poutres pour un
nouveau temple.

Le rythme s'accéléra au cours des VIIe, VIIIe siècles et d'une partie
du IXe ; on éleva de plus en plus d'édifices, on érigea de plus en plus
de stèles. La qualité s'améliora également. Les maçonneries devinrent
plus fines, les édifices plus spacieux, les céramiques plus parfaites,
les stèles plus fouillées. Quant à la sculpture, elle manifesta plus de
sensibilité, plus d'inspiration, puis le style adopta un caractère
flamboyant. Tous les spécialites savent que c'est là un indice signalant
que le style se trouve déjà sur le déclin, que le germe de la décadence
s'est introduit dans l'art et peut-être aussi dans la civilisation qui
lui a donné naissance.

Écroulement des cités

En tout cas, ce fut vrai pour les Mayas. A la fin de cette floraison,
leurs cités avaient pris la couleur des feuillages d'automne, puis les
feuilles commencèrent à tomber. Peu à peu, les activités s'arrêtèrent
dans les diverses villes, on n'érigea plus de stèles, on ne construisit

plus de temples ni d'édifices. Dans quelques cas particuliers, le travail cessa si brusquement que des plates-formes déjà bâties ne reçurent jamais leur couronnement, tandis qu'à Uaxactan on n'achevait même pas les murs du dernier bâtiment. Les dates des dernières stèles nous permettent de situer dans le temps cette cessation de l'effort.

Copan s'arrêta d'ériger des monuments hiéroglyphiques en 800, l'année où Charlemagne fut couronné empereur, à Rome. Quiriga, Piedras Negras et Etzna (au Campêche) l'imitèrent en 810. Tila abandonna en 830, Oxkintok en 849. Tikal et Seibal dédicacèrent leurs ultimes stèles en 869. Uaxactun, Xultun, Xamantun et Chichen Itza continuèrent jusqu'en 889 (peut-être un peu plus longtemps, pour le dernier). La Muñeca, un peu au nord de la frontière entre le Peten et le Campêche, possède une stèle commémorant l'année 909, et c'est sans doute la même date qu'on trouve sur l'ultime stèle de Naranjo. Il est possible qu'une autre, non taillée, à San Lorenzo, près de La Muñeca, en porte une (10.5.0.0.0., dans la notation maya) correspondant à 928. C'est la toute dernière. Cinq ans plus tard, les hordes magyares étaient mises en déroute à Unstrut par l'empereur Henri l'Oiseleur, qui sauvait ainsi la civilisation européenne.

A Palenque, la dernière date relevée est celle de 784 (à part une autre, portée sur une céramique), mais comme elles s'inscrivaient généralement sur le stuc des murs ou des piliers, aujourd'hui détruit, ou non encore dégagé, il est possible que la chronologie puisse être prolongée. A Yaxchilan, on n'est pas arrivé à dater les inscriptions, mais la région Yaxchilan-Bonampak dut rester en activité jusque vers 870.

Un certain nombre des stèles les plus jeunes sont d'un style dégénéré et montrent quelque influence mexicaine (sandale du type toltèque sur la dernière stèle de Seibal ; dieu avec lance et propulseur émergeant d'une sorte de disque solaire, rappelant les gravures toltèques de Chichen Itza, sur la dernière stèle d'Ucanal, deux faits qui sont certainement en rapport avec l'écroulement de ces cités de la période classique).

Migrations vers le nord ?

Pendant longtemps on a cru que, pour une raison ou pour une autre, les Mayas de la zone centrale abandonnèrent leurs villes pour émigrer au nord, dans le Yucatan, et, au sud, dans les hautes terres du Guatemala, où ils établirent leur civilisation qui connut alors une renaissance. Les études archéologiques plus récentes ont démontré que cette thèse était insoutenable : les deux régions furent des centres de culture florissants pendant toute la période classique. On a avancé diverses théories pour expliquer cette cessation d'activité, mais aucune ne semble s'imposer.

Il a été suggéré que les méthodes d'agriculture (défrichage des forêts, culture pendant deux ou trois ans, puis retour de la terre à la forêt en une dizaine d'années) étaient si ruineuses que, avec le temps et l'augmentation de la population, la menace de la famine avait contraint à l'émigration. Or, autour de Quiriga, la terre est très fertile, à cause de fréquentes inondations par la Motagua ; pourtant Quiriga fut une des premières villes à cesser de fonctionner, ce qui ruine cette théorie.

Causes économiques ?

Le défrichement des forêts, a-t-on également avancé, était suivi par des apparitions de l'herbe qui envahissait graduellement le sol, donnant ainsi des savanes ; les Mayas, ne possédant pas de charrues, ni même de bêches (d'ailleurs le manque de profondeur du sol, en certains endroits, eût rendu ces outils inutilisables), ne pouvaient la faire disparaître pour établir leurs cultures. Des agronomes du ministère de l'Agriculture des États-Unis ont proposé cette explication, fortement soutenue par feu mon collègue Sylvanus G. Morley. Elle est adroite, mais je ne suis pas certain qu'on puisse l'admettre.

La pyramide de la société maya imaginée par les archéologues à partir d'éléments contrôlés historiquement. En haut, le souverain, au-dessous le clergé, puis la noblesse et les guerriers. Les deux étages inférieurs sont occupés par les marchands (la bougeoisie) et les paysans et artisans.

L'herbe, c'est exact, envahit les parties de la forêt défrichées si on les préserve contre les arbres et les broussailles pendant plusieurs années, mais les Mayas abandonnaient leurs terres après une ou deux saisons de culture et, dans ce court espace de temps, l'herbe ne pouvait s'établir. Les pistes aménagées dans les forêts pour l'exploitation de l'acajou sont couvertes d'herbe, ai-je observé, mais, quand on les abandonne, la forêt les récupère très rapidement. Il y a quelques années, je me trouvais à Chicchanhua, qui fut une importante ville maya, dans le sud du Quintana Roo, jusqu'à son abandon, en 1852. Pendant qu'elle était habitée, l'herbe devait couvrir la place principale et les rues, comme dans toutes les autres villes maya. Cependant, quand je la visitai, une épaisse forêt la recouvrait entièrement, au point qu'un profane ne pouvait faire la distinction avec la forêt vierge voisine. En fait, il me fallut voir les murs des maisons, puis les ruines de l'église, pour me rendre compte que je traversais ce qui avait été une grande place et des rues. Donc, la forêt remplace rapidement l'herbe, même si celle-ci est établie depuis de nombreuses années, comme c'était le cas pour la place de Chicchanhua.

Le botaniste Lundell a modifié cette théorie, en la restreignant aux régions où le sol est épais, comme dans les savanes du Campêche et celles situées au sud du lac Peten. Ce sont des terres basses et pas très vastes. Le fait qu'on n'y trouve aucun grand site maya, ni dans le voisinage, n'appuie guère la théorie selon laquelle le développement de ces savanes aurait amené la désertion des centres mayas. Il n'existe pas de savanes autour des concentrations de centres cérémoniels du Peten septentrional, ni autour de Quiriga, malgré l'épaisseur du sol, ni le long de l'Usumacinta. Ces savanes, je pense, existaient longtemps avant que la période classique eût atteint son apogée.

Maladies ?

On a également imputé l'abandon des villes à la fièvre jaune ou au paludisme, mais ces deux maladies ont été presque certainement introduites par les Espagnols. L'ankylostome provoque actuellement de sérieux dommages dans cette région, mais, lui aussi, est d'importation postcolombienne. En outre, toutes ces explications impliquent une mort progressive de la civilisation maya, dans une ville après l'autre, alors que les murs à moitié construits d'Uaxactan suggèrent une catastrophe soudaine.

L'erreur fondamentale, à mon avis, a consisté à supposer que toute la région fut abandonnée parce que l'activité avait cessé dans les grands centres cérémoniels. En fait, nous savons qu'il y existait une population considérable au XVIe siècle. La densité était très forte, autour de Copan, au début de l'ère coloniale, et Cortés, en traversant la péninsule, rencontra de très nombreuses agglomérations. Les moines et les soldats des XVIe, XVIIe et XVIIIe siècles signalent l'existence de bien d'autres groupes, quoique la variole et d'autres maladies importées eussent déjà emporté une grande quantité d'habitants. De toute évidence, la population de la zone centrale était considérablement plus faible que 800 ans auparavant, mais il serait inexact de croire que cette vaste région ait pu être vide pendant des siècles. Cette population pouvait résulter d'infiltrations, mais il est plus raisonnable de supposer qu'elle descendait des paysans du ixe siècle.

Révoltes paysannes ?

On peut, sans illogisme, supposer l'existence d'une série de révoltes paysannes còntre la minorité théocratique des prêtres et des nobles, provoquées par des abus dans les demandes de main-d'œuvre ou par la nécessité de nourrir un nombre de non-producteurs sans cesse croissant. Des faits religieux, tels que l'adoption du culte de la planète Vénus par la hiérarchie, peuvent avoir poussé un coin entre les deux groupes, donnant à penser aux paysans que la classe dirigeante ne remplissait plus son rôle principal, consistant à rendre propices les seuls dieux dans lesquels ils eussent foi. Je ne crois guère à une conquête matérielle de la zone centrale mais des invasions idéologiques ont pu se produire, comme semblent l'indiquer les manifestations étrangères constatées sur les ultimes stèles. Sans doute ne pourra-t-on jamais dire si la dégénérescence des arts — qui apparaît seulement dans quelques cités — reflète un affaiblissement moral de la classe dirigeante. Huxley, je crois, a démontré que l'art italien atteignit sa plus grande pureté à une époque où la morale était à son niveau le plus bas. (A notre époque, l'un et l'autre paraissent avoir touché le fond !)

Il est significatif que le culte des stèles semble avoir commencé à s'effondrer à la base de la presqu'île du Yucatan, région la plus facilement accessible aux idées révolutionnaires ou peut-être, aux armées des peuples non mayas ou à celles des Mayas non conformistes des hautes terres, et que son dernier bastion se trouva dans la région la plus reculée du Peten septentrional et du Campêche méridional. Autour de Comitan, dans les hautes terres du Chiapas, qui fut certainement un avant-poste du culte des stèles à la frontière de l'empire hiérarchique, on continua à en élever jusqu'au milieu du ixe siècle, et il y eut un autre point de résistance dans la vallée moyenne de l'Usumacinta. Mais toutes sortes de circonstances locales peuvent avoir été à l'œuvre, comme elles expliquent la répartition actuelle des royaumes dans l'Europe moderne.

Théorie des États-cités

La progressivité de l'écroulement à travers toute la zone s'inscrit contre l'existence d'une forte autorité centrale et parle en faveur de la théorie des États-cités. A mon avis, quoique je ne le soutiendrais pas mordicus, le groupe dirigeant fut chassé, ou, plus probablement massacré par les paysans dans chaque ville l'une après l'autre, le pouvoir passant aux chefs de ceux-ci et aux sorciers des petites villes. Le programme de construction et l'érection des stèles cessèrent brutalement, mais le peuple continua à fréquenter les centres cérémoniels pour certains services religieux et pour les marchés, tandis que les édifices, non entretenus, tombaient graduellement en ruine. La végétation se mit alors à envahir les cours et les terrasses ainsi qu'à couronner les toits.

Ces vues trouvent certaines confirmations. A Uaxactun, les fouilles ont révélé que les sépultures se poursuivirent dans la ville, après l'abandon des édifices. On enterra un corps dans les décombres d'une chambre écroulée, un autre se trouve dans un amas de gravats, au coin d'une cour, un troisième (celui d'un enfant) gisait sur une estrade ou un banc, parmi quelques pierres et beaucoup de bois carbonisé, recouvert par des gravats du toit. En deux cas, les crânes étaient déformés, signe que les sépultures dataient d'avant l'ère colombienne. Dans la bouche de l'enfant, il y avait deux perles et une plaque en jade (coutume très répandue à la période américaine moyenne). Les sacrifices d'enfants étant fréquents, la présence de ce jade et du bois carbonisé suggère fortement qu'il fut amené dans cette pièce pour y être sacrifié. On a découvert d'autres sépultures effectuées dans des chambres effondrées, en d'autres sites, notamment à Copan, avec des céramiques datant d'après la période classique.

Poursuite de l'occupation des sites

Lorsque les édifices commencèrent à s'écrouler, les portes se trouvèrent bloquées, et on découvre des détritus contenant des morceaux de poterie et des ossements au-dessus de minces couches de débris provenant des murs et des voûtes. Des fuseaux, aux formes inconnues à la période classique, se rencontrent à Uaxactun et à San José, dans de fins dépôts de détritus, au-dessus des derniers parquets. On a découvert un arc sur le parquet d'une pièce d'Uaxactun, à plus de 2 mètres en dessous d'une muraille écroulée.

Ces faits indiquent que les sites furent visités après leur abandon, que des tentatives maladroites furent faites pour les maintenir en service en bloquant les portes ouvertes, et qu'on utilisa probablement les édifices pour des sacrifices humains. On peut, assez justement, je crois, attribuer ces activités à la population paysanne après le massacre ou l'expulsion de la classe dirigeante. Les jades constituaient sans doute le butin, car les paysans ne pouvaient posséder d'objet aussi précieux. La maçonnerie très primitive d'une des portes bloquées à Uaxactun suggère que le travail fut accompli après que le dernier des maçons opérant pour la classe dirigeante eut rejoint ses camarades.

A Piedras Negras, une magnifique estrade a été délibérément détruite et écrasée. On peut y voir l'œuvre d'envahisseurs mais aussi, et mieux encore, un acte de vengeance ou de malveillance de la part des paysans révoltés, cette estrade étant le siège de l'autorité détestée — une prise de la Bastille en quelque sorte ! Le dommage peut être également plus récent et attribuable à une crainte superstitieuse. Les Mayas modernes croient que les stèles, les brûleurs d'encens portant des figures humaines, et d'autres reliques du passé, abritent des esprits méchants qui s'animent à la nuit, apportant la maladie et la mort, et ils les détruisent fréquemment, par peur (les magnifiques peintures murales de Santa Rita, au nord du Honduras britannique, furent détruites par les Indiens, probablement pour cette raison, dès qu'elles furent découvertes et avant qu'on eût pu en prendre la copie complète). Cependant, le fait que les images de dieux des stèles de Piedras Negras n'aient pas été semblablement détruites indique peut-être que les dommages infligés au trône provinrent non d'envahisseurs ou d'Indiens superstitieux, mais de paysans révoltés qui s'attaquèrent aux symboles de leur servitude, mais respectèrent les représentations de leurs dieux. J. E. S. THOMPSON

Vase toltèque zoomorphe en forme de jaguar ou puma. (Musée national de Mexico.)

Chapitre IV

CITÉS
DES ANDES

L'actuel territoire du Pérou recouvre la plus grande partie de l'aire sur laquelle se sont développées les hautes civilisations de l'Amérique du Sud. Ces civilisations, dont l'Empire inca apparaît comme l'héritier, ont fleuri soit dans la Cordillère des Andes même où des villes comme Cuzco se trouvent à plus de 3 500 mètres d'altitude, soit au pied des montagnes, vers la côte du Pacifique.

Comme le Mexique, le Pérou a tout d'abord eu ses chroniqueurs, puis ses voyageurs archéologues et, assez tardivement, ses premiers fouilleurs. Le premier chroniqueur, Cieza de Léon, est un soldat qui avait parcouru tout le pays et qui, en 1541, entreprit d'écrire une Chronique du Pérou *(Cronica del Peru). Installé à Cuzco en 1550, il y rencontra un descendant de la maison royale inca dont il utilisa largement le témoignage. Il y traite plus particulièrement de l'histoire des Incas et de la société des Quichuas, l'un des grands peuples andins qui a constitué le noyau de l'Empire inca. Le second grand chroniqueur, Garcilasso de la Vega, espagnol par son père, descendait par sa mère, Isabella Chimpu Occllo, de l'Inca Capac Yupanqui, fondateur de l'Empire inca qui a régné de 1438 à 1471. Né en 1539 à Cuzco, il écrivit dans les premières années du XVIIe siècle des* Commentaires royaux *sur l'origine et l'histoire des Incas, qui furent publiés à Lisbonne en 1609. Ce sont là les deux principales sources relatives aux Incas et aux populations qui les ont précédés, cependant que les historiens mineurs restent fort nombreux aux XVIIe et XVIIIe siècles.*

Les premiers voyageurs archéologues furent le Français Francis de Castelnau et l'Anglais sir Clements Markham. Le premier effectua une expédition dans les Andes centrales dont il publia les résultats en 1854 tandis que le second, qui s'imposa comme un excellent historien des Incas, effectua un voyage archéologique à Cuzco dont il rendit compte dans un ouvrage publié en 1856. Le premier à avoir effectué des fouilles d'un caractère plus ou moins scientifique et à avoir révélé

Cette statue monolithique, d'un style primitif, est attribuée à la civilisation de Recuay qui se développa dans les Andes Blanches (au centre du Pérou) au cours des Ve-VIIIe siècles de notre ère. Elle est contemporaine des grandes cultures préhistoriques des Andes, comme celle de Tiahuanaco.

au public français quelques-uns des grands sites péruviens est le Français Charles Wiener qui prospecta ces régions en 1877 et 1878. C'est lui qui va nous servir de guide au cours de plusieurs étapes de ce chapitre.

LA NÉCROPOLE D'ANCON

Le premier site qu'explora Wiener fut celui d'Ancon, au nord de Lima, sur la côte péruvienne. Ce site, appelé parfois El Lancon, fut reconnu pour la première fois par des Européens en 1533. C'étaient des Espagnols envoyés dans ces régions côtières par Pizarro afin d'y chercher un lieu favorable à l'établissement d'un port. Finalement, la baie de Callao fut préférée à celle d'Ancon. La nécropole d'Ancon était déjà connue à l'époque de Wiener, à la suite de nombreuses fouilles anarchiques et plus ou moins clandestines qui y avaient été amorcées.

Wiener, comme on pourra le voir, n'y entreprit que de modestes travaux. Wilhelm Reiss et Alphons Stübel effectuèrent plus tard des fouilles d'envergure, publiées à Berlin entre 1880 et 1887.

Les trouvailles d'Ancon

A Lima, M. le comte Ludovic d'Aubigny, secrétaire à la légation de France, m'introduisit très gracieusement chez les principaux collectionneurs d'antiquités nationales : M. le docteur Macedo et M. Miceno Espantoso ; je visitai l'admirable musée de M. Antonio Raimondi. Partout je vis des objets d'Ancon. Je remarquai bientôt que cet endroit défrayait la conversation dès qu'elle s'élevait dans les domaines de la science.

Un de nos compatriotes, archéologue d'aventure, se distinguait particulièrement par les théories surprenantes dont il inondait la société savante de Lima à propos d'Ancon, en lançant avec un sérieux imperturbable des axiomes comme celui-ci :

Ancon et Chancay (petite ville à 4 lieues au nord d'Ancon) rappellent sur les bords est du Pacifique, Hongkong et Shangaï sur les bords ouest ! Ces analogies de noms séduisent le populaire * : aussi se préoccupait-on peu dans ces théories étonnantes qu'Ancon est un mot espagnol signifiant baie, qu'il y a quatre ou cinq hameaux

---

* Cette théorie est d'autant plus curieuse que la ville de Chancay n'a été fondée qu'en 1563, à 14 lieues au nord de Lima, par ordre du comte de Nieve qui en voulut faire le siège de l'université, ce qui n'eut pas lieu (voy. Cosme Bueno, *Ephemeride del año* 1764). Vingt-trois ans plus tard, S. Perez de Torres cite la jeune cité qu'il traverse en se rendant de Huarmey à Lima. Ajoutons, à ce propos, les renseignements suivants : dans le voyage de D. Jorje Juan et D. Antonio de Ulloa, 1740, on trouve dans les observations astronomiques du premier la latitude erronée de 11° 52' 53". Celle que donne la relation de voyage d'Ulloa est plus exacte : 11° 33' 47". Ces auteurs parlent de Chancay comme d'un pays fertile produisant beaucoup de maïs. Il en est encore ainsi aujourd'hui ; toute cette contrée jusqu'à Huaura est fameuse pour sa bière de maïs (chicha). (Note de l'auteur.)

appelés Chancay dans l'intérieur du Pérou, que Hongkong existe seulement depuis la guerre d'opium *.

Un jour M. Quesnel, honorable négociant à Lima, trouva près d'Ancon un beau vase en verre de la Renaissance italienne ; cet objet avait été très certainement donné à sa belle indienne par quelque *conquistador* amoureux. Aussitôt de nouvelles théories virent le jour sur le pays d'Ophir et sur les *migrations phéniciennes*, les races rouges en Amérique.

Je ne saurais relater ici les fantaisies qui, avec des prétentions scientifiques, ont vu le jour sur Ancon.

J'éprouvai le vif désir de voir par moi-même cette nécropole dont on parlait tant. Je fis cette première excursion en compagnie de M. Duplessis, attaché à notre légation de Lima. Au lieu d'aller à Ancon par le chemin de fer, nous prîmes des chevaux et passâmes à la droite du chemin dans la chaîne de collines qui s'étend depuis Infantas et Tambuinga jusqu'à un kilomètre de la plage.

Nous trouvâmes sur notre route beaucoup de vestiges anciens, des murs qui dépassaient les sables de 30 à 50 centimètres, et notamment les traces d'un mur de circonvallation qui avait été élevé sur la crête des collines, enfermant ainsi la plage d'Ancon dans une sorte d'amphithéâtre.

Nous passâmes, près de ce rempart, une mauvaise nuit. Sans guide, et croyant que nous arriverions à bon port en une journée, nous ne nous étions munis ni de couvertures ni de provisions. Aussi, sans abri et l'estomac creux, nous eûmes à surveiller les bêtes à tour de rôle, et ce n'est que le lendemain soir que nous atteignîmes, très fatigués, le but du voyage.

La descente des collines est assez difficile, et, n'eût été le magnifique spectacle de cette mer, toujours et partout belle et vivante, nous nous serions laissés aller à l'impression d'un pénible désenchantement. Ancon présente l'aspect morne de tout désert ; le sable incolore couvre comme un linceul la nécropole antique.

La petite ville moderne, autrefois un hameau de pêcheurs, était devenue, depuis un caprice à la Louis XIV du président Balta, le Versailles de Lima. Aussi n'y a-t-il pas plus de différence entre Ancon et Versailles qu'il n'y en avait entre le « grand roi » et le colonel péruvien.

Les maisons de cette ville de plaisance sont en bois, les trottoirs en planches ; dans la chapelle, on moud les chants sacrés sur un orgue de barbarie ; le marché est en fonte, quatre fois plus grand et cent fois plus beau que la villa présidentielle ; il n'a qu'un défaut, celui de n'avoir jamais servi de rien à personne ; ce qui est dommage, car il doit avoir coûté beaucoup d'argent aux contribuables. Le chemin de fer qui passe par là suit le bord de la mer jusqu'à Chancay, à 8 lieues de Lima. En coupant une dune qui se trouvait dans le tracé

---

* La guerre de l'opium, au cours de laquelle les Anglais de la Compagnie des Indes occidentales, installés à Macao, se réfugièrent dans l'île de Hong-Kong, où ils fondèrent la ville, date de 1839-1842.

des ingénieurs, les terrassiers mirent au jour quelques tombes des anciens Indiens.

Les descendants des conquistadores sont toujours restés fouilleurs, ils rêvent volontiers trésors cachés et lingots d'or. Ils poursuivirent le filon découvert par hasard, et, en peu de temps, il se trouva à Ancon une véritable colonie de chercheurs.

Lorsqu'en 1876 j'arrivai sur les lieux, plus d'un millier de tombes avaient été *exploitées,* et les collections, à Lima, comptaient d'innombrables objets de cette provenance. Des propriétaires de cette ville, comme MM. Larañaga, Quesnel et d'autres, passent, à défaut de cafés ou de casinos, leurs dimanches sur le champ de fouilles.

Des lambeaux de momies

Rien de plus répugnant que l'aspect de cette nécropole : des centaines de lambeaux de momies, ici une jambe, là un bras, là un thorax, une tête couverte de cheveux, une mâchoire ; et ces débris humains, les uns assez bien conservés, les autres jaunis, d'autres encore à l'état de squelettes blanchis au bord des fosses béantes, sont jonchés au milieu de la poterie cassée ; plus loin, des linceuls déchirés et des vêtements pourris : quel tableau repoussant !

On a beau n'avoir aucun préjugé, venir d'une société qui, dans des salons dorés, parle bataille, archéologie, anatomie et scènes de la morgue, il est impossible de se défendre d'un mouvement de dégoût et d'horreur quand, pour la première fois, on se trouve placé ainsi en face d'une réalité plus hideuse qu'intéressante.

Cependant j'étais venu au Pérou pour faire des recherches archéologiques, je devais donc entreprendre des fouilles là où j'avais des chances de rencontrer quelque document précieux pour l'histoire du passé de ces régions. Je louai six ouvriers et, dès le lendemain de mon arrivée, nous nous mîmes à la besogne. On se sert de sondes pour découvrir les tombes. Lorsque l'instrument rencontre de la résistance, on n'a qu'à quitter l'endroit ; lorsqu'il pénètre facilement dans le terrain, on se trouve, selon toute probabilité, au-dessus d'une sépulture.

Le premier jour, nous mîmes trois puits funéraires à découvert.

Les fouilles sont un jeu de hasard, et, en dehors des préoccupations scientifiques, elles font éprouver à ceux qui s'y adonnent des émotions singulièrement violentes.

Lorsque le sable qui remplit la tombe se déblaie, lorsque le sac contenant la momie apparaît, lorsqu'on rencontre le crâne jauni du mort, on est saisi d'une sorte de fièvre. Que de fois le fouilleur saute dans la fosse ; que de fois il gratte de ses ongles le sol dans lequel des vases, des armes ou des momies, sont pour ainsi dire incrustés ; que de fois, sous le soleil d'été des tropiques, aveuglé par des nuées de sable mouvant et asphyxié par les odeurs ammoniacales des momies, il passe des journées à cette triste besogne !

Le novice se fait vite à ce lugubre milieu, et le viol dont ces sépultures sont l'objet lui devient bientôt indifférent, si indifférent,

Voici les momies d'Ancon dessinées par D. Lancelot pour accompagner le texte de Wiener.

que plus tard il lui faut des efforts de mémoire pour bien se rappeler ses premières impressions à l'aspect de ces nécropoles, impressions non seulement modifiées par la suite, mais complètement effacées, comme si elles n'avaient jamais existé. Mes premières fouilles durèrent six jours ; la forte somme que j'avais dépensée pendant cette semaine me fit paraître nécessaire d'arrêter ces travaux et de m'en retourner à Lima.

La flotte française des mers du Sud

A ce moment, le contre-amiral Périgot, commandant la flotte française des mers du Sud, se trouva à l'ancre au Callao, portant son pavillon sur un admirable cuirassé de seconde classe, le *La Galissonnière.*

Le *Dayot*, le *Volta*, avisos, et le *Seignelay*, croiseur, étaient réunis dans le même port. Nos jeunes officiers de marine, qui promenaient leurs brillants uniformes dans les rues de Lima et s'y faisaient remarquer autant par leur élégance que par leur bonne humeur intarissable, m'accueillirent très cordialement et m'entraînèrent dans leur joyeuse compagnie. Je leur racontai les résultats de mes premières fouilles et les regrets que j'éprouvais d'avoir dû les cesser si tôt, faute de ressources. Ils furent tous d'accord pour m'engager à entretenir l'amiral de la situation dans laquelle je me trouvais. L'amiral, fort bienveillant, me prêterait sans doute des hommes, et il y aurait ainsi moyen de continuer les travaux interrompus.

J'hésitai tout d'abord à faire cette démarche ; je me rendis pourtant à bord et j'y fus reçu très gracieusement par l'amiral Périgot, qui prit le plus vif intérêt à mes travaux, m'interrogea sur les fouilles que j'avais déjà accomplies et sur celles qu'on pourrait encore faire utilement. Enhardi par sa bienveillance, je lui exposai ma situation financière, l'ennui qui en résultait pour ma mission, le dommage que cet état de choses portait aux collections françaises. Je lui racontai les résultats remarquables que les Allemands MM. Reiss et Stübel avaient obtenus pendant leur belle mission dans l'Équateur et au Pérou. Je lui citai notamment la richesse des collections qu'ils avaient recueillies à Ancon même, collections destinées à des musées allemands auxquels M. Bastian, président de la Société de géographie de Berlin, avait également procuré des objets archéologiques fort remarquables, obtenus par des achats ou des dons pendant une promenade archéologique effectuée sur la côte du Pérou peu de semaines avant mon arrivée. Je lui montrai toutes ces richesses au-delà du Rhin et nos musées dépourvus de ces spécimens curieux du passé américain.

« Voulez-vous des marins pour continuer vos fouilles ? me dit le chef de notre escadre.

— Oui, mon amiral.

— Eh bien, apportez-moi un ordre du ministère *de gobierno* déclarant que nos marins ne seront importunés par personne à terre, et nous irons à Ancon ; vous aurez des hommes et vous continuerez vos fouilles. »

Deux jours après, j'étais de retour à bord, muni d'un ordre signé du ministre *de gobierno*, et, quelques heures plus tard, toute l'escadre fit voile pour Ancon. L'état-major entier avait accueilli avec une bonne volonté charmante cette station archéologique. On me promit un concours efficace ; et l'amiral voulut bien choisir parmi cette élite de notre armée une élite encore, qui devait faire avec moi la fatigante corvée.

La baie d'Ancon n'avait pas été sondée depuis longtemps. Les officiers hydrographes allaient la relever à nouveau, de sorte que toute cette excursion avait un caractère scientifique.

Le lendemain de notre arrivée, à quatre heures et demie du matin, je partis à terre avec une chaloupe et vingt hommes.

Nous étions encore en été, le soleil était brûlant, et le métier, je l'ai dit, vraiment effroyable. Nous revînmes le soir, vers six heures, exténués de fatigue et chargés de nos trouvailles ; pendant douze jours, nous continuâmes ainsi sans trêve ni répit.

Le docteur Manceau et le lieutenant de vaisseau Pujot étaient mes compagnons infatigables. Au milieu de cette besogne sans nom je ne pus m'empêcher de rester comme stupéfait de la valeur et du dévouement de nos hommes et particulièrement d'un quartier-maître du nom de Fahlin. Ces braves étaient comme moi, comme les officiers du bord, pris d'un enthousiasme qui leur fit supporter la chaleur, la poussière, l'odeur asphyxiante, tout enfin, avec une sorte de joie âpre. Lorsqu'on mettait un tombeau à découvert, c'étaient des cris de satisfaction, je dirais presque de triomphe ; et les pelletées de terre volaient hors du puits, et le caveau se creusait et le sable s'amoncelait en bastion au bord de la fosse, et les momies apparaissaient et venaient se ranger en ligne au milieu des débris de leur industrie.

Des trouvailles qui se font attendre

Le cinquième jour nous entreprîmes le déblaiement d'un tombeau énorme dont les murs d'enceinte rapidement mis à découvert nous laissèrent voir un quadrilatère de 2 mètres de long sur 6 mètres de large.

Nous eûmes tout d'abord beaucoup de peine à pénétrer dans l'intérieur. Recouverte de grosses poutres maintenues par de la *caña brava*, la toiture résista longtemps à nos instruments, et il nous fallut de grands efforts pour la démolir. Au bout de deux jours, nous étions à 6 mètres au-dessus du toit et à 9 mètres au-dessous du niveau de la dune. Nous n'avions encore trouvé aucune momie, aucun menu objet d'antiquité. Ce jour-là, nous rentrâmes à bord découragés ; nous commençâmes à craindre que le caveau n'eût pas reçu les corps auxquels il avait été destiné. Cependant le lendemain je fis recommencer le travail, donnant aux hommes le courage et l'espoir que je perdais un peu pour mon compte.

Ajoutez à cela le scepticisme qui s'emparait de tous autour de nous. Les officiers de l'escadre qui nous avaient fait visite dans le courant de la matinée s'en étaient allés en haussant les épaules après avoir jeté un regard de curiosité dédaigneuse dans le trou béant. Vers midi l'amiral vint à son tour. Nous avions alors extrait du puits plus de 620 mètres cubes de terre, nous étions à 11 mètres au-dessous du niveau.

Il m'adressa quelques paroles d'encouragement, mais je compris qu'il n'augurait pas bien de ce grand effort. Je ne désespérai pas ; les murs d'enceinte étaient en bon état, il me parut impossible que cet imposant mausolée eût été terminé sans être utilisé. A la fin, la nervosité générale me gagnait comme les autres. Les hommes étaient méconnaissables ; nous étions tous noirs de la poussière qui se mêlait à la sueur. Vers trois heures apparaissent quelques lambeaux d'étoffe. On reprend avec verve, l'activité redouble : c'est de l'acharnement. Bientôt à la terre se mêlent des fragments d'os humains. Alors on jette là pelles et pioches ; c'est avec les mains qu'on déblaie et que l'on creuse. Vers six heures, nous abordons à l'escalier du *La Galissonnière* rapportant treize vases admirables, onze feuilles de coca en argent, deux feuilles en or et trois grands vases en or, pesant près d'un kilogramme, travail d'orfèvrerie d'une technique remarquable ; un des vases est couvert de dessins en repoussé.

On nous entoure, on nous félicite. L'amiral me serre la main avec cordialité. Je le remercie au nom de cette science à peine connue, de cette histoire qui manque de documents, de cette race inconnue et méconnue. Il souriait un peu de mon enthousiasme qu'il sentit pourtant être sincère et me dit avec cette franche et loyale bonhomie qui lui seyait si bien : « Eh bien, quoi ! c'est à recommencer à la première occasion. »

Deux jours plus tard, l'amiral fit voile pour San Francisco, mais il eut la bonté de laisser le *Dayot* en rade à Ancon, et les fouilles continuèrent avec l'équipage de cet aviso pendant cinq jours. Nous fûmes continuellement heureux et, lorsque nous revînmes au Callao, nous n'avions pas moins de quatorze caisses remplies d'objets curieux qui s'en allèrent à Tahiti, à bord du *Limier*, d'où ils sont venus en France par le *Loire*. Depuis lors, l'intérêt que Ancon avait excité à Lima s'est un peu emparé des savants français, de sorte qu'il ne sera pas inutile de dire deux mots à ce propos.

On parle des *ruines d'Ancon*, mais le terme de *ruines* présente au lecteur une foule d'idées que ne justifie nullement ce point archéologique. Il n'y existe pas un pan de mur dépassant le niveau du sol ; c'est un cimetière souterrain. En fouillant avec les hommes du *La Galissonnière* nous mîmes à découvert des murs qui ne font certainement pas partie des mausolées, mais qui semblent avoir été des murs de soutènement de dunes destinées à recevoir des morts. Il n'y a donc d'autres vestiges que des sépultures, et, celles-ci étant intactes, Ancon doit être considéré seulement comme une nécropole.

CH. WIENER

FOUILLES
DE PACHACAMAC

Le second site auquel s'attaque Wiener est Pachacamac, situé aussi dans les régions côtières du Pérou. Wiener croyait d'époque inca la ville qui, en réalité, fut la capitale d'un petit État, lequel fut au Xe ou XIe siècle englobé dans l'empire des Yuncas, population venue du nord, et appartenant sans doute au peuple Chibcha. Les Chibchas constituent la population principale de la Colombie et de l'Équateur et c'est à eux que se réfère le mythe de l'Eldorado. Pachacamac était célèbre pour un temple oraculaire qui continua d'être fréquenté à l'époque inca. Il fut pillé et détruit en 1533 par les Espagnols envoyés par Pizarro vers la côte.

Le site fut fouillé scientifiquement au début de notre siècle par Max Uhle, un philologue allemand, qui découvrit sa vocation d'américaniste à la suite d'une rencontre, à Dresde, avec Alphons Stübel, le fouilleur d'Ancon, et qui passa une trentaine d'années en Amérique du Sud : il est l'un des fondateurs de l'archéologie péruvienne.

Francisco Pizarro

La soif de l'or conduisait la plupart des conquistadores espagnols, passion si violente qu'elle surprit puis choqua les Indiens qui en arrivèrent à couler de l'or dans la bouche de leurs captifs espagnols. A cette passion s'ajoutaient souvent la cruauté et un fanatisme religieux de circonstance, qui épouvantèrent un homme véritablement religieux comme Las Casas. A ces trois caractères Pizarro unit en supplément la perfidie. Né vers 1475 dans une famille obscure, il fut porcher avant de s'embarquer pour le Nouveau Monde : en 1510 il arrive à Hispaniola (Haïti) et en 1513 il se trouve dans la petite troupe qui accompagne Balboa lors de son expédition à travers Panama qui va le conduire à découvrir le Pacifique que Balboa appelle « Mer du Sud ». C'est là qu'il apprend l'existence d'un puissant et riche empire que les Espagnols connaîtront sous le nom de Pérou, qui est celui d'une rivière du pays. En 1524 Pizarro s'embarque avec Diego de Almagro et une centaine d'hommes sur un seul vaisseau. Il reconnaît les côtes de la Colombie jusqu'à l'Ecuador, puis rentre à Panama d'où il part à nouveau deux ans plus tard avec Almagro, mais nanti d'une mission officielle : expédition, à nouveau, de pillage et de reconnaissance.

Rentré en Espagne, il reçoit en 1529 de Charles Quint lui-même mission de conquérir le Pérou : il y débarque enfin en 1532 avec 170 hommes à cheval et trois arquebuses. Une querelle de succession entre l'Inca Atahualpa et son frère aîné favorise les projets de Pizarro qui parvient le 15 novembre à proximité du camp d'Atahualpa. Ce dernier, peut-être dans l'espoir de s'attacher les Espagnols, accepta de leur rendre visite dans leur camp. Là, un prêtre qui accompagnait Pizarro voulut obliger l'Inca à se convertir en lui montrant une Bible ; l'Inca la porta à son oreille et n'entendant aucun son, il la jeta au sol ; aussitôt accusé de sacrilège il est emprisonné. Afin de se libérer il promet une immense rançon ; ainsi fait-il remplir une salle d'objets d'or ; éblouis par tant de richesses, au lieu de libérer leur captif, les Espagnols le jugèrent, le condamnèrent, l'étranglèrent et brûlèrent son corps ! Ils ajoutèrent à cela l'abjection en prenant le deuil de leur victime. Les Indiens furent alors soumis et à la fin de 1533 l'Empire inca n'existait plus. Aussitôt les Espagnols se disputèrent les dépouilles des malheureux vaincus. Pizarro mit à mort Almagro en 1538 et fut assassiné trois ans plus tard par des anciens soldats d'Almagro.

Une urbanisation élaborée

Dès qu'on entre à Pachacamac, on comprend que l'on n'est point en présence d'une ville bâtie au hasard. Ce ne sont point là des rues qui tantôt s'élargissent, tantôt se resserrent au gré de l'individu. Ce ne sont pas ces places irrégulières que l'on rencontre partout dans le vieux monde. Le jour où, sous l'Inca, on posait la première pierre d'un édifice sur un emplacement destiné à une ville, le plan général en était tracé d'avance.

Sur la montagne la plus élevée des domaines de Pachacamac, du haut de laquelle on domine d'un côté la mer et de l'autre la plaine, le fondateur a placé le temple du Soleil, puis il a transformé la montagne en un monument architectural ; des travaux de terrassement, dont un certain nombre ont conservé leurs parements, lui ont donné les formes régulières qui caractérisent l'œuvre de l'homme.

Sur les autres mamelons s'élèvent les ruines de monuments publics, car il est évident que ces vastes constructions ne peuvent avoir été habitées par des particuliers.

Elles aussi s'étagent en terrasses ; les versants des monticules présentent ainsi des formes parfaitement régulières ; la base en devient rectangulaire, et les côtés, parallèles aux constructions qui se trouvent dans les bas-fonds, en sont séparés par des rues, ou, si l'on veut, par des passages de 4 à 5 mètres de large.

Cela était suffisant, les maisons n'ayant que 4 mètres de haut ; il faut rappeler aussi que la locomotion de cette antique société s'effectuait exclusivement à pied.

Ces galeries aboutissent à des cours ou à des places entourées de murs assez élevés.

Un monument isolé des autres attirait surtout mon attention, il avait un cachet original. Les jambages des niches et les portes étaient inclinés ; sur la façade est du palais on remarque des piliers s'élargissant dans la partie supérieure de façon à présenter l'aspect de seins de femme : avant la destruction des têtes, c'étaient des cariatides.

L'océan Pacifique vu du site de Pachacamac. Les restes de murs se trouvent au sommet d'une « pyramide » devenue un temple du Soleil à l'époque pré-inca (XIVᵉ s.).

Malheureusement le génie destructeur qui a passé par là a été si puissant, son œuvre a été si près d'être complète, que, si, à la majesté actuelle de ces monceaux de ruines, il est aisé d'en deviner l'éclat passé, il devient parfois bien difficile aujourd'hui de se faire une idée exacte de l'ancien aspect, de l'économie générale et de la destination particulière des monuments.

Ruines et nécropoles

Cependant on peut distinguer à Pachacamac trois groupes d'édifices : les sanctuaires, la ville proprement dite, et une série de constructions qui, par la simplicité de leur appareil et la grandeur des pièces, indiquent à la fois l'humble condition des habitants et leur grand nombre : c'étaient des hôtelleries.

Les sépultures que j'ai ouvertes à Pachacamac ne contenaient que des momies de pauvres gens enveloppées dans du coton, et ne prenant avec eux, dans la vie éternelle, qu'un peu de maïs dans un maté. Le nombre des momies d'enfants en bas âge excédait du double le nombre des adultes dans les tombes que j'ai fouillées. Le hasard avait porté nos recherches sur des quartiers anciens, et nous en retirâmes peu d'objets en bon état. La majeure partie de nos trouvailles s'émiettait sous nos mains. Je dessinais les objets au fur et à mesure que nous les mettions au jour et même avant d'essayer de les enlever, craignant toujours de perdre irrévocablement l'original, si je venais seulement à le toucher.

Cependant, si la récolte, au point de vue matériel, n'était pas absolument satisfaisante, les fouilles menées à bien me permirent de constater qu'aux trois groupes de ruines correspondaient trois nécropoles distinctes : celle des sanctuaires au sud du grand temple, sur un vaste plateau formant la dernière terrasse qui domine la cité ; celle de la ville sur un plateau isolé, entouré de murs et pourvu de divisions ; celle des hôtelleries enfin à 200 mètres au nord-est des ruines de la plaine, dans les sables. En dehors de ces trois groupes principaux, on trouve une série de mausolées au milieu des ruines, mausolées qui ont été fouillés et démolis depuis longtemps par les Espagnols avides de trésors, et pour la recherche desquels ils avaient abandonné la vieille Europe en jouant si aventureusement leur vie.

Trouvailles archéologiques

Nous avons retrouvé dans des potiches, dans des paniers, dans des courges, dans des sacoches, une série de graines, et il est assez curieux, peut-être unique dans son genre, de mettre ainsi à découvert au XIXe siècle des repas complets servis au XVIe siècle.

A Pachacamac, nous pouvons dire que pour enterrer les morts on se sert généralement du puits et non de la *huaca* formant un tumulus.

Sur trois *huacas* fort petites que nous avons retrouvées, il y a au moins mille puits qui ont été fouillés depuis plus de trois siècles et sur lesquels quelques crânes, recouverts d'une mousse pâle et chétive, quelques tibias poreux, quelques lambeaux de suaires, gisent en indiquant l'emplacement de la tombe vidée. Un grand nombre de puits sont encore ouverts, et l'on en ouvre tous les jours.

J'ai fait fouiller et en partie démolir une *huaca*, et je dois dire que je ne crois pas que ces monuments aient été dès le début tels que nous les voyons aujourd'hui. La *huaca* que j'ai fait démolir était un immense casier à base rectangulaire. Il nous semble que l'on a dû établir la paroi extérieure lorsqu'une couche de morts forçait les constructeurs d'élever le niveau de la ruche mortuaire.

Un certain nombre de puits ressemblent à des *ranchos*. Quatre poteaux ou quatre murs soutiennent la toiture. Il y a deux ou trois poteaux de traverses recouverts d'une toiture en roseaux.

Les puits des pauvres n'ont ni murs ni poteaux. A environ 50 centimètres au-dessous du sol on rencontre un cercle de pierres non dégrossies maintenues par de l'argile. Ce cercle indique les contours de la fosse. Il en existe de rectangulaires à Pachacamac, mais le nombre en est restreint.

Il nous semble, d'après les fouilles que nous avons exécutées, que les morts furent enterrés dans l'une ou dans l'autre des nécropoles indiquées plus haut, selon leur position sociale : sur la terrasse au-dessous du temple, on devait enterrer les grands seigneurs de Pachacamac, les prêtres et les desservants ; dans l'enceinte réservée, les habitants de la ville, et dans les sables les pèlerins si nombreux qui venaient en ces lieux. Cela résulte des différents habillements que nous avons retrouvés en ces divers points, des différents modes d'habiller les morts. Ces différences de détail semblent indiquer certains us et coutumes locaux. Notons le fait qu'à Pachacamac, sur une cinquantaine de momies que nous avons découvertes, nous n'avons trouvé aucune idole, pendant qu'à Ancon, non seulement les adultes, mais encore les enfants, en avaient une et parfois plusieurs. Les paniers contenant des instruments de travail sont pareils à ceux d'Ancon, mais ils n'y étaient guère remplis. Nous avons recueilli en ce point 96 objets, parmi lesquels il faut citer :

Sculptures en bois. — Fusaïoles, 22 ; têtes postiches, 2 ; armes, casse-tête, 6 ; sceptre orné à l'extrémité supérieure d'un Indien accroupi sur une rondelle, le bâton lui-même est évidé sur 16 centimètres de longueur et présente dans cette partie l'aspect de quatre petites colonnades circulaires superposées les unes aux autres (pièce unique).

Travaux en métal. — Épiloirs, 7 ; bagues, 9 ; bracelets en argent, 1, en or, 1, en cuivre repoussé, 3.

Travaux en os. — Flûtes, 2 ; un bracelet en dents humaines ; un collier en corail et un autre en graines de *chirimoyas*.

Tissus, 8, dont 3 d'une remarquable beauté (point de Gobelins) attachés à des roseaux semblables à de petits drapeaux. Les momies étaient en mauvais état.

CH. WIENER

CHAVIN :
UN SANCTUAIRE MYSTÉRIEUX

Le « Castillo » (château) de Chavin de Huantar, au nord du Pérou, vers où va nous conduire Wiener, reste encore un monument énigmatique dans la mesure où son époque est tout autant discutée que sa destination réelle. Il semble que ce soit un sanctuaire monumental qui servait de but de pèlerinage, mais on ne possède de cette destination aucune preuve formelle. D'autre part, le monument est généralement daté de la fin de la première moitié du Iᵉʳ millénaire avant notre ère (soit vers 600), mais certains auteurs remontent à 800 avant notre ère sa date de construction, tandis que R. Larco Hoyle, l'un des meilleurs spécialistes de l'archéologie péruvienne, se fondant sur le caractère évolué de l'architecture et des sculptures du monument, le place à l'époque d'apogée de la culture péruvienne, soit plus d'un millénaire plus tard. Il semble cependant, comme le fait le même Larco Hoyle, qu'on ne puisse nier l'existence de ce qu'on est convenu d'appeler un « horizon » de Chavin, c'est-à-dire une période pendant laquelle Chavin semble avoir été le centre de diffusion d'éléments caractéristiques (constitués surtout par des types particuliers de poteries), d'une culture qui se répand à une époque précise sur une partie des régions septentrionales du Pérou. Par ailleurs, la situation stratigraphique de cet horizon, en divers autres sites, autorise à retenir la date du VIᵉ siècle av. J.-C. environ, pour cet horizon. Dès lors, le « Castillo » de Chavin apparaît comme la première manifestation dans les Andes d'une architecture monumentale.

En route vers le « château » de Chavin

Des rochers granitiques énormes s'élevaient, verticaux comme des murs, des deux côtés de cette étroite vallée. Des touffes de verdure sortaient des sombres crevasses. Un rayon de soleil éclairait en partie les gouffres, et, de la route, longeant le pied des masses rocheuses, le regard s'élevait du fond des abîmes vers le bord supérieur, embrassant un spectacle qui était le contraire des vues alpestres de convention.

A côté du sentier, le torrent majestueux écumait sur des blocs gigantesques que les Andes avaient jetés au milieu de son lit, comme pour exciter sa fureur. A entendre ce torrent-cataracte, on aurait dit une mer fouettée par la tempête.

A la moitié du chemin, près d'un endroit appelé Pumachaca, je retrouvai une nouvelle trace du chemin des Incas : elle se dirigeait vers le sud-est pendant que ma route me conduisait vers le sud, à Chavin. Je devais retrouver, quelques jours plus tard, cette même route, et la suivre en droite ligne jusqu'à Huanuco Viejo.

La vallée charmante de Chavin nous apparut vers le soir. Mon muletier m'avait précédé, et les habitants bienveillants du bourg se disputaient l'honneur de m'héberger.

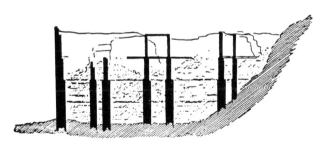

Coupe du castillo *de Chavin de Huantar.*

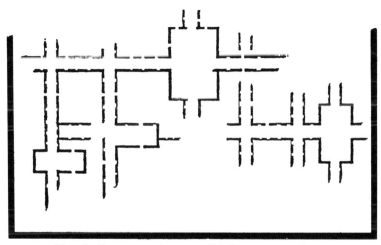

Plan de l'étage supérieur avec l'obélisque aux sculptures.

Plan de l'étage inférieur avec la partie non sculptée de l'obélisque.

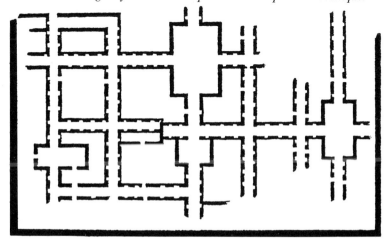

Le castillo *de Chavin de Huantar.*

Embarras de richesse ou bien misère absolue, tel était décidément mon sort pendant toute cette expédition. Malheureusement l'agréable embarras de la richesse était beaucoup plus rare que la misère.

On a beaucoup parlé du château de Chavin, de ses mystérieux souterrains et de ses galeries secrètes. M. Rivero en a donné une description plutôt romanesque et émue que sérieuse et archéologique, dans un passage cité par le célèbre Paz Soldan. Or voici ce que j'y ai vu.

La vallée de Chavin de Huantar présente deux étages. Le plan inférieur se trouve à 11 mètres au-dessus du niveau du Tunguragua ; le plateau supérieur s'élève à 15 mètres.

Ces deux plates-formes, travaillées par les anciens habitants, sont d'une égalité remarquable. Séparées aujourd'hui par une pente rapide, elles ont jadis été soutenues par un mur semblable à ceux que nous avons vus sur les collines à gradins de Tuctubamba, dans des proportions moins considérables. A peu près au milieu de la vallée, qui a environ une lieue de long sur une demi-lieue de large, le rio Mariash, ou *rio del Castillo*, venant des versants de l'ouest, se jette dans le Tunguragua.

Un énigmatique monument

L'ancien *castillo* se trouve à 12 mètres au-dessus de ce torrent ; élevé sur le plan inférieur de la vallée, il s'adosse contre la pente du plan supérieur.

Jadis il doit en avoir dépassé le niveau ; aujourd'hui les étages supérieurs du *castillo* sont tombés, et les constructions se trouvent au niveau de la seconde terrasse. Comme les énormes murs d'enceinte ne sont percés d'aucune fenêtre ni d'aucune porte, l'obscurité la plus complète règne dans l'intérieur de cet édifice, ce qui explique le faux titre de souterrains qu'on leur a donné. Cet intérieur est d'une régularité parfaite. Des couloirs de près de 2 mètres de hauteur sur 0,80 mètre de largeur se croisent à angles droits. Des conduits de 0,40 mètre de hauteur sur autant de largeur établissent des communications entre les couloirs parallèles en dehors des couloirs transversaux.

Des espèces de porte-manteaux en pierre, à d'égales distances au milieu de petites niches, forment la frise de ces galeries construites en schistes assez bien travaillés. Nous avons pu parcourir deux de ces étages. On me dit qu'il en existait cinq. Ce renseignement peut être exact, car il concorde assez avec la hauteur du mur d'enceinte. Cependant il me fut impossible de trouver un endroit faisant soupçonnner une entrée conduisant aux étages inférieurs.

Dans le deuxième carrefour (en entrant du côté sud), un pilier couvert de sculptures, bas-reliefs méplats, soutient le plafond. Le *castillo* se trouvait jadis au milieu d'un jardin à terrasses bordées de canaux en pierre bien taillée.

Les plates-formes étaient entrecoupées d'*acequias*, qui tombaient en cascades d'une terrasse à l'autre entre de grandes têtes en grès.

Le temple dit « El Castillo » à Chavin de Huantar, daté du milieu du Ier millénaire avant notre ère, présente une maçonnerie déjà très élaborée. Son entrée, qu'on voit ici, a été en partie reconstituée.

Ces canaux d'irrigation étaient alimentés par des prises d'eau du rio Mariash, aujourd'hui *rio del Castillo*, qui tombe, furieuse cataracte, du haut d'une roche, et se déverse, à un demi-kilomètre environ au-dessous de la *plaza* de Chavin, dans le Tunguragua. A une centaine de mètres en amont de l'embouchure, un pont ancien, avec un tablier fait de trois monolithes appuyés sur des piliers en forte maçonnnerie, subsiste tout entier.

On se demande après avoir observé, étudié ces monuments, quel peut avoir été le but de ce sombre labyrinthe, de cette maison sans fenêtres, de ces étages sans lumière. Une prison peut-être : cela n'est guère probable. Le luxe d'une pareille construction ne peut avoir été destiné à des criminels ou à des ennemis. Était-ce, comme le dit le nom actuel, un fort ? Rien n'est moins présumable, car nous ne trouvons nulle part les dispositions stratégiques qui caractérisent la forteresse des autochtones. Les accès ne sont défendus par rien ; point de remparts inaccessibles ; le château lui-même, placé dans la vallée profonde, exclut toute préoccupation guerrière. C'était évidemment un temple, et les hiéroglyphes inscrits sur les deux piliers sculptés contiennent des renseignements sur la divinité qu'on y craignait, qu'on y invoquait.

Je passai six jours dans cette vallée. J'en levai le plan, j'en mesurai les monuments anciens, j'en parcourus les galeries sombres, j'en estampai les œuvres sculpturales ; j'y dessinai les poteries que le curé, archéologue amateur, avait retrouvées dans une grotte sur la rive gauche du Tunguragua, à 500 mètres en amont du *castillo*. Puis je sellai ma bonne bête et, conduit par un Indien alerte, confiant mes cantines au curé de Chavin, je me dirigeai sur Recuay, village situé dans l'extrémité sud de la vallée de Santa.

Pour y arriver de Chavin, il faut traverser la Cordillère, qui, en cet endroit, s'élève à 5 070 mètres de hauteur.

Quoique Recuay ne se trouve guère qu'à 10 lieues de Chavin, le voyage devient, par le passage forcé de la *puna brava,* des plus fatigants. Je l'entrepris dans l'espoir de compléter mes renseignements sur le passé de ce point. Le docteur Macedo, de Lima, y avait trouvé une série de poteries n'ayant guère les caractères ordinaires de la céramique péruvienne et présentant, au point de vue historique, les renseignements les plus précieux. Moins heureux que lui, j'ai dû me contenter de douze petits spécimens, jolis sans doute, mais peu importants, avec lesquels je retournai à Chavin par un froid intense et une tempête furieuse.

C. WIENER

Les chulpas

L'Altiplano bolivien et péruvien, en particulier vers les alentours du lac Titicaca, est couvert de monuments en forme de tours, longtemps restés énigmatiques et encore peu connus : les chulpas. Ce sont avant tout des tours funéraires, construites par les Aymaras, Indiens dont les descendants vivent encore dans cette région des Andes à 4 000 mètres d'altitude. Au siècle dernier, les voyageurs archéologues, Squier et Wiener, aussi bien que von Tschüdi dans son *Voyage à travers l'Amérique du Sud,* publié en 1866, ont étudié, voire fouillé certains de ces monuments. Ils avaient déjà intrigué les anciens chroniqueurs qui nous en ont laissé des descriptions ; également on trouve dans leurs ouvrages des gravures précieuses de ces chulpas.

Des études récentes ont permis de mieux connaître ces tours qui ne semblent pas avoir eu uniquement une destination funéraire. Pendant la période pré-inca, entre 1100 et 1450, les premiers chulpas ont une forme d'igloo et sont faits de pierres plates entassées sans art. Si généralement il sont construits en pierre, on en connaît cependant de cette époque qui sont en adobe. L'appareil est ensuite mieux conçu, fait de pierres plus soigneusement taillées ; les monuments épousent alors la forme de tours circulaires avec un toit en « coupole ». A la fin du XVe siècle, lors de la seconde période qui va durer jusqu'à 1550, les tours, circulaires ou même carrées, sont faites dans l'appareil de type cyclopéen caractéristique de l'architecture inca. Tous ces types de structures ont en commun une petite entrée basse, ménagée tout au bas du monument dont l'épaisseur des murs ne laisse libre à l'intérieur qu'une cavité assez exiguë.

La destination funéraire des chulpas est assurée par la présence de momies qu'on y a trouvées. Mais c'étaient aussi des lieux de cultes : Cieza de Léon rapporte que chaque année les Indiens venaient y pratiquer des cérémonies funéraires. Le même auteur assure par ailleurs que lorsqu'on ensevelissait un haut personnage dans un chulpa, on sacrifiait sur sa tombe des lamas, mais aussi des femmes, des enfants et des serviteurs. Enfin, selon certains archéologues, ils auraient encore servi à marquer les limites des territoires ou des propriétés contrôlés par de grandes familles.

UNE CITÉ GUERRIÈRE :
CHAN CHAN

Si l'on excepte les cités incas en pierre, Chan Chan, au nord du Pérou, est la ville précolombienne des Andes la plus vaste et la mieux conservée, bien que tous ses monuments soient faits en adobe, de la boue séchée mêlée de paille. Capitale du royaume guerrier des Chimú, les Espagnols l'appelaient « el gran Chimú » (le grand Chimú).

Voici la description qu'en donne Wiener : « La ville subsiste encore en grande partie, établie sur trois terrasses dont la plus élevée, celle du nord, domine de 13 mètres la seconde et de 28 mètres la troisième. Le grand palais de Chimú, avec ses vastes galeries aux murs ornés de bas-reliefs, peints de fresques, se trouve sur la première terrasse.

Ce chulpa en forme de tour cylindrique est construit dans un très bel appareil qui le situe à l'apogée de l'époque inca. C'est le chulpa de Sillustani, près de Puno, au voisinage du lac Titicaca (Pérou).

On dirait que les anciens ont craint les grandes agglomérations d'habitations : aussi de vastes cours ou jardins s'étendent entre les groupes de constructions qui couvrent les deux autres gradins, préoccupation sanitaire sans doute, car la grande nécropole est située à 15 mètres plus bas que le gradin inférieur. Immédiatement au-dessous du grand palais s'élèvent des maisons, peut-être des temples, aux murs décorés de couleurs éclatantes. Des maisons, petites et régulières, sont groupées par quartiers, tantôt autour de vastes cours et tantôt alignées parallèlement dans de vastes enceintes formant les rues de petites cités au milieu de la ville. Dans la partie est, on aperçoit une vaste place avec des quartiers, des loges, puis une autre entourée d'un mur de

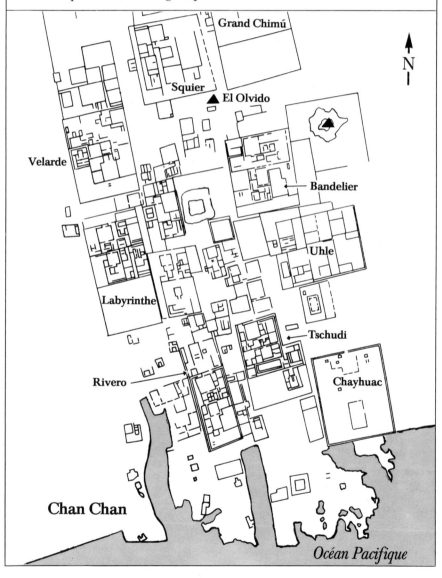

9 mètres de haut. Une moitié de cette cour est surélevée d'un mètre au-dessus de l'autre, et dans le centre subsiste un terre-plein, peut-être l'autel de ce sanctuaire à ciel ouvert. Aux deux bouts de la cité s'étendent des labyrinthes. Aujourd'hui, il est facile de se rendre compte, de suivre les méandres compliqués de ces couloirs, de ces galeries conduisant dans de petites chambres, dans de grandes salles. Jadis, lorsqu'un toit en roseau soutenant une épaisse couche d'argile recouvrait ces galeries, lorsque le regard ne dominait point l'enchevêtrement de ces conduits, l'homme qui pénétrait dans ces boyaux obscurs tentait en vain de s'y reconnaître. Les sépultures anciennes dominent d'un côté, semblables à des pyramides, cette ville morte. »

Nous allons laisser ici notre guide pour découvrir un nouvel aspect de l'interprétation de la fouille archéologique. A la suite des fouilles entreprises en 1971, résultat de la mise sur pied en 1969 du « Chan Chan-Moche Valley Project » par l'université américaine de Harvard, Richard W. Keating, professeur d'anthropologie à l'université de Columbia et Kent C. Day, archéologue attaché au Musée royal d'Ontario, au Canada, ont cherché, à partir des éléments architecturaux dégagés et du matériel archéologique mis au jour, à déterminer les structures sociales de l'État Chimú.

Le royaume Chimú

L'aire archéologique de la côte nord du Pérou consiste en neuf vallées fluviales qui traversent une région par ailleurs désertique et aride. La vallée de Moché occupe une position centrale dans cette bande désertique qui s'étend sur quelque 350 kilomètres le long de la côte. A cause de la sécheresse du climat, l'habitat humain s'est concentré sur ces vallées côtières où les rivières qui descendent des versants ouest des Andes fournissent l'unique source d'eau. Le manque de pluie a aussi rendu l'extension de l'agriculture tributaire du développement des systèmes d'irrigation. Ainsi, la côte péruvienne fournit une excellente occasion d'étudier les relations qui existent entre l'exploitation de l'environnement et l'organisation sociale.

Pendant la période intermédiaire finale (Late Intermediate Period), datée d'environ 900 à 1463 de notre ère, le royaume Chimú avec sa capitale Chan Chan, dans la vallée de Moché, dominait toute la côte nord du Pérou. Ce royaume était un grand État urbain avec des villes, des forteresses, des systèmes de routes et de vastes ouvrages d'irrigation. Les récents travaux du programme de Harvard à Chan Chan ont permis à ses auteurs d'établir une description type de la structure socio-économique de la vallée de Moché pendant l'occupation Chimú. Notre théorie est basée sur l'intégration des données de l'architecture, des modèles d'exploitation, de l'écologie et de l'ethno-histoire de cette région. Il existait des relations et des échanges entre les composantes qui favorisaient le développement et le maintien de ce système : conditions de l'environnement, urbanisme, stratification sociale, accumulation et distribution des biens. Le témoignage archéologique datant de l'occupation Chimú de la vallée de Moché offre précisément ces éléments qui sont le propre d'un système socio-économique hautement organisé et centralisé. Parmi ces éléments sont inclus les constructions de grande envergure, les bâtiments spécialisés, témoignage architectural d'une différenciation sociale, les complexes d'entrepôts et les facilités d'aide administrative dans les aires de production agricole.

Description de la ville

Cité préhistorique d'une superficie totale de 24,5 km², Chan Chan dépasse en taille tous les autres sites de la vallée de Moché. Son centre même couvrait environ 6 km². La surface urbaine de Chan Chan peut être caractérisée selon trois types différents d'architecture : les bas-quartiers, les constructions intermédiaires et les structures monumentales. La zone occupée par les bas-quartiers s'étend hors de la limite ouest de l'aire centrale ou centre urbain de Chan Chan et consiste en habitations amoncelées et agglutinées qui ne présentent pas de composition formelle. Une grande partie de cette zone architecturale précise a été détruite par l'agriculture contemporaine, rendant impossible une estimation exacte de son étendue. Des vastes ensembles de maisons planifiées, de cours, de passages, de plates-formes, appartiennent à l'architecture intermédiaire. Groupées pour la plupart dans la partie centrale de la ville, ces constructions sont aménagées plus élégamment que celles des bas-quartiers, mais de façon moins complexe que celles auxquelles elles sont habituellement associées. Dix vastes enceintes rectilignes constituent l'architecture monumentale du site. Avec leurs murs extérieurs conservés en briques, mesurant de 200 à 650 mètres d'un côté et s'élevant sur une hauteur de 9 mètres, ces enceintes représentent la partie la mieux conservée et la plus élaborée de l'architecture de Chan Chan. Les huit enceintes les plus achevées sont des « ciudadelas » (citadelles ou petites villes).

Les « ciudadelas »

Du fait de leur taille impressionnante et de leur complexité interne, les ciudadelas sont supposées avoir été les résidences d'un groupe d'élite ou de plusieurs groupes. En général les ciudadelas sont orientées nord-sud, avec une seule entrée à leur extrémité nord. A l'intérieur, les ciudadelas sont divisées conformément aux trois secteurs de base par des murs transversaux. Chaque ciudadela a un secteur nord avec une entrée à l'extrémité nord, un secteur central au milieu et un « canchone » qui traverse l'extrémité sud. Ainsi dans la ciudadela Rivero, chaque secteur nord possède une entrée étroite, travaillée (une rangée de niches marque sa base, chacune contenant une statue de bois) ainsi que des cours, des colonnades, des corridors, une cuisine généralement pourvue d'un grand puits auquel on accédait de plain-pied, des cours entourées d'entrepôts à toit plat

ou en pignons et de constructions en forme de U, appelées
« audiencias » ; les deux parois internes de celles-ci, en vis-à-vis, sont
chacune pourvues d'une paire de niches. Les secteurs centraux sont
presque identiques aux secteurs nord pour ce qui est du plan et du
contenu architectural, si ce n'est qu'il y a moins d'audiencias et plus
d'entrepôts et que, dans chacun de ces secteurs, se trouve une
plate-forme funéraire monumentale. Contrastant avec les autres
parties de la ciudadela, l'isolement du secteur central, le nombre
important des entrepôts en relation avec le nombre des audiencias,
la présence d'une cuisine et d'une plate-forme funéraire, suggèrent
que ce secteur occupait une place particulière en tant que sanctuaire
royal *. Les secteurs arrière ou canchones sont dépourvus de vastes
constructions et contiennent souvent un puits. Les restes, sous forme
de pans de murs irréguliers et de débris organiques, fournissent la
preuve que le canchone était le lieu d'une intense activité domestique.
Toutefois, le rapport des structures entre les secteurs du Nord et
du Centre et l'ornementation qui court le long des cours et des
corridors fournit les indices pour interpréter la fonction des citadelles.

« Audiencias » et entrepôts

Dans les deux secteurs nord et central, l'accès aux entrepôts est
contrôlé par les audiencias en forme de U. L'abord d'une audiencia
consiste toujours en un système tortueux de corridors étroits. En
fait, l'accès à une audiencia n'est jamais direct et la circulation dans
le corridor devait probablement se faire à sens unique et sur une
simple file. L'audiencia type contient six niches, deux sur chaque
mur. Des modifications à ce plan de base sont apportées par des
changements dans la grandeur de l'ensemble de l'audiencia et la
présence de niches différentes ou ajoutées, creux, casiers ou frises
décoratives.

Au-delà des audiencias se trouvent des cours de magasins avec
des rangées de constructions contiguës en adobe. Chaque bâtiment
a une seule entrée de 60 centimètres de large et un seuil de près
d'un mètre de hauteur. Quoique aucune indication concluante de
leur destination n'ait pu être trouvée au cours des fouilles de quelque
75 de ces constructions, on les a appelées entrepôts à cause de leur
disposition côte à côte, de leur entrée au seuil élevé et de l'absence
totale de restes ou d'équipement domestiques. Bien qu'aucun bien
de consommation n'ait été trouvé dans les fouilles témoins, nous
pouvons raisonnablement supposer qu'ils contenaient réellement des

---

* On a suggéré que chaque nouveau souverain des Chimú s'établissait dans une autre
ciudadela que celle occupée par son prédécesseur, ce qui pourrait expliquer que
deux de ces ciudadelas n'aient pas été terminées : on attendait que le nouveau
souverain ait fait son choix pour terminer la partie « royale » où il avait décidé
de s'établir ; la prise de Chan Chan par les Incas a mis fin à cette coutume. Par
ailleurs, l'ancien palais qui dominait la ville n'aurait subsisté qu'en tant que centre
de culte, pratique qui est attestée chez les Incas.

Reconstitution de la Huaca el Dragon à Chanchan, aux parois couvertes de bas-reliefs. Ces bâtiments, construits en boue (adobe) sont en très mauvais état.

denrées alimentaires, des fibres, des objets de métal, des textiles, des objets de plume, peut-être des outils agricoles, des armes, etc. Même si une identification positive du contenu des magasins n'est pas sûre, il paraît évident que le contrôle sur les biens qu'ils possédaient était exercé par les individus installés dans les audiencias. Ainsi l'accès des audiencias aux complexes d'entrepôts par un système de corridors peut être interprété comme l'expression architecturale du contrôle de l'administration Chimú sur la conservation et la distribution des biens. Les ciudadelas servaient sans aucun doute de résidence à des personnages de haut rang qui dirigeaient l'accumulation, l'accès et la distribution des biens.

Une administration centralisée

Dans la perspective plus vaste des conditions de l'environnement, il est clair que l'exploitation du sol fournissait une source fondamentale de nourriture et de fibres végétales sur une grande échelle. Ces denrées essentielles étaient fort probablement déposées dans les entrepôts situés dans les ciudadelas à Chan Chan. Ce type d'administration économique contrôlée et centralisée s'étendait aux aires de production agricole de la vallée où des unités auxiliaires de l'administration étaient chargées de l'aménagement et de l'exploitation des sources de production.

Le type de colonisation de l'aire productive qui soutenait l'organisation socio-économique des Chimú était très marqué par la concentration de la population à Chan Chan. Bien que la population globale de la vallée continuât d'augmenter, la population des régions rurales était très concentrée dans quelques villages. Cela est attesté par le fait qu'on n'a localisé que quatre villages contemporains de Chan Chan dans les régions rurales de la vallée. Même s'il existe des maisons et d'autres ruines dispersées de la même époque, ces quatre villages représentent les seuls lieux importants de concentration de population en dehors de la capitale. Il est hors de doute que les zones rurales de production agricole de la vallée étaient organisées, entretenues et prises en charge comme des entreprises d'État.

Plusieurs études sur les canaux et les systèmes des champs situés au nord et à l'ouest de Chan Chan ont décrit ces ensembles comme des entreprises d'État planifiées. Les canaux les plus importants de la vallée, plus particulièrement le canal Moro et la Cumbre ou le canal de Chicama-Moché, sont très importants et témoignent de l'habileté de l'État Chimú à rassembler et à diriger des travaux pour la réalisation d'ouvrages publics dans les zones rurales aussi bien qu'à Chan Chan.

Centres ruraux administratifs

L'organisation de l'État Chimú dans les régions de production agricole était réalisée par des unités administratives situées dans des régions non métropolitaines de la vallée. Ces « centres ruraux administratifs » servaient de foyers pour le contrôle économique d'État qui avait ses quartiers généraux dans les ciudadelas de Chan Chan. Une analyse des facteurs architecturaux et écologiques faite dans trois sites de ce type suggère que ces centres représentaient l'autorité de l'État dans les zones rurales de la vallée et avaient comme fonction primaire le maintien du contrôle étatique sur la terre, l'eau, et les travaux agricoles.

Ces trois sites, El Milagro de San José, Quebrada del Oso et Quebrada Katuay, consistent en vastes structures isolées, entourées de systèmes de champs étendus et situées près du canal principal d'irrigation. La construction la plus importante de chacun des sites est un complexe rectiligne avec des murs de pierre épais qui, selon notre estimation, atteignent parfois une hauteur de 2 mètres à 2,50 mètres. Comme les ciudadelas de Chan Chan, toutes ces structures sont orientées au nord, avec une seule entrée à leur extrémité nord. De même, comme dans les plus grandes ciudadelas de Chan Chan, les intérieurs de ces enclos ruraux sont caractérisés par des cours d'entrée, des portails à pilastres, des passages tortueux et une disposition symétrique des pièces. A El Milagro de San José, la construction principale a, ou a certainement eu, une ou plusieurs audiencias en son centre. Les seuls autres témoins architecturaux des sites sont les constructions qui se trouvent à El Milagro de San José et à Quebrada del Oso, mais pas à Quebrada Katuay.

Un État socialiste

Les dispositions architecturales communes aux trois sites et leur évidente filiation avec les ciudadelas de Chan Chan suggèrent que les administrateurs de ces communautés étaient responsables de l'organisation et du contrôle de l'État sur les productions de l'agriculture et l'irrigation. La présence d'audiencias dans ces zones rurales justifie encore mieux l'importance des sites dans le système socio-économique Chimú. Les audiencias dans les ciudadelas de Chan Chan sont le plus souvent associées à un contrôle des accès aux entrepôts et aux autres zones interdites. Il est donc certain que la présence de ces caractères architecturaux précis dans un contexte rural symbolise l'extension à des régions éloignées de l'unité économique du contrôle de l'État et de l'autorité centralisés dans la capitale du Chimú. De plus, le plan d'ensemble visible à la fois dans les structures et dans les systèmes des champs suggère fortement que l'État Chimú non seulement exploitait les territoires environnant ces complexes, mais même qu'il en était propriétaire. Étant donné que les trois sites sont isolés, sans aucune trace dans le voisinage immédiat d'une concentration de population datant de la période intermédiaire finale, il est sûr que des formes de tributs ou de corvées semblables au système *mit'a* des Incas étaient utilisées pour la construction et l'entretien des bâtiments, des champs et des proches canaux d'irrigation. De tels travaux d'équipe ont pu avoir été faits avec la main-d'œuvre provenant des quelques villages situés dans les régions au nord de Chan Chan ou, très probablement, avec les quartiers de Chan Chan.

Des structures sociales hiérarchisées

Les caractéristiques architecturales du site de Chan Chan en relation avec les données qui attestent le contrôle centralisé sur les terres et l'aménagement des canaux, indiquent l'existence de la structure sociale hiérarchisée décrite par les chroniques espagnoles. Si notre interprétation archéologique des faits est correcte, il est alors évident que l'élite de l'État Chimú exerçait un pouvoir considérable sur la production, l'approvisionnement et la redistribution des biens. Par leur habileté à utiliser de grandes quantités de travailleurs dans les champs et dans la construction des canaux, cette élite détenait effectivement le contrôle des deux éléments capitaux de l'économie Chimú, la terre et l'eau.

En fait, l'aménagement efficace de la terre et des sources d'eau pouvait apporter une richesse agricole. L'existence d'une organisation sociale hiérarchisée basée sur l'exploitation efficace de ces ressources naturelles et maintenue par des modes différenciés de travail et de production est manifeste tant dans le type d'exploitation communautaire de Chan Chan que dans le type d'exploitation rurale de la vallée. La production agricole à une large échelle dans le milieu sec et désertique ne peut être envisagée sans la construction de réseaux d'irrigation. Par leur habileté à concevoir de gigantesques réseaux de canaux et à organiser le travail d'équipe pour les réaliser, l'élite Chimú était capable de rendre productives de vastes étendues de terre. La richesse qui affluait pour l'État, grâce à la possession de ces terres, pouvait alors être redistribuée parmi les classes inférieures qui ne possédaient pas de terre, mais qui fournissaient la force de travail. La construction de canaux et l'aménagement de la production rurale étaient organisés par un certain nombre de centres ruraux administratifs, tandis que les responsabilités importantes pour le fonctionnement de l'économie, incluant l'approvisionnement et la redistribution des biens, étaient centralisées dans les ciudadelas de Chan Chan. Ainsi, la capitale peut être considérée comme le centre de l'autorité administrative dans la vallée où la production agricole était organisée et aménagée par les centres administratifs auxiliaires.

R. W. KEATING ET K. C. DAY

Manco Ccapa

Chapitre V

L'EMPIRE
DU SOLEIL

L'Empire inca exerce une véritable fascination sur bien des esprits, tant par les prodigieuses constructions qu'il a laissées à travers les Andes centrales que par ses institutions et son culte du soleil. L'existence de cet empire, le plus vaste de l'Amérique précolombienne qui s'étendit du sud de la Colombie jusqu'au centre du Chili actuel, fut aussi brève que celui des Aztèques, les Espagnols y ayant promptement mis fin.

Le terme « inca » signifie « chef », « souverain » ; c'était le titre porté par l'empereur, mais on donnait aussi ce nom aux membres de sa famille et finalement aux lignages qui fournissaient les fonctionnaires, si bien que le mot est devenu synonyme de noble et qu'on a pu parler d'un « clan » inca. La population indienne de la région de Cuzco qui a constitué le premier fonds humain sur lequel s'est constitué l'Empire inca, a reçu le nom de Quechua (ou Quichua), terme qui en réalité désigne les terres de culture des hautes vallées andines. C'est ce nom que les Espagnols donnèrent à la langue parlée par ces populations et finalement ce terme s'est encore élargi pour désigner les Indiens eux-mêmes.

Les chroniqueurs espagnols donnent des traditions point toujours concordantes relativement à l'origine des Incas. Ces derniers seraient issus de la caverne de Pacari-Tampu, entre Cuzco et le lac Titicaca ; une tradition parle de « trois fenêtres » d'où serait issu le lignage inca, ces trois fenêtres représentant sans doute trois grottes. Le premier Inca, personnage mythique, Manco Capac, serait sorti avec ses frères et ses sœurs par la fenêtre centrale alors que les autres lignages seraient issus des deux autres fenêtres. Fils du Soleil, Manco Capac aurait apporté aux hommes les lois et la civilisation. Lorsqu'il eut ainsi établi un État policé dans la vallée de Cuzco, il fut transformé en pierre et devint une idole, mythe qui symbolise le culte de héros fondateur dont il fut ensuite l'objet.

Le roi légendaire Manco Capac représenté par un peintre sans doute d'origine indienne, peu de temps après la conquête espagnole ; cette peinture se trouve dans un vieux moulin à Acomayo, au Pérou.

On situe à l'orée du XIIIe siècle le début de ce royaume inca de Cuzco, contemporain du développement du royaume chimú dans le Nord. Pendant plus de deux siècles le petit royaume de Cuzco ne fit guère parler de lui, jusqu'au jour où les Chancas, peuple indien du Nord, battirent les voisins Quechuas des Incas et menacèrent ces derniers. L'un des fils de l'Inca, Capac Yupanqui, vainquit les Chancas près de Cuzco puis, se dressant contre son père, se fit proclamer empereur et prit le nom de Pachacuti, « le transformateur ». Peu après, le nouvel Inca soumit le peuple belliqueux des Collas, ancêtres des actuels Aymaras, qui vivaient autour du lac Titicaca et étaient sans doute les créateurs de la civilisation de Tiahuanaco qui avait atteint son apogée cinq à six siècles plus tôt. Pendant son règne de plus de trente ans (entre 1428 et 1471), il aurait encore largement étendu son empire et construit la plupart des grands monuments incas, à commencer par le célèbre temple du Soleil de Cuzco. Ses successeurs ne firent que prolonger et parfaire son œuvre.

LA FORTERESSE DE L'INCA : SACSAYHUAMAN

La cité de Cuzco était construite sur un plan orthogonal, c'est-à-dire en damier, comme nos villes modernes où les rues se coupent à angles droits. Capitale de l'Empire, elle aurait contenu trois cent mille habitants si l'on en croit certains chroniqueurs, chiffre certainement exagéré. La ville était bâtie au pied de deux collines, le Rodadero et le Sacsayhuaman. Sur cette dernière hauteur les Incas avaient fait construire une formidable forteresse, modèle de l'architecture mégalithique inca, avec ses pierres énormes soigneusement taillées et jointes avec une parfaite précision.

Une description du monument a été donnée par Ephraïm Squier, le même archéologue qui a fourni le premier travail d'envergure sur les « mounds » en collaboration avec Davies. Cet infatigable voyageur effectua un long voyage à travers l'Égypte et le Proche-Orient, avant d'entreprendre une grande expédition au Pérou, plus de vingt ans après avoir séjourné au Nicaragua pour y étudier les Indiens et leur archéologie. C'est au cours de son voyage au Pérou, dont le récit fut publié en 1877, qu'il visita la forteresse de Sacsayhuaman, destinée à servir de refuge à l'Inca, le cas échéant, cette forteresse étant imprenable pour les Indiens des Andes.

Telle l'acropole d'Athènes

La capitale de l'Empire inca n'était pas défendue par des murs comme l'étaient certaines des anciennes cités incas. Sa vallée, entourée de hautes montagnes, constituait en elle-même un site presque imprenable, et ses abords étaient couverts de fortifications. Cependant, la cité possédait une citadelle ou forteresse qui, comme l'acropole d'Athènes, le château d'Edimbourg et le rocher de Gibraltar, la dominait.

Elle était construite sur le grand éperon s'avançant dans la vallée de Cuzco entre les petites rivières Huatenay et Rodadero, paraissant d'en bas comme une haute et abrupte colline, bien que n'étant en fait que le contrefort d'un plateau à la surface quelque peu irrégulière. Ce dernier était à son tour dominé par de plus hautes collines (ou tout au moins ce qui apparaissait comme tel) qui étaient elles-mêmes les escarpements de terrasses naturelles plus éloignées appelées *Puna*. Ce promontoire est nommé *Los Altos de Sacsayhuaman*, ce dernier nom composé signifiant « Remplis-toi, faucon ! » ou « Repais-toi, épervier ! » Ainsi, par une métaphore, les Incas glorifiaient-ils la puissance de leur forteresse. « Précipite-toi contre ses flancs rocheux imprenables, si tu le veux ; les faucons récolteront tes morceaux. » Ces anciens peuples étaient vaniteux et fiers, tout comme les nations d'aujourd'hui qui nomment leurs navires de guerre *Invincible, Dévastation, Fléau.*

Le calvaire de la cité

Du côté de la cité, la butte de Sacsayhuaman présente une façade abrupte, dont l'ascension est presque impossible. A partir des terrasses de Colcompata, une route en zigzag conduit, aujourd'hui comme autrefois, jusqu'à cette façade. Par endroits, elle monte grâce à des degrés de pierre à une série de terrasses se trouvant sur la partie la plus avancée du promontoire. Sur la plus élevée de ces terrasses, sur le site d'un ancien bâtiment dont seulement une partie des fondations demeure, se trouvent trois croix qui constituent le point le plus remarquable des environs de Cuzco : le calvaire de la cité. Ces croix se trouvent à environ 245 mètres au-dessus de la place moderne de Huacapata.

Le chemin habituel qui monte à Sacsayhuaman, lequel peut se faire à dos de cheval, passe par le ravin du Rodadero. Celui-ci se trouve à droite du promontoire et la route se trouve soit taillée dans le rocher, soit accrochée à la falaise, entre celle-ci et le ravin. Au fond de la gorge, les flots du Rodadero se brisent en grondant, formant ici d'un bord à l'autre une minuscule cataracte, et là créant des bassins sombres couverts de bulles, comme si la rivière voulait reprendre courage avant de se lancer de nouveau sur les rochers.

La montée vers le Sacsayhuaman

Pour escalader le Sacsayhuaman, nous partons du bas de la rue d'El Triunfo qui se trouve sur la rivière Rodadero, ou Tullamayo, puis nous tournons à gauche. Laissant la terrasse cyclopéenne de l'Inca Rocca derrière nous, nous passons devant la Yachahuasi, ou école. Ce Yachahuasi semble avoir été un vaste bâtiment, ou une série de constructions de plusieurs centaines de pieds de longueur, constituées de murs faits de pierres relativement petites mais bien appareillées et qui furent largement utilisées pour les constructions modernes. Après avoir dépassé quelques groupes de maisons, nous arrivons à la gorge du Rodadero, traversée en cet endroit par un aqueduc moderne construit sur des arches, entre le rocher d'un côté et un ancien ouvrage inca de l'autre.

Encore un effort, bref mais intense, et nous atteignons l'une des terrasses inférieures du Colcompata et la route menant au Sacsayhuaman. Nous passons successivement les cascades hautes et basses du Rodadero mêlant les murmures de leurs eaux au gargouillis des *azequias* qui coulent en d'invisibles canaux au-dessus de nos têtes. Nous devons fréquemment nous arrêter soit afin de retrouver notre souffle ou permettre à nos animaux de souffler, soit encore afin de laisser des troupes de lamas et leurs silencieux conducteurs descendre par le chemin rugueux.

Un puits mystérieux

A un endroit, nous découvrons ce qui semble être un puits ou un trou carré, paramenté à l'intérieur par des pierres taillées, et d'environ 4,50 mètres de profondeur. Le mur intérieur est incliné comme pour faciliter le passage de l'eau. Le fond de ce puits est rempli de débris et on ne peut savoir jusqu'où il va. Il fait probablement partie de l'un des aqueducs souterrains construits par les Incas afin d'amener l'eau depuis des sources lointaines et souvent inconnues jusque dans leur capitale. Tout en montant, nous voyons, très haut au-dessus de nous sur notre gauche, de longues lignes de murs qui sont les contreforts des terrasses orientales de la forteresse. Ces murs deviennent de plus en plus épais au fur et à mesure que nous avançons. Lorsque nous arrivons enfin au niveau du plateau, ces murs cessent d'être simplement des contreforts et se dressent en murs massifs et indépendants composés de grands blocs de calcaire. Un portail flanqué de grandes pierres s'ouvre sur notre gauche, et nous nous arrêtons afin de laisser défiler une troupe de lamas qui en sortait. Des marches de pierre existaient autrefois, qui permettaient de monter sur le plateau intérieur, mais elles ont été démantelées et seules en demeurent les traces. Ce fut en essayant de forcer cette porte, lors de la rencontre décisive entre les Espagnols et les Incas, que fut tué Juan Pizarro, le frère du conquérant. Après avoir traversé cette porte — l'ancienne *Tiupuncu*, ou « Porte de sable » — et les murs extérieurs principaux de la forteresse, nous nous trouvons dans une petite plaine dégagée, ou pampa. Nous apercevons sur notre droite une grande éminence rocheuse d'aspect curieux, appelée El Rodadero et, de l'autre côté, nous pouvons pour la première fois voir les grands murs cyclopéens de la forteresse de Sacsayhuaman — le monument le plus massif de ce type que nous connaissions dans l'Ancien comme dans le Nouveau Monde.

*La puissante forteresse de Sacsayhuaman, avec ses galeries à redans et son architecture
« cyclopéenne ».*

Une nature bouleversée

Avant d'entreprendre la description de cette vaste structure, il me
faut expliquer que la masse du promontoire sur lequel se trouve cette
forteresse se compose de roches métamorphiques en désagrégation,
dures par endroits, tendres en d'autres, résultant de l'action
souterraine volcanique, et supportant en surface d'énormes fragments
de calcaire provenant des falaises adjacentes — un morceau de nature
bouleversé que seul un géologue accompli pourrait classer et
expliquer. Ce promontoire culmine là où il surplombe la cité ; derrière
lui se trouve la plaine ou pampa à laquelle j'ai déjà fait allusion et
qui s'étale à environ 30 mètres plus bas que le sommet. C'est une
aire qui fut nivelée de main d'homme, sans qu'il puisse y avoir le
moindre doute, maintenant plate comme une prairie. Au-delà, et à
une distance d'environ 100 mètres, se trouve le renflement d'une
roche amphibolique appelée Rodadero.

Construit par des démons

Mais avant que de continuer, voyons ce que les chroniqueurs ont
à dire concernant l'ouvrage sur lequel nous nous trouvons
présentement. Celui-ci leur inspira une admiration non moins
extravagante que celle qu'ils vouèrent au temple du Soleil. Garcilasso
de la Vega dit : « Ceci fut le plus grand et le plus superbe des édifices
que les Incas construisirent afin de montrer leur majesté et leur
puissance. Ceux qui ne l'ont pas vu ne peuvent avoir une idée de

sa grandeur ; et ceux qui l'ont vu et étudié attentivement sont enclins à imaginer (et même à croire) qu'il fut édifié par enchantement — par des démons plutôt que par des hommes, en raison du nombre et de la taille des pierres des trois murs qui apparaissent plus comme des falaises que comme des remparts. Il est impossible de croire que ces blocs furent tirés d'une carrière, les Indiens ne possédant aucun outil de fer ou d'acier leur permettant de les extraire et de les tailler. C'est également une chose merveilleuse que la manière dont ces blocs furent assemblés, les Indiens n'ayant ni chariots, ni bœufs ni cordes pour les transporter en force. De même, il n'existait aucune route aplanie pour leur déplacement, mais au contraire, des montagnes abruptes et des pentes raides, obstacles impossibles à surmonter par la simple force des bras d'hommes. »

Des pierres parfaitement ajustées

« Beaucoup de pierres proviennent de lieux éloignés de dix à quinze lieues. L'endroit le plus proche d'où provenaient les pierres était Muyna, à cinq lieues de Cuzco. Comment un si grand nombre de si grandes pierres purent-elles être assemblées avec tant de précision qu'on ne peut insérer entre elles la pointe d'un couteau, cela dépasse l'imagination ! Nombre d'entre elles sont si parfaitement ajustées qu'on peut à peine déceler les joints. Et tout ceci est d'autant plus merveilleux qu'ils ne possédaient ni équerre ni niveau pour poser sur les pierres afin de s'assurer qu'elles pouvaient s'imbriquer parfaitement. Combien de fois durent-ils poser et déposer les pierres afin de s'assurer qu'elles joignaient parfaitement ! Car ils n'avaient ni grues, ni poulies, ni aucune autre machine... Mais ce qui est encore plus merveilleux dans cet édifice, c'est la taille incroyable des pierres, et le travail étonnant que leur transport et leur ajustage nécessitèrent. »

Ici, Garcilasso cite Acosta « parce qu'il n'avait pas eu de mesures aussi claires et exactes des pierres de la forteresse de Cuzco comme il l'avait demandé ». Acosta dit qu'il avait mesuré des pierres à Tiahuanaco « de 10 mètres de longueur, 6 de largeur et 2 d'épaisseur » ; mais que dans la forteresse de Cuzco il y en avait d'autres beaucoup plus grandes, « et d'autant plus admirables que, malgré leur irrégularité de taille et de forme, elles étaient parfaitement jointives, chaque pierre s'insérant dans les autres comme si elle avait été faite pour cela. »

Des lignes de murs massifs

Le profil du sommet du Sacsayhuaman du côté regardant les rochers du Rodadero est plutôt concave, et c'est le long de cette face que furent construits les ouvrages les plus massifs de la forteresse. Ils demeurent pratiquement parfaits et sont destinés à le demeurer — à moins qu'ils ne soient détruits par une force qu'on ne peut prévoir, ce dont les habitants actuels de Cuzco ne semblent guère capables — au moins aussi longtemps que les Pyramides, ou que Stonehenge ou le Colisée, car ce n'est qu'à ces ouvrages que la forteresse de Sacsayhuaman pourrait être comparée.

Les défenses consistent, de ce côté, en trois lignes de murs massifs, chacun d'eux supportant une terrasse et un parapet. Les murs sont presque parallèles, et ont des redans et des saillants également semblables sur toute leur longueur, qui est actuellement d'environ 580 mètres. Le premier mur, ou extérieur, est actuellement haut d'environ 8,65 mètres ; le second mur, éloigné de 11,20 mètres, est haut de 5,80 mètres ; le troisième, espacé de 5,80 mètres, s'élève, dans sa partie la plus haute, à 4,50 mètres. La hauteur totale de l'ensemble est de 19 mètres. Je ne parle ici que des murs de la façade nord de la forteresse. De longues lignes de murs s'étendent sur les hauteurs dominant la gorge de la rivière Rodadero ; et il y a des pans de murs, outre ceux des terrasses du Calvaire, sur le sommet de la colline se trouvant du côté de la cité. Comme ceux-ci avaient été construits avec des pierres régulièrement équarries, ils furent presque totalement détruits, les pierres ayant été jetées en bas de la colline pour servir à l'érection des murs des nombreuses églises et couvents de la ville moderne.

Un plan clairement établi

Un caractère remarquable des murs de la forteresse, sur son seul côté accessible, est sa similitude avec les structures défensives modernes, utilisant saillants et redans de telle sorte que toute la façade des murs pouvait être protégée par les tirs croisés des défenseurs. Ce caractère ne procède pas d'une conformation du terrain, mais bien d'un plan clairement établi. Les pierres composant les murs sont des blocs massifs de calcaire bleu, de taille et de forme irrégulières, et le travail d'appareillage est sans aucun doute le meilleur exemple existant en Amérique du style appelé cyclopéen.

Comme je l'ai déjà dit, c'est le mur extérieur qui est le plus massif. Chaque angle saillant est formé par un énorme bloc de pierre, parfois atteignant en hauteur le niveau de la terrasse qu'il supporte, mais plus généralement surmonté d'une ou plusieurs grandes pierres de taille moins considérable. Une de ces pierres d'angle a 8,60 mètres de hauteur, 4,50 mètres de largeur et est épaisse de 3,90 mètres. Des pierres de 4,80 mètres de longueur, de 3,90 mètres de largeur et de 3,20 mètres d'épaisseur sont communes dans les murs extérieurs. Elles sont toutes légèrement dressées sur leur surface et, près des joints, sont brusquement chanfreinées pour aller à la rencontre de la surface contiguë. Les joints — que cela soit dû au temps, ou à d'autres facteurs, tremblements de terre, intempéries — ne sont plus maintenant, si tant est qu'ils le furent jamais, aussi parfaits que les chroniqueurs les représentaient. Ils sont néanmoins merveilleusement ajustés, et taillés avec une précision rarement atteinte dans les fortifications modernes. Les murs intérieurs, faits de pierres plus petites et plus régulières, sont moins impressionnants.

Rien n'était laissé au hasard

Chaque mur supporte une terrasse ou plate-forme constituée, comme nous le découvrîmes dans les excavations faites par les chercheurs de trésors, de grosses pierres brutes et des éclats de celles qui furent taillées sur les murs. Le sommet de chaque mur s'élevait à l'origine de 6 à 8 pieds au-dessus du niveau de la terrasse, formant un parapet doublé d'une marche ou banquette sur laquelle pouvaient monter les défenseurs afin d'envoyer leurs projectiles sur les assaillants.

Pour empêcher l'accumulation des eaux de pluie derrière les murs, les constructeurs avaient ménagé de petits drains ou conduits à travers les pierres à chaque second angle près de la base de la structure — caractère commun à toutes les terrasses et murs de soutènement. Les angles des redans n'étaient pas entièrement formés par la jonction ou la suture des blocs de pierre. Ici également, le procédé utilisé dans beaucoup de leurs édifices plus réguliers avait été adopté, consistant à tailler l'angle dans la pierre de telle façon qu'une extrémité du bloc puisse s'encastrer dans la face du saillant la jouxtant, « liant » ainsi l'angle.

Il est impossible d'imaginer la variété des formes des pierres, particulièrement de celles composant le mur extérieur qui, ainsi que le dit Garcilasso, « est composé de rochers plutôt que de pierres ». A certains endroits deux pierres immenses, de 14 à 15 pieds de hauteur et larges de 10 à 12, se trouvent séparées par un espace

de seulement 1 ou 2 pieds, le vide ainsi créé étant rempli exactement par une mince plaque de pierre de même hauteur. Dans d'autres cas, la partie supérieure d'une pierre est concave, sa partie inférieure formant un angle aigu, mais chaque surface s'appliquant exactement à celle de la pierre adjacente.

Les diverses portes

Les extrémités de ces murs massifs ont été très détruites. Mais il est évident que des entrées avaient été ménagées à chaque bout, de même que trois portes sur la façade principale. Les chroniqueurs parlent seulement de ces trois portes appelées respectivement Tiupuncu (porte de Sable), Acahuana-puncu (porte d'Acahuana) du nom de l'un des ingénieurs qui participa à la construction de l'ouvrage ; et la troisième Viracocha-puncu (porte de Viracocha).

L'entrée principale devait probablement se trouver à gauche du centre de la ligne des murs, là où un saillant avait été omis de manière à ménager un espace rectangulaire de 20 mètres sur 8. Au centre de la partie gauche de cet espace, entre deux blocs de pierre (celle

L'une des portes de la forteresse de Sacsayhuaman. Ces portes de forme trapézoïdale étaient couvertes d'un énorme linteau monolithique et elles se trouvaient surélevées au-dessus du sol pour en rendre l'accès encore plus difficile.

de l'extérieur formant l'angle ayant 4,90 mètres de longueur, une épaisseur de 2,90 mètres et une hauteur de 3,90 mètres) se trouvait une ouverture large de 1,30 mètre. Des marches conduisaient à travers cette ouverture au niveau de la terrasse intérieure, le passage étant revêtu de lourdes pierres. Les chroniqueurs affirment qu'en cas de danger ces ouvertures étaient fermées par de grands blocs de pierre qu'on peut trouver encore près de quelques-unes d'entre elles. Une marche manquait du côté intérieur du mur afin de ménager une place pour cette pierre de blocage.

L'entrée correspondante dans le deuxième mur est plus complexe et s'ouvre à travers un mur transversal. Les marches y tournent à angle droit, menant à la deuxième terrasse. Le troisième mur possédait deux entrées, une simple (comme celle du premier mur) et la deuxième, correspondant à celle-ci, à travers le mur intermédiaire. Les entrées secondaires à la droite et à la gauche des entrées principales sont de simples ouvertures, non en alignement, mais percées dans des saillants alternants. L'entrée la plus orientale, ménagée à travers les murs parallèles courant à angle droit par rapport à la ligne générale des fortifications, est presque parfaitement conservée, et montre clairement son escalier. Celui-ci possède dix marches, chacune de 25 centimètres de hauteur pour 30 centimètres de largeur.

Citadelles intérieures

A l'intérieur des murs, le sol s'élève graduellement jusqu'à une hauteur d'environ 20 mètres. Il est rocheux. Plusieurs masses de roches métamorphiques s'y trouvent éparses, dépassant du sol. Dans l'une d'elles, une grotte d'environ 13 mètres de profondeur a été creusée. D'autres ont été taillées en forme de marches ou de sièges. On trouve ici des fondations de dimensions considérables, faites de pierres taillées régulièrement, mais dont le plan ne peut être actuellement retracé. Ce sont probablement les restes de ce que les chroniqueurs décrivaient comme étant trois petites forteresses ou citadelles intérieures. Deux de celles-ci ont été décrites comme carrées, et une comme étant ronde. Cette dernière était la plus vaste et se trouvait au centre ; elle était appelée Muyuc-Marca (Bâtiment rond) et avait été conçue pour recevoir l'Inca et sa famille en cas de danger, en même temps que pour abriter les richesses du palais et les trésors du temple. On dit qu'elle était richement décorée et revêtue d'or et d'argent. On dit également qu'elle communiquait avec les deux tours carrées par des passages souterrains.

Ces deux tours abritaient la garnison de la forteresse, et étaient reliées aux palais royaux et au temple du Soleil. Je puis certifier de la véracité de la première affirmation, car il existe des vestiges de tels passages ; mais il est hautement improbable qu'ils aient pu descendre presque verticalement pendant 245 mètres puis courir horizontalement jusqu'à la cité.

La huitième merveille du monde

Prescott * a donné le nom de « la Forteresse » aux trois tours ou citadelles, mais fait erreur en supposant qu'il n'y avait que deux lignes de murs protégeant leur approche depuis le côté opposé de la cité. Ceci est d'autant plus surprenant que Garcilasso et d'autres avaient clairement dit qu'il y avait trois murs et que ceux-ci constituaient la Forteresse, qu'ils regardaient comme étant la huitième merveille du monde. Ainsi que je l'ai dit, ce fut pendant une tentative désespérée pour reprendre cette forteresse des mains des Indiens révoltés que Juan Pizarro avait été mortellement blessé ; et ce fut du haut des murs du Muyuc-Marca que le commandant Inca se jeta lorsque l'issue de la bataille lui fut défavorable. Cette reconquête de la forteresse de Sacsayhuaman fut le dernier coup porté à la puissance de l'Inca.

Origine et transport des pierres

Les pierres composant la forteresse de Sacsayhuaman sont calcaires ; des masses de ce même calcaire demeurent encore à l'intérieur des murs de la forteresse, et se trouvent disséminées sur le plateau s'étendant au-delà. Il est très probable que quelques-uns des blocs calcaires des murs proviennent de leur place d'origine, non loin de l'endroit où elles se trouvent maintenant. Mais il est également certain que d'autres furent apportés depuis les falaises calcaires qui bordent le plateau, à une distance de 1,500 kilomètre. Deux routes distinctes, bien aménagées, conduisent encore à ces bancs rocheux, où les traces des carrières sont aussi nettes qu'à Quincy dans le Massachusetts.

Le roc est le calcaire de la falaise, de toute évidence transformé et fissuré par l'action volcanique, en grands blocs irréguliers qui furent à leur tour très érodés et burinés par les éléments. La terre et les déblais furent enlevés afin de détacher ces blocs ; et lorsqu'ils tombèrent sous l'effet de leur propre poids, ils furent partiellement taillés sur place, traînés jusqu'à la forteresse et mis en place. Des blocs encore à moitié taillés demeurent dans la carrière, et d'autres en état presque parfait se trouvent sur les côtés des routes dont j'ai déjà parlé.

Il est difficile de savoir comment ces blocs furent transportés, car il est certain que les Incas ne possédaient pas d'animaux de trait. Ils durent donc avoir été traînés par des hommes sur des rouleaux de bois ou de pierre, et tirés le long de plans inclinés jusqu'à la position qu'ils devaient occuper. Si la force d'un millier d'hommes

---

* Premier historien moderne de l'histoire des Conquistadores, William Prescott publia en 1847, à Londres, une magistrale *Histoire de la conquête du Pérou* ; il avait publié en 1843, à New York, une *Histoire de la conquête du Mexique.*

était insuffisante pour les bouger, l'Inca avait la possibilité de mettre à la tâche dix fois ce nombre d'hommes.

Bien que Garcilasso le niât, les Incas disposaient de cordes et de câbles, et je n'ai rien vu dans les dimensions des pierres, ici comme ailleurs, qui ne puisse être transportable par la force de nombreux hommes. On ne peut donc supposer un seul instant que ces masses de calcaire aient pu être amenées d'un endroit se trouvant au-delà du Yucay, distant de 4 kilomètres, alors que précisément la même pierre se trouvait disponible tout près en énormes quantités.

La grande *Piedra Cansada* (Pierre fatiguée) ou Sayacusca, dont Garcilasso et d'autres parlent comme ayant nécessité 20 000 hommes pour son transport et qui, en roulant, aurait tué 300 ouvriers, est une masse énorme d'un millier de tonnes ou plus, et ne fut certainement jamais déplacée. Son sommet, tout comme les sommets de centaines d'autres rochers sur le plateau du Rodadero, est creusé d'excavations ressemblant à des sièges ou à des réservoirs de diverses formes. Ses côtés sont taillés de niches et d'escaliers, l'ensemble formant un labyrinthe sculpté incompréhensible et apparemment inutile, bien que d'un travail achevé. La plus grande pierre de la forteresse a un poids évalué à 361 tonnes.

L'alimentation en eau

L'eau était amenée à la forteresse par les *azequias* du Rodadero, et depuis les sources des torrents tombant dans le Huatenay. Les canaux de ces *azequias* sont en partie souterrains, et l'origine de l'eau qui circule dans certains d'entre eux est inconnue. Deux ingénieurs nationaux s'employèrent pendant plusieurs jours durant mon séjour à Cuzco à essayer de découvrir où l'un de ces canaux avait été obstrué ou dérivé par quelque Indien ayant une connaissance traditionnelle de son cours, mais sans résultat.   E. G. SQUIER

Vase inca en forme de tête humaine (Museo e instituto de Arqueologia de la universidad nacional de Cuzco, Pérou).

LA CITÉ ROYALE
DE HUANUCO VIEJO

Dans les Andes, au nord-est de Lima, Huanuco Viejo fut l'une des plus importantes cités incas, capitale de province, mais aussi centre administratif d'où les gouverneurs pouvaient efficacement surveiller les provinces septentrionales de l'Empire. La ville, fondée avant l'arrivée des Incas, fut conquise par Tupac (ou Topa) Yupanqui, fils et successeur de Pachacuti, qui régna de 1471 à 1493. Il y aurait bâti un temple du Soleil et une maison des Vierges du Soleil. Cieza de Léon précise que les Incas y firent aussi construire un palais royal en pierres très grandes et ajustées avec soin ; il aurait été desservi par plus de trente mille Indiens. Les ruines de la cité se trouvent à une soixantaine de kilomètres de Huanuco fondée par les Espagnols. Afin de ne pas confondre les deux cités qui portent le même nom, celle des Incas a été appelée « Viejo », c'est-à-dire « Vieux ». Les pierres des murs et des monuments subsistants sont taillées avec le plus grand soin et disposées en assises régulières ; les portes trapézoïdales dont les linteaux sont faits d'une seule pierre s'inscrivent dans la tradition architecturale des villes incas.

Charles Wiener effectua une visite assez mouvementée de ce site, qui met en lumière les conditions souvent pénibles dans lesquelles les voyageurs du siècle dernier effectuaient leurs excursions.

Un pénible voyage

Le reste de cette journée et la journée suivante furent remplis par l'indicible monotonie de la *puna*.

Je comptais les pas de ma mule ; elle en avait fait 61 883 le premier jour, et 74 558 le second. Nous avions donc fait approximativement 78 kilomètres dans deux jours, soit près de 10 lieues en onze heures de marche quotidienne. Ma mule, trottant menu, faisait très régulièrement 5 *cuartas*, environ 1/2 mètre, à chaque pas. Je fis une forte déviation vers le nord pour parcourir les ruines de Chavin de Pariarca. Je perdis une journée à voir des monceaux de pierres, derniers restes d'une grande ville. La troisième nuit dans la *puna* fut plus dure que les premières. On ne se fait pas à un climat pareil. On le supporte avec plus ou moins de force ou de résignation, mais on finit par avoir la moelle glacée, les lèvres en sang, le corps engourdi et même l'intelligence plongée dans une étrange torpeur. Nous nous réveillâmes le troisième jour sous une épaisse couche de neige qui était venue nous couvrir pendant la nuit. Vers dix heures du matin, nous passâmes à un endroit appelé Taparaco, où un pauvre berger nous donna un peu de lait de brebis en échange de quelques cigares.

Nous venions de descendre à environ 200 mètres au-dessous du niveau le plus bas de notre voyage des deux derniers jours. A une demi-lieue de là, nous retrouvâmes l'ancienne route des Incas, conduisant à des climats moins rigoureux. L'antique chaussée est, par endroits, parfaitement conservée, et passe, semblable à une large bande grise, au milieu du terrain couvert d'herbe jaune et fanée. J'examinai au passage des ruines anciennes très délabrées qui se trouvaient dans ces parages.

Vers trois heures de l'après-midi, nous nous trouvâmes sur les bords d'un fleuve dont le nom nous est resté inconnu. La chaussée suivait, à partir de là, les mouvements capricieux du cours d'eau. A notre droite et à notre gauche s'élevaient d'énormes masses de roches, noires, grises ou jaunâtres. Dans les pans schisteux de la Cordillère, nous vîmes des grottes servant généralement à abriter les morts. Je désirais vivement fouiller une de ces grottes, et, à cet effet, je mis pied à terre, pris un détour et réussis à atteindre le plateau supérieur de la montagne. Je m'étais fait accompagner de deux Indiens, en laissant un troisième, habitant de Taparaco, veiller sur nos montures. [...]

Une fâcheuse émotion

Je reconnus d'abord le point au-dessous duquel se trouvait une des grottes ; puis, attaché solidement sur un bâton avec des cordes en cuir (*lasos*), je me fis descendre par mes Indiens. Un voyage vertical de 100 mètres, fait en ces conditions, est extraordinairement long.

Cependant j'arrivai à l'entrée de la tombe, fermée en partie au moyen de dalles schisteuses amoncelées. En fouillant, je découvris d'abord deux crânes, puis, au fond de la grotte, une momie accroupie. Toute trace de vêtement ou de linceul avait disparu, mais le seigneur *gentil* était là, bien sec et encore assez solide. Je passai une corde à travers l'orbite des crânes et me les attachai à la ceinture, puis je pris la momie entre mes bras, et le signal de l'ascension donné, mes Indiens me hissèrent.

Je me défendis, le jarret tendu, contre les anfractuosités de la roche, et en quelques minutes je me trouvai tout près du bord supérieur. Les Indiens ne m'avaient pas vu monter et ne se doutaient pas de quel fardeau je m'étais chargé.

Au moment où le crâne jauni de leur ancêtre dépassa le bord, la frayeur idiote de ces gens leur imprima un mouvement nerveux. Il me sembla qu'ils avaient lâché la corde. Affaire d'une seconde. Ce qui se passe dans un cerveau humain en pareil instant est indescriptible. Je n'étais pas en tout descendu d'un mètre, mais j'éprouvai le sentiment terrible de l'homme dans le vide. Mes mains crispées par la frayeur avaient lâché la momie, et pendant que, blême et couvert d'une sueur froide, j'escaladais le bord du précipice, aidé par mes Indiens, la momie, brisée en mille morceaux, rebondissait de roche en roche et tombait en miettes au fond de l'abîme.

Même un homme ayant le caractère mieux fait que le mien comprendra le bel éclat de colère dont j'accablai mes coupables Indiens. Ces malheureux me déclarèrent que les *gentiles*, dérangés dans leur sépulcre, ont l'habitude d'embrasser les Indiens, qui périssent infailliblement sous le souffle mortel de ce baiser. L'un d'eux me dit que, son père ayant touché à une momie, un os lui en était entré dans les chairs et y avait occasionné une inflammation suivie de mort. L'autre m'assura qu'au moment où la tête de la momie avait dépassé le bord du précipice elle avait ouvert la bouche ; si elle n'était heureusement tombée dans l'abîme, elle leur aurait lancé une malédiction irrémédiable.

Je connaissais depuis longtemps déjà tous ces préjugés, et, n'ayant pas l'habitude de récriminer longtemps contre des faits accomplis, la bonhomie avec laquelle mes guides débitaient ces bourdes me fit oublier et la perte de ma trouvaille et la chute que j'avais failli faire.

Nous regagnâmes le fond de la vallée et nous continuâmes la route. Après trois jours de marche nous arrivâmes à Colpa, où l'on nous fit payer des sommes fantastiques pour nous héberger misérablement dans une abominable écurie. Le *chupe* pour mes hommes et pour moi, la paille presque pourrie qu'on donna à mes pauvres bêtes, qui ne purent la manger, me coûtèrent au moins ce qu'aurait valu un fort bon dîner au Café anglais. C'était dur, car je me trouvais encore à 50 lieues de Tarma où j'étais accrédité, et je n'avais plus qu'une soixantaine de piastres pour toute fortune. Cependant j'envisageai ma position, assez critique, avec une insouciance absolue ; j'aurais, au pis-aller, vendu ma bête, et je serais allé à pied à Tarma.

Colpa est située au fond de la gorge du même nom, à une lieue des ruines de Huanuco Viejo, qui occupent le haut plateau. Cette *puna* se trouve à 963 mètres au-dessus de la vallée, et, chose presque incroyable, un escalier en pierre monte à cette énorme hauteur. En beaucoup d'endroits, les marches en sont encore intactes.

La visite de Huanuco Viejo

L'avenue imposante prépare le voyageur d'une façon particulière au spectacle qui s'offrira à ses regards. Quels ont dû être jadis les sentiments du pèlerin indien qui, au lieu de la curiosité de l'Européen, y apportait la foi du croyant ? Le haut plateau sur lequel se trouvent les antiques monuments est uni comme une ardoise et entouré de montagnes légèrement ondulées. Au loin, les neiges de la Cordillère encadrent l'horizon transparent.

Un petit lac envoie un courant d'eau qui traverse et irrigue le haut plateau. La ville ancienne s'élève là, entourée d'une muraille puissante. Si nous entrons par le côté est, nous avons d'abord à notre droite le gynécée reconnaissable à la séparation rigoureuse établie entre lui et les autres constructions. Ce n'est pas du côté de l'entrée principale qu'on peut y accéder, c'est par un labyrinthe qu'on y pénètre avec difficulté. Dans la partie est des ruines se trouvent tout d'abord les thermes, se composant de onze piscines murées en pierre et surmontées de parois d'un appareil admirable pourvu de niches au fond desquelles sont fixés des bancs en pierre. On voit encore aujourd'hui les ouvertures par lesquelles l'eau du *Puquio* se déversait dans ces bassins.

En avançant dans la galerie principale nous entrons, après avoir passé par une vaste cour, dans une allée formée de quatre portes monumentales, presque pylones. Le linteau de chacune de ces portes est fait d'une seule pierre qui n'a pas moins de 4,50 mètres de large. Sur les premières assises au-dessous de ce linteau on voit des pumas, semblables aux sphinx de quelque Sérapéum, veiller sur la route sacrée. Au bout de cette immense galerie s'élève un terre-plein à un gradin de dimensions considérables ; il s'élève sur un trottoir en pierre, et une large rampe, reste d'un ancien escalier, donne accès par deux portes à une plate-forme entourée d'une balustrade en pierre. De chaque côté de la porte, des couples de lions * accroupis sur leurs socles de pierre regardent du côté de l'avenue. Dans l'intérieur de cette enceinte, du côté nord, une autre porte est ouverte ; elle est tournée vers cet escalier gigantesque qui, de la vallée de Colpa, donne accès au haut plateau. Du côté nord de la grande avenue que nous venons de décrire, une cour immense entourée d'un vaste mur formait un enclos où probablement les lamas trouvaient un sûr abri. S'adossant à cette cour, trois rangées de constructions composées chacune de cinq pièces et entourées d'un large trottoir constituaient des salles sous forme d'atrium ; au sud de la galerie, il a existé dans une double enceinte une cité singulièrement disposée ; au milieu de trois vastes cours, séparées les unes des autres par des ruelles ou des couloirs, il subsiste des constructions qui se composent d'une seule pièce. Dans la première cour, il y en a deux ; dans les autres, il n'en existe qu'une seule. Dans l'enceinte qui se trouve derrière ces trois enclos, on observe six rangées de maisons. Les constructions d'une même rangée sont égales entre elles ; les rangées diffèrent les unes des autres. La première ligne se compose de neuf maisons dégagées des quatre côtés. La seconde rangée se compose de quatre maisons qui n'en forment en réalité qu'une pourvue de trois murs intérieurs de séparation. La troisième série se compose de seize maisonnettes fort petites, mesurant à peine le quart de la surface des dernières et des trois maisons de la ligne suivante, maisons qui partagent la distance de l'est à l'ouest de cette cour en quatre parties égales. Les vingt-six maisonnettes de l'avant-dernière ligne forment une rangée ; elles sont séparées par des murs de division. Vingt maisonnettes accouplées deux à deux terminent la série du côté ouest, une façade de cinquante maisonnettes donnant toutes sur la cour complète l'ensemble bizarre de cette ville contenue dans la ville.

Une cité royale

Nous n'insistons pas sur les parcs de lamas, les grands atriums et les enceintes monumentales des quartiers ouest de Huanuco Viejo ; nous dirons seulement que l'enthousiasme de l'auteur espagnol Xerez, l'historiographe de l'épisode qui amenait Pizarro dans ces parages,

---

* Il s'agit évidemment de jaguars, le lion étant inconnu en Amérique.

Voici comment Wiener, suspendu à un jeu de cordes, explorait les parois rocheuses des sites péruviens.

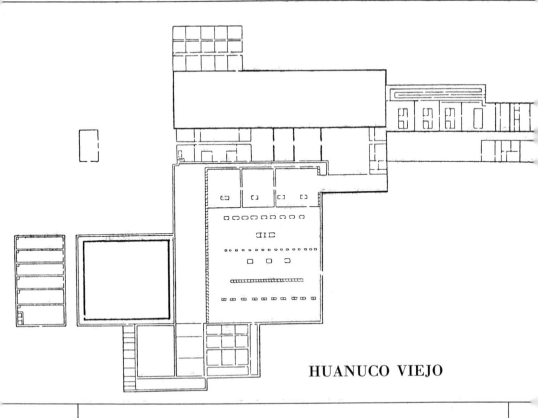

HUANUCO VIEJO

ne nous étonne aucunement. Xerez dit que la ville ancienne mesurait près de 3 lieues de circonférence. Aujourd'hui que la ville proprement dite a disparu, les palais royaux, les thermes, les temples et les enclos renfermant les principales bâtisses, ont encore un périmètre d'environ une lieue.

Et lorsqu'on parcourt ces énormes cours d'honneur, ces palais au milieu de préaux, ces galeries, ces labyrinthes ; lorsqu'on monte sur cet imposant terre-plein, sorte de pyramide tronquée dont les abords sont gardés par des couples de lions ; lorsqu'on passe par ces portiques, dont les chambranles sont ornés de sculptures, au milieu de vastes salles et de thermes avec leurs guérites et leurs niches, de tous ces monuments impérissables à l'appareil le plus soigné dans la matière la plus résistante, on comprend que la cour la plus brillante pouvait déployer là son luxe et sa puissance. Un vieux pâtre de Colpa, devenu mon ami grâce à quelques petits cadeaux, était venu me rejoindre et me conduisit dans des galeries secrètes par des portes qui ont 0,80 mètre de haut sur 0,40 de large. Il me montra en dernier lieu une de ces galeries : la *horca* (lieu de supplice) des femmes. Dans les murs, on aperçoit deux cavités destinées à recevoir les seins de la suppliciée suspendue à un *corbeau* semblable aux porte-manteaux des souterrains de Chavin.

Ces constructions sont en grès très dur ; les pierres des principaux édifices sont admirablement travaillées et adaptées les unes aux autres sans ciment ni mortier. Ce groupe d'édifices se trouve sur un haut plateau uni comme s'il eût été fait de main d'homme, entouré, à peu de distance, de collines qui, à leur tour, semblent être enserrées par des cimes neigeuses. Cependant, entre ces collines et les cimes de la Cordillère, un abîme isole cette région semblable à un îlot.

Le centre stratégique de l'empire des Andes

Et quelle a été la raison d'élever ce poste si bien fortifié par les hommes après avoir été admirablement défendu par la nature ? Ce ne saurait cependant pas être des remparts de défense.

La topographie seule de cette région explique le fait qui paraît énigmatique au premier abord. Le haut plateau de Huanuco Viejo se trouve en effet entre deux grands bassins, le rio Lauricocha à l'est et le rio Chaupihuaranga à l'ouest (devenant plus au nord le Tunguragua et le Huallaga). Situé à l'origine même des torrents, là où ils sont guéables pendant toute l'année, ce poste militaire reste pendant les plus grandes crues en communication avec les quatre rives des deux courants.

En dehors de l'importance que la possession de ce point exerce sur la domination des pays qui s'étendent du 9e au 3e degré de latitude sud, il ne faut pas oublier que ce poste stratégique était d'une grande utilité pour les Incas désireux de soumettre le royaume de Quito.

Avant de tenter cette grande campagne qui devait leur assurer le pouvoir sur toute la région septentrionale des Andes, il fallait assurer des communications avec la côte, ou tout au moins se prémunir contre un retour offensif par lequel les populations Yungas non soumises encore pouvaient entraver la marche conquérante des empereurs du Sud.

C'est l'Inca Yupanqui qui comprit cette première nécessité et attaqua de front les Chimus en face du rio de Supe, dont nous parlions plus haut, pendant que ses lieutenants descendaient des hauteurs de Huanuco. A peine avaient-ils traversé le Tunguragua qu'ils se trouvèrent en face des passes qui s'ouvrent dans la chaîne maritime. Ils les franchirent sans difficulté et, prenant les Chimus de flanc, ils en vinrent aisément à bout. Huanuco a été ainsi le grand poste militaire avancé du Cuzco et la station intermédiaire entre le sud et le nord du pays des Incas lorsqu'il était parvenu à l'apogée de sa puissance. L'importance de ce point était telle que Pizarro, le conquérant du Pérou, la comprit aussitôt. A peine arrivé sur les lieux et avant de tenter la conquête du Cuzco, il sentit le besoin d'assurer ses communications d'abord avec le Nord, où il était définitivement en possession de Cajamarca, capitale du dernier Inca Atahualpa, et ensuite avec la côte.

En reconstituant l'histoire militaire de la conquête, on voit que Huanuco était considéré comme la clef des points les plus importants et comme le centre stratégique de l'empire des Andes.

C'est l'œuvre d'une forte race qui, comme toute race bien née, affirme par des monuments son existence, sa prise de possession du sol. Ces monuments sont censés être éternels, et, si cette qualité n'appartient pas aux créations humaines, au moins la durée de ces œuvres a-t-elle dépassé la vie de plus d'une génération, indiquant aux races nouvelles la valeur et la force de leurs prédécesseurs.

J'ai passé quatre jours dans cette région, dessinant les ruines, dressant des plans, arpentant l'antique ville et parcourant les gorges voisines, dans l'espoir d'y trouver les fortifications qui jadis défendaient ce lieu, demeure d'un roi voisin d'un dieu.

Sur ce vase d'époque inca sont représentées deux vierges du Soleil ; chacune tient à la main la fleur appelée Quantù par les Incas (Museo e instituto de Arqueologia de la Universidad nacional de Cuzco, Pérou).

Nuit d'orage

La quatrième nuit, revenu d'une dernière expédition, j'établis mon campement contre un mur du temple. Je montai mon lit de campagne, et, comme le ciel était chargé de nuages couleur de plomb, aux rebords de teinte jaune fauve, qui prédisent l'orage à courte échéance, j'improvisai une tente avec mon *poncho* de caoutchouc. Mes hommes en firent autant et nous nous glissâmes sous notre abri. Il était huit heures du soir.

Après des journées de voyage au Pérou, se coucher et s'endormir sont actions simultanées, et, si elles ne le sont pas, c'est qu'on s'endort avant de s'être couché.

Je me réveillai au bruit d'un coup de foudre formidable. Je me sentis mouillé jusqu'aux os. Ma tente improvisée avait été emportée

---

Les Vierges du Soleil

L'une des institutions les plus remarquables de la société Inca était certainement celle des Vierges du Soleil, appelées en quichua *Aclla* ou *Intip chinan* ; cette dernière expression signifie « servante d'Inti », Inti étant le nom du Soleil. Recrutées dans le clan de l'Inca et à travers les provinces par des fonctionnaires spéciaux, ces jeunes filles, souvent encore enfants puisqu'elles pouvaient n'avoir que huit ans, étaient placées dans des sortes de couvents. Là, elles étaient surveillées et éduquées par des femmes qui leur enseignaient tous leurs devoirs.

Ces vierges étaient réparties en plusieurs classes. Selon une source, elles formaient trois classes : dans la première étaient les filles du clan inca ; leur nombre pouvait atteindre cinq cents et elles résidaient à Cuzco ; la seconde réunissait les filles des nobles et des gouverneurs de provinces ; dans la troisième se regroupaient les filles du peuple. Les vierges des deux dernières classes avaient leur couvent dans diverses villes des provinces. Selon une autre source, elles étaient divisées en six catégories : filles des plus hauts personnages de l'empire ; filles des fonctionnaires de haut rang et gouverneurs, chargées de filer et tisser pour la maison de l'Inca ; filles des nobles ; la quatrième catégorie comprenait les chanteuses, la cinquième celles que l'on considérait comme les plus belles, et enfin dans la sixième et dernière on plaçait les filles recrutées dans les provinces.

L'archéologie a révélé quelques-uns de ces couvents : ils se composaient de cellules s'ouvrant sur une cour centrale, outre un certain nombre de bâtiments annexes. Une fois leur éducation terminée, les vierges entraient dans la maison de l'Inca et devenaient en particulier ses concubines, ou étaient mariées à des dignitaires. Un certain nombre restait au service du dieu Soleil dont elles devenaient les « épouses » ; elles étaient plus particulièrement chargées d'offrir des sacrifices au dieu, d'entretenir le feu sacré, apporté dans les temples depuis le couvent, et de fabriquer le pain sacré et la chicha (bière de maïs) utilisés au cours des fêtes solaires. Les Vierges du Soleil convaincues d'avoir eu des rapports avec un homme étaient enterrées vivantes ; si elles se retrouvaient enceintes sans qu'on puisse faire la preuve de leur culpabilité on considérait que le père était le Soleil, ce qui leur évitait tout châtiment.

par la tempête ; mon lit était transformé en lac ; je me levai grelottant. Les vêtements me collaient au corps. Mes hommes, abandonnant leur réduit transformé en marais, venaient me rejoindre. Le vent glacé de la *puna* nous fit frissonner de la tête aux pieds. La grêle chassée par le vent me coupait la figure ; je marchais comme un garde devant sa guérite ; seulement point de guérite, pas d'abri sur ce plateau nu. Les vêtements trempés alourdissaient mes pas. La respiration était gênée par le linge mouillé qui emprisonnait la poitrine. De petits ruisseaux sortaient par les manches et une eau glaciale ruisselait le long de mon corps. Je pris du rhum. La tempête cessa pendant quelques minutes pour recommencer de plus belle. De onze heures du soir au lever du soleil, j'ai monté cette terrible garde, secoué par le froid et par la fièvre, qui, par bouffées chaudes, me montait à la tête. Les mules, à chaque éclat de foudre, les naseaux ouverts, la tête en l'air, l'oreille dressée, phosphorescente, restaient immobiles sous le coup d'une invincible terreur. Parfois, aux lueurs fauves des éclairs de chaleur éclatant au loin sur les terres, je vis ces malheureuses bêtes la tête basse, l'oreille pendante, les jambes ramassées en lignes convergentes. Leur triste silhouette se détachait sur le fond électrique du firmament en feu.

Vers cinq heures du matin, paralysés par le froid, insensibilisés par le vent, hébétés par vingt-quatre heures de fatigue et huit heures de souffrances, nous montâmes péniblement sur nos mules. Un soleil sans rayons, opaque, cramoisi, se levait paresseusement.

Nous étions, maître, *arrieros* et bêtes, après cette nuit avec ses prosaïques souffrances, dans un piteux état. Vers trois heures de l'après-midi, nous arrivâmes à Baños. La femme du gouverneur, une jolie *cholita*, gracieuse et bienveillante, me prépara un dîner ; mais la fatigue m'avait serré la gorge, je ne pouvais rien avaler, et pendant trois jours j'eus de violents accès de fièvre.

Descente vers les sources de l'Amazone

Depuis le *castillo* de Huanuco jusqu'à Baños, nous avions suivi le chemin des Incas, qui est en beaucoup d'endroits en bon état. Il subsiste encore à la gauche du chemin, à 2 lieues au nord de Baños, des parcs de lamas, plusieurs ruines de *tambos* et un grand terre-plein. Les escaliers de cette route sont décidément l'œuvre la plus parfaite des ingénieurs autochtones.

Selon la pente sur laquelle ils sont établis, les marches ont depuis 0,45 mètre jusqu'à 6 mètres de large. Elles sont complètement pavées (*empedrados*) et au bord les pierres sont travaillées avec le plus grand soin.

A un quart de lieue au nord-nord-est de Baños jaillissent des eaux thermales. Les nombreux vestiges anciens qui se trouvent en ces parages ne présentent plus que de la *pedreria*, des murs au ras du sol et des pierres couvrant le terrain. On a pourtant découvert dans ces parages de belles sculptures contenues dans des grottes funéraires. Partis de Baños cinq jours après notre arrivée, nous laissons à notre droite, à trois lieues du village, la *estancia de Agrapo*. La route devient de plus en plus rude. Vers onze heures du matin, nous apercevons, chose extrêmement rare dans ces contrées, à environ 400 mètres de distance, un petit puma, ce lion de la Cordillère. Il semble s'approcher de nous, en s'arrêtant de temps en temps ; nos fusils sont chargés. C'est plutôt l'idée qu'on est en présence d'une espèce de lion que l'aspect lui-même du félin qui nous produit un effet singulier.

Nous le couchons en joue lorsqu'il est encore à 80 mètres de distance. Il reçoit une première décharge à 35 mètres, il bondit furieux et vraiment superbe, et, sous l'effet d'une seconde décharge, il roule à une dizaine de mètres sur le tapis jaunâtre de la *puna*. Mes hommes jettent des cris de joie et s'approchent de la bête, non sans une certaine prudence. Cependant quelques dernières convulsions de l'agonie, et le lion est bien réellement à nous. Une balle l'a frappé au front et deux autres lui ont traversé les poumons. C'est un puma jeune encore, et d'une maigreur incroyable. Il mesurait 0,75 mètre de haut sur 1,30 mètre de longueur. Mes hommes mettent presque deux heures à le dépouiller, puis on attache la peau derrière ma selle, ce qui fait que ma mule rue et se débat comme une désespérée. Je la ramène cependant à plus de sagesse et nous continuons notre route monotone. Le jour baisse et, si les teintes du ciel varient à l'infini, le sol reste toujours le même, avec ses légères ondulations, avec son aspect terne, sans végétation ligneuse, sans graminées savoureuses. Enfin, au loin apparaît, au fond d'une dépression du terrain, la *hacienda de Lauricocha*. On nous y refuse l'hospitalité. Il fait très froid et la nuit dans la *puna* est assez dure. Obligés de veiller sur nos bêtes dans cette région fameuse pour ses voleurs, je monte la garde depuis notre frugal repas jusqu'à l'aube pour empêcher mes muletiers de dormir. Ils mâchaient mélancoliquement leur *coca*, et, très las, nous nous remîmes en route pour Yanahuanca.

Partis dès cinq heures du matin, nous arrivâmes aux premiers rayons du soleil sur le haut plateau où se trouve l'un des principaux berceaux de l'Amazone.

Du lac de Lauricocha sort, au milieu d'une plaine couverte de l'herbe de la *puna*, le filet d'eau qui plus loin s'appellera Tunguragua et Marañon. Sa première direction est ouest-nord-ouest. Il coule paresseusement et fait mille détours capricieux dans la plaine, revevant parfois en arrière, de sorte que les Indiens ont établi une série de petits ponts en grands schistes ardoisiers.

Il paraît que ces passages existent depuis des siècles et qu'ils portent nom : Pont de l'Inca. Nous passâmes par une gorge appelée Mojon qui nous conduisit sur un plateau appelé Condorbamba. On y voit une série de ruines en très mauvais état. De là nous descendîmes dans des contrées moins froides et, longeant le rio de Huaratambo qui plus loin s'appelle rio de Yanahuanca, nous traversâmes Bombon et Huaratambo avant d'entrer dans le bourg de Yanahuanca.

CH. WIENER

LE CHATEAU D'OLLANTAY

A une cinquantaine de kilomètres à l'ouest de Cuzco, se dresse la puissante forteresse d'Ollantaïtambo. Garcilasso de la Vega nous apprend que l'Inca Viracocha, le père de Pachacuti, fit élever de vastes et somptueux édifices dans tout l'empire et en particulier dans la vallée du Yucay, à Tampo, c'est-à-dire à Ollantaïtambo. Les Incas appelaient tambo *ou* tampus *de grands bâtiments garnis de provisions et de munitions et disposés sur les routes, pour les défendre. Ollantaïtambo est ainsi le château d'Ollantay. Charles Wiener, au cours de la visite qu'il fît en ce site, a rapporté la légende de cet Ollantay, seigneur de ce château. Par ailleurs, Wiener rappelle ce que dit Cieza de Léon, à propos d'Ollantaïtambo : dans la vallée de Yucay « on voit des ruines des nombreux et importants édifices qu'il y avait dans cette contrée et notamment au Tambo qui se trouve à trois lieues au sud entre deux grandes montagnes, près d'une gorge... Dans cet endroit les Incas possédaient un des forts les plus puissants de leur domaine, établi si bien sur des rochers que peu d'hommes suffirent pour le défendre contre des ennemis nombreux. Entre ces roches, les flancs sont parfois tellement abrupts que le fort devient imprenable... La vallée est remplie de grands* andenes *(nom indigène des cultures en terrasses ; c'est ce terme qui a donné leur nom aux Andes, à l'époque des Conquistadores), sous forme de murs superposés les uns aux autres ; sur la partie supérieure de ces murs, ou du moins sur leur épaisseur, les Indiens semaient les grains produisant les fruits qu'ils avaient l'habitude de manger. »*

Une « enseigne » de forteresse

Le village de Urubamba est moins joli que le village contigu de Yucai, contenant, véritable jardin, des vergers, des prés cultivés, des *andenes* couverts de plantations de maïs, ou de champs de luzerne, un chemin bordé de bouquets de saules ; le fleuve de Urubamba, qui traverse la contrée, complète l'ensemble charmant auquel depuis longtemps je n'étais plus accoutumé. Je me dirigeai sur Yanahuara, à mi-chemin entre Urubamba et Ollantaïtambo. A la gauche du sentier qui s'éloigne du fleuve, le terrain est couvert de blocs granitiques de dimensions considérables. Ce sont des pyramides, des aiguilles, des obélisques, des pans de murailles, d'énormes champignons, une variété de formes sans fin.

A partir de la *hacienda Yanahuara*, qui se trouve environ à une demi-lieue à la droite du rio de Urubamba, on suit les courbes capricieuses du fleuve coulant à pleins bords. A un quart de lieue en avant, commencent des travaux de terrassement sur les deux chaînes de montagnes qui accompagnent le cours de l'Urubamba. Ces travaux frappent par leur état remarquable de conservation, par le nombre considérable de gradins (nous en avons compté en certains

La forteresse d'Ollantaïtambo, dessinée pour illustrer l'ouvrage de Wiener.

endroits jusqu'à quarante) et par leur énorme développement, qui comprend près de 2 lieues entre Yanahuara et Ollantaïtambo. Les versants étant assez escarpés, les plates-formes sont peu larges, et la montagne se trouve ainsi, jusqu'à une hauteur de 120 à 150 mètres, transformée en une sorte d'escalier gigantesque interrompu par d'immenses blocs de rochers gris ou noirâtres qui s'élèvent sur le versant.

A 2 kilomètres du village, une roche qui se dresse sur la rive droite de l'Urubamba porte une antique peinture. On appelle ce point le *Inca pintay*. On voit, à 50 mètres de hauteur, se détacher en rouge sur le fond jaunâtre la silhouette d'un Indien qui, de la main gauche, tient une massue. Enseigne de forteresse.

A un demi-kilomètre de là s'élève un fortin des plus pittoresques sur la rive opposée du fleuve. Ce fort avec ses tours et ses bastions est adossé à la muraille de rochers qui monte derrière lui à des hauteurs inaccessibles.

Le village d'Ollantaïtambo

Un quart d'heure plus tard, on entre dans le village d'Ollantaïtambo appartenant tout entier à l'époque antérieure à la conquête. Les habitants vivent dans les maisons superbes des autochtones. Ils ont recouvert de chaume ces demeures royales qu'ils font ressembler à des écuries.

233

Nous demandâmes l'hospitalité à doña Francisca Artajona de Ballon, dans *sa hacienda* située au pied des monuments formant l'antique forteresse. La cour de la *hacienda* de dame Artajona avait un aspect pittoresque : au lieu de l'éternel poulet, le *huallata*, volatile au plumage blanc, à la démarche originale, donnait quelque peu de couleur à cet enclos sans grâce et sans caractère.

Cette *hacienda* est à peu près la seule bâtisse de Ollantaïtambo datant entièrement du XVIIe siècle : il n'y est pas entré une seule pierre antique : aussi les murs sont crevassés, et les toits menacent ruine. Il est curieux de voir ces constructions modernes s'incliner de vétusté en face des murs anciens qui, à quelques pas de là, s'élèvent fièrement jusqu'aux nues.

En se plaçant sous la porte de la ferme, on est à 180 mètres au-dessous du *castillo* édifié sur un socle de granit transformé dans la partie supérieure en terre-plein à gradins. Les anciens bâtisseurs ne doutaient de rien ; ils ont consolidé la roche là où elle ne leur a point paru suffisamment solide. On y aperçoit des murs de soutènement, des coins de maçonnerie dans les crevasses et des piliers énormes pour consolider la masse granitique en certains points où elle surplombait, et les schistes ardoisiers là où une déclivité trop forte pouvait faire prévoir un éboulement. Tel est le socle sur lequel s'élèvent d'abord les gradins *(andenes)*, reliés entre eux par des escaliers, et, au sommet, le majestueux château fort ancien.

Vue générale des ruines

A Ollantaïtambo comme au Cuzco, on voit se dessiner sur les murs le curieux problème de la succession des races sur la terre des Andes. On y suit le développement et le perfectionnement de la technique. On y voit l'art adoptant des procédés pratiques et trouvant en dernier lieu des moyens pour arriver sans grands efforts à un but utile. Les différents appareils équivalent à des couches archéologiques et répondent à des ensembles de civilisations diverses. L'ensemble des ruines peut se diviser en cinq groupes :

Le *castillo*, avec ses palais immenses, ses terrasses, ses pylones et ses escaliers, ses aqueducs et ses citernes ;

Les travaux de sculpture dans la roche vive, sièges, marches, balcons, plates-formes, niches, etc. ;

La ville ancienne, avec ses constructions imposantes, ses rues, ses places, ses *acequias*, ses passerelles en dalles schisteuses, située au pied du château fort ;

Les constructions du versant opposé au *cerro del Castillo*, appelées le tribunal et la prison des hommes et des femmes ;

Enfin, le pont antique sur le fleuve Urubamba, dont le pilier central subsiste encore.

En outre de ces constructions, on voit éparses sur les deux rives de l'Urubamba des pierres énormes taillées sur toutes les faces et évidemment destinées à entrer dans l'appareil des palais. Les travaux ont été interrompus, et ces pierres restées en route portent le nom pittoresque de *piedras canzadas* (pierres fatiguées). Elles fournissent la preuve que les architectes allaient chercher souvent bien loin les matériaux de leur bâtisse et qu'ils savaient mouvoir des masses et des poids considérables, car, parmi ces pierres, il y en a qui mesurent jusqu'à 9 mètres de haut sur 4 mètres de large et 5 mètres de long. Ainsi les blocs qui constituent la façade est du *castillo* présentent des dimensions exceptionnelles. Ils sont en granit rose, parfaitement poli, et l'une des pierres porte en relief des dessins en méandres. Sur certains points de la surface, on aperçoit des cubes, des cylindres, des troncs de cône semblables à de grandes verrues. En d'autres endroits, on constate des creux.

Au bas de l'Andeneria il y a une sorte de petite cour d'environ cinquante pas de largeur (elle est contiguë à la grande place appelée le *Quoichipuncu*), qui est couverte d'une foule de blocs de rochers travaillés qui proviennent de l'éboulement partiel d'une terrasse et de ses murs de soutènement. Ils ne laissent subsister aucun doute sur le but d'un certain nombre de ces verrues et des creux dont la destination nous avait échappé d'abord ; car il y en a plusieurs gisant les uns à côté des autres, dont les saillies, semblables à des clous énormes, s'étaient évidemment emboîtées jadis dans les creux ménagés dans les blocs voisins ; les édifices acquéraient ainsi une solidité extraordinaire. Dans la majeure partie de ces constructions, les murs d'appareil cyclopéen sont souvent complétés par des murs en moellons ou en schistes ardoisiers, qui détruisent l'aspect grandiose de l'œuvre en granit. Certaines parties, comme les murs de défense, à l'ouest du fort, établis sur des pentes abruptes, sous des angles de 45 à 50 degrés, sont entièrement construites en schistes.

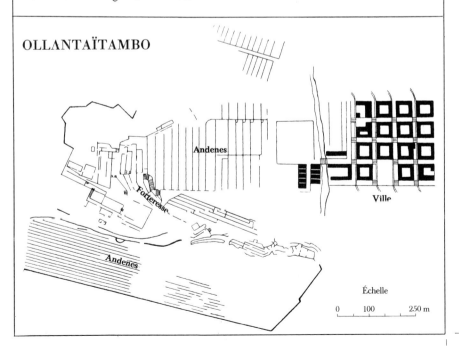

OLLANTAÏTAMBO

Andenes

Forteresse

Andenes

Ville

Échelle

0   100   250 m

La ville de Ollantaïtambo est située sur un immense terre-plein travaillé avec le même soin que celui du Gran Chimú.

Le plan général de la cité est d'une admirable régularité et, quoiqu'il soit évident que les bâtiments appartiennent à des époques différentes, les architectes ont scrupuleusement respecté le plan adopté par les fondateurs de la ville.

Les canaux d'irrigation, aussi bien ceux du *castillo* que ceux de la ville, provoquent l'admiration. Les premiers sont taillés dans la roche vive, dans le flanc souvent vertical de la montagne. Les anfractuosités interrompent la ligne du cours d'eau, les fentes sont bouchées par de la maçonnerie. Ces canaux ont eu plusieurs lieues de longueur ; l'eau venait des *nevados,* les cimes neigeuses de la Cordillère. Ils conduisent à de grands réservoirs, car ce que les Péruviens regardent aujourd'hui comme des *tapados* (cachettes remplies de trésors) sont d'anciennes citernes. Une de ces *acequias* sur le Pinculluna et une autre sur le *cerro de la Fortaleza* sont encore dans un bon état de conservation.

Dans la ville, chaque rue est bordée d'un canal alimenté par les eaux du rio Pallata, et, aux carrefours, des dalles schisteuses établissent des passages. Le plus large de ces canaux traverse la grande place ancienne, le *Quoichipuncu* (porte de l'Arc-en-ciel). Cette place est aujourd'hui défigurée par un enclos grossier, au milieu duquel s'élève une église sans style, sans croyants et sans curé. Cependant cette cour royale était jadis d'une régularité parfaite. Les façades intérieures présentent des portes d'un mètre et demi de large, entre des piliers de 80 centimètres, immense *atrium* d'un caractère sévère, avec ses piliers, ses linteaux et ses trottoirs en granit poli et brillant.

La colline du Château

La *horca* des hommes et des femmes, construite en schistes ardoisiers, ne produit pas un grand effet d'ensemble. Les pièces de ce palais sont séparées par des parois relativement minces, sans aucune décoration. Toutes les salles donnent du côté de l'ouest, et l'on aperçoit de là, sur le plan nord-est du *cerro del Castillo,* mur de granit noir, presque vertical, le sanctuaire de l'*Inca-misana,* sculpté dans la roche résistante. Les anciens y ont creusé des marches étroites, des niches, des guérites, des sièges, des plates-formes qui se succèdent et s'élèvent jusqu'à une hauteur de près de 100 mètres.

Le voyage d'ascension se fait ainsi : on monte d'abord huit marches pour arriver à la première plate-forme ; deux marches conduisent à une seconde terrasse en retrait au-dessus de la première. En gravissant trois marches très élevées, on atteint deux niches à droite, et après deux nouvelles marches de 75 centimètres, on aboutit à un passage extrêmement étroit, poli comme du marbre. A ce point, on se trouve à 10 mètres plus à l'est qu'au point de départ.

Alors, les escaliers se dirigent vers l'ouest, de sorte qu'après avoir franchi quarante-neuf marches séparées par sept plates-formes, on se trouve devant le grand autel, tourné vers l'est, exactement au-dessus du point de départ.

Le *peñon* ou plateau supérieur, dont un Indien, à ce qu'on m'a dit, a fait l'ascension, est séparé de la dernière terrasse par le pan absolument perpendiculaire de la roche. Il n'y existe aucun vestige d'escalier, et je crois que l'Inca-misana n'est pas terminé, comme la majeure partie des travaux qui appartiennent à cette époque de la construction de Ollantaïtambo. Tel était aussi l'avis de mon guide, don José Gabriel Trecierra.

Il se trouve au Cuzco et ailleurs des gens qui ont vu Ollantaïtambo, et qui, après en avoir parcouru les ruines, continuent à dire que toute cette œuvre de géant a été faite par le fameux Ollanta, un homme de guerre et un conspirateur.

La légende veut que les monuments qui s'élèvent dans cette région aient été édifiés en quelques années ! Il n'est pas impossible que les murs de défense en schistes ardoisiers recouverts de stuc, aient été édifiés rapidement, mais, quant à l'ensemble, on peut dire qu'il a fallu des générations pour terminer ce travail colossal, et combien de générations ont passé depuis qu'il est terminé ! Sur l'Inca-misana, qui borde le côté ouest-sud-ouest de la propriété de don Manuel Bera, nous avons fait une observation qui pourra contribuer à faire évaluer l'antiquité à laquelle remontent ces travaux ; les marches, les niches, les plates-formes, ont repris aujourd'hui la couleur du massif, couleur noirâtre.

L'une des admirables portes aux pierres si parfaitement et régulièrement taillées de la forteresse d'Ollantaïtambo.

La légende d'Ollantay

Sous le règne d'Huayna Capac, Ollantay (ou Ollanta) de Tampu, appartenant à la race des Antis, Curaca (chef) de naissance, avait été nommé gouverneur de la province de l'empire appelée *Anti-Suyu*. Beau, brave, victorieux, le capitaine devint amoureux et séduisit une fille légitime de l'Inca Huayna Capac. L'Inca venait de concentrer des forces considérables, parmi lesquelles le contingent des Antis, commandé par Ollantay, pour terminer la conquête du *Chincha-Suyu*. Le jour de la revue, avant le départ, Ollantay, armé de son *champi* (sceptre de bronze des commandants) et le *mascapaicha* (le diadème des nobles) sur le front, profitant de la faveur et des éloges avec lesquels l'avait reçu l'Inca, s'inclina devant le souverain et lui demanda la main de sa fille. L'Inca la lui refusa avec indignation ; et la nuit même, Ollantay, sachant que la peine de mort l'attendait, s'enfuit avec sa maîtresse, suivi de ses troupes.

Le capitaine Rumi-Ñahui (œil de pierre), jaloux depuis longtemps de la faveur dont jouissait Ollantay, plein du désir de le perdre entièrement et de le livrer au châtiment, pénétra ou feignit d'avoir pénétré dans le couvent des vierges par simple curiosité ; mais il se garda de donner lieu au soupçon d'avoir abusé d'aucune d'elles ou d'avoir touché à aucun vêtement (la loi infligeant la peine de mort à ces crimes, mais ne prévoyant pas celui dont Rumi s'était rendu coupable). Ce crime de Rumi-Ñahui était une ruse concertée d'avance avec l'Inca. On le jugea et il fut exilé et chassé de la cour, après avoir été déclaré déchu de ses dignités.

Suivi d'un jeune Indien, sur la fidélité duquel il pouvait compter, il se retira chez les Antis et demanda à Ollantay de le recevoir. Bien qu'il eût dans le principe manifesté beaucoup de défiance, le chef des Antis finit par le croire victime de la cruauté de l'Inca et lui accorda sa confiance. Rumi-Ñahui en profita pour étudier le pays, la forteresse d'Ollantaïtambo et ses moyens de défense ; lui-même organisa en partie la résistance. Quand tout fut prêt, le faux allié envoya son compagnon prévenir l'Inca, lui recommandant surtout d'attaquer, au jour indiqué, le corps des *Sinchis*, qui le connaissaient et lui obéiraient. Rumi-Ñahui proposa à Ollantay de diviser son armée en deux parts, qui veilleraient alternativement et se livreraient à tour de rôle aux plaisirs des fêtes, de manière que, tout en assurant le service, il n'y eût pas de jalousie parmi les soldats. La manœuvre fut conduite avec tant de secret, que rien ne transpira sur l'approche de l'Inca, jusqu'à ce que, le second jour des fêtes, pendant qu'Ollantay assistait à un festin, on vint le prévenir que l'armée de l'Inca venait par le chemin de Lares.

L'attaque fut violente ; une partie de la garnison soutint vigoureusement l'assaut. Mais les Siuchis livrent la ville située au pied de la forteresse, et la confusion se met parmi les défenseurs, qui abandonnent leur chef.

Ollantay prend lui-même la fuite et, voyant tout perdu, s'élance vers la rivière, pour se donner la mort ; mais Rumi-Ñahuy et ses hommes le saisissent par la ceinture et l'entraînent aux pieds de l'Inca, qui s'avançait porté dans son palanquin.

Après la pacification du pays, l'Inca retourna au Cuzco, où il y eut de grandes fêtes pour célébrer cette victoire, l'Inca fit comparaître devant lui Ollantay et Rumi-Ñahuy. Il accorda au premier le pardon et la vie sauve, mais il lui ordonna de quitter l'empire avec sa famille et ses richesses. Quant à Rumi-Ñahuy, le monarque lui exprima toute sa gratitude, mais il déclara qu'il ne pouvait récompenser des services rendus au prix d'une trahison odieuse contre son hôte. Ayant servi l'empire, mais trahi la confiance et l'amitié, il méritait un payement pour ses services et un châtiment pour sa perfidie. Huayna lui donnait donc le cinquième de ses propriétés royales, pour lui et ses descendants, et l'exilait à tout jamais, lui et les siens. Le lendemain de ce jour, Ollantay et Rumi-Ñahuy quittaient pour toujours le territoire des Incas, et personne ne les revit.

Telle est la légende qui a survécu de père en fils à Ollantaïtambo même. Mais en dehors de cette histoire, il subsiste sous le nom de Ollanta, un drame vraiment admirable en langue quichua. Les péripéties de la légende y sont altérées, embellies, ennoblies encore et donnent une haute idée de la valeur morale des souverains, de la constitution de la famille et des sentiments exquis d'honneur, d'amour et de courage parmi les autochtones. Nous n'avons pas à nous occuper ici de cette œuvre littéraire ; qu'il nous suffise d'indiquer le remarquable travail de philologie de M. Pacheco Zegarra, avocat, ancien secrétaire de la légation du Pérou à Paris, qui a publié ce drame, avec une fort belle traduction, chez Maisonneuve. C'est de beaucoup l'œuvre la plus complète sur ce sujet.

CH. WIENER

LA ROUTE SANS BORNES

Cet Empire inca qui s'étirait le long de la Cordillère des Andes sur plusieurs milliers de kilomètres, constitué par un agrégat de tribus souvent nouvellement conquises, compartimenté en vallées, en hauts plateaux, en basses régions maritimes, se maintenait grâce à un élément d'unification entièrement créé par les Incas, la route. Dans un ouvrage qui a fait date, Louis Baudin, professeur à la faculté de droit de Dijon, a mis en relief l'importance de la route en tant qu'instrument d'unification. Par ailleurs, ce livre, publié en 1928, et qui reste un classique de la littérature scientifique consacrée aux Incas, a été parfois critiqué par certains spécialistes qui ont reproché à l'auteur une vision par trop systématique : le titre de l'ouvrage, L'Empire socialiste des Inka, marque le fond de la thèse soutenue par l'auteur. La terre et tous les moyens de production auraient appartenu à l'Inca, c'est-à-dire à l'État, les particuliers n'étant propriétaires que de leur hutte, de quelques animaux et de leurs biens personnels, meubles, au demeurant, fort rudimentaires, et outils, instruments, vêtements. Toute la population travaillait pour l'État, qui laissait aux paysans la libre disposition des terres communales. Si l'on doit apporter des nuances à ces conceptions, il ne semble pas qu'on puisse cependant aller jusqu'à parler d'un mythe d'un État socialiste inca, comme le fait Alfred Métraux, et par de nombreux aspects, l'Empire inca ressemble à l'Empire des Pharaons dans lequel aussi, en principe, les terres dans leur ensemble appartenaient à l'État ou aux temples, et les artisans travaillaient pour la plupart pour le palais ou pour le temple.

Des mouvements de l'industrie humaine

S'il est vrai, comme on l'a prétendu, que la route crée le type social, la société péruvienne a dû être fort civilisée, car jamais nation ne disposa avant le XIXe siècle d'un pareil réseau de voies de communications. Les routes des Inka ont surpassé les fameuses voies romaines en longueur et en solidité.

Contrairement aux enseignements de l'histoire des peuples méditerranéens, l'eau n'a joué autrefois dans les régions sud-américaines du Pacifique qu'un rôle effacé. Alors qu'aujourd'hui les voyageurs et surtout les marchandises se servent du bateau pour se rendre d'un point à un autre de la côte, les anciens habitants suivaient les chemins tracés le long du littoral.

Et pourtant quels obstacles ces chemins n'avaient-ils pas à franchir ! Il faut avoir voyagé en Amérique pour comprendre l'étonnement des conquérants à la vue de ces voies pavées tendant leurs longues lignes à travers les solitudes des *punas* *, les pentes humides et glissantes des Andes, les sables de la côte et les boues des forêts tropicales. Les Indiens ont vaincu toutes les difficultés : ils ont élevé des murs de soutènement au flanc des collines, creusé la roche, canalisé les eaux d'écoulement, construit des chaussées remblayées dans les régions humides. Les routes qu'ils traçaient étaient vraiment ces « monuments de l'obéissance et de l'industrie humaine » dont parle Voltaire. Elles allaient, droites autant que possible, franchissant les obstacles plutôt que cherchant à les éviter, escaladant les montagnes par de grands escaliers, car à quoi bon s'ingénier à obtenir des pentes douces lorsque la roue est inconnue et l'important pour les soldats comme pour les courriers n'est-il pas d'aller vite ? Dans la *sierra*, elles étaient construites en *pirka* **, dans les régions fertiles, elles étaient bordées de petits murs pour éviter que les soldats en marche ne vinssent par mégarde piétiner les terres ensemencées ; elles avaient 5 à 8 mètres de largeur dans les plaines :

---

* Étendues plus ou moins désertiques et glaciales des hauts plateaux andins.
** Argile mêlée de galets et de feuilles de maïs.

Pages suivantes : la route sans bornes des Andes telle qu'elle existe, immuable, depuis des siècles, sinon des millénaires.

« Six cavaliers, dit Jerez, peuvent galoper de front » ; mais Cobo remarque qu'elles se rétrécissaient beaucoup dans les vallées, où deux à trois hommes seulement pouvaient chevaucher dans ces conditions. Aux endroits escarpés, des plates-formes avec des escaliers d'accès en pierre permettaient aux porteurs de la litière royale de se reposer, « tandis que le souverain jouissait d'une vue merveilleuse ». Parfois des bornes indiquaient les distances.

Sur la côte, les chemins étaient bordés d'arbres, qui donnaient au passant leur ombre et leurs fruits, et de canaux qui lui permettaient de se désaltérer. Dans les régions où les sables risquaient de tout recouvrir sous leur flot mouvant, des poteaux fichés en terre indiquaient la direction à suivre, poteaux que les Espagnols arrachèrent pour en faire du feu.

L'Inka exigeait que toutes les voies fussent absolument planes, sans une dénivellation, sans un caillou, sans un obstacle qui pût faire buter le voyageur, car les Indiennes filaient souvent en marchant et ne pouvaient regarder leurs pieds.

Chemins des montagnes et des plaines

Le tracé des routes était simple : deux grandes voies couraient l'une sur le plateau, l'autre le long du rivage ; les conquérants les ont appelées respectivement chemin de la *sierra* et chemin des *llanos* *. La première descendait de Pasto par Quito, Latacunga, Tomebamba, s'infléchissait vers le littoral dans la région d'Ayavaca, passait ensuite à Cajamarca, Huamachuco, Huanuco, Jauja, Cuzco, traversait le nœud de Vilcañota, longeait la rive occidentale du lac Titicaca et, laissant à l'est Chuquiabo, se terminait vers Chuquisaca ; la deuxième venait de Túmbez, desservait les villes de la côte, Chimú, Pachacamac, Nazca, gagnait Cuzco par Vilcas, redescendait sur les bords du Pacifique par Arequipa, Arica, Tarapacá et atteignait le désert d'Atacama.

Une série de chemins secondaires reliaient entre eux ces grandes voies en traversant la Cordillère, d'autres enfin s'en détachaient pour atteindre les régions éloignées. Quelques-uns se dirigeaient à l'est vers des agglomérations aujourd'hui disparues, reconquises par la forêt.

En certaines contrées populeuses, une seconde route avait été construite par un nouvel Inka à côté de la première, quand le souverain avait décidé d'entreprendre quelque expédition considérable ; c'était là d'ailleurs chose exceptionnelle ; on en cite un exemple près de Vilcas, où étaient tracés trois ou quatre chemins les uns à côté des autres, chacun portant le nom d'un souverain.

---

* Mot espagnol désignant de grandes plaines plates.

Un vaste réseau routier

Ainsi se trouvait constitué un vaste réseau routier, toile d'araignée qui emprisonnait les tribus les plus lointaines et dont le centre était Cuzco. C'était là le lien visible qui unissait les parties si dissemblables de cet immense Empire : c'était l'arme la plus puissante du chef, l'instrument le plus sûr d'unification.

Stratégiques avant tout, comme les voies romaines, les routes péruviennes répondaient aussi à des buts politiques et économiques, car elles facilitaient les déplacements rapides de l'Inka, de ses fonctionnaires, de ses courriers et le transport des marchandises.

Le parallélisme des deux artères principales sur une grande étendue permettait une ingénieuse combinaison : à chaque province de la *sierra* correspondait une province des *llanos*. Chaque fois que l'Inka cheminait sur la route de la montagne, les hauts fonctionnaires de la province traversée et ceux de la province correspondante de la plaine se réunissaient en un lieu convenu sur le passage du souverain, et inversement, lorsque l'Inka prenait le chemin des *llanos*, les grands personnages de la montagne descendaient le trouver.

Les provinces elles-mêmes devaient construire et entretenir les tronçons de route qui les traversaient. Si l'entretien était une tâche relativement légère, car les seuls passants, piétons et bétail, n'endommageaient guère la voie, la construction par contre était une entreprise gigantesque. Qu'on n'oublie pas en effet que les Indiens faisaient tout à la force des bras, avec des cordes, des pierres et des leviers, sans l'aide de chars ni d'animaux autres que les lamas.

En maints endroits du Pérou et de l'Équateur des vestiges de chaussée sont visibles aujourd'hui, vers Huamachuco, près de Huanuco et de Cajabamba, entre Cuenca et Loja, entre Quito et Riobamba, près de Lima, et ailleurs encore.

Les gîtes d'étapes

Ce n'était pas assez de créer la route, il fallait encore offrir au voyageur des facilités de ravitaillement. C'est pourquoi, de distance en distance, s'échelonnaient les *tampu*, appelés par les Espagnols *tambos*. C'étaient de vastes édifices, tantôt n'ayant qu'une seule grande pièce, « sans aucune division en appartements, avec trois portes du même côté, placées à distance égale les unes des autres », tantôt composés de salles pour les hommes et de cours pour les lamas ; sur les salles donnaient des pièces plus petites qui étaient sans doute réservées à des personnes de distinction. Des ruines d'un *tambo* de ce genre existent à Paredones entre les vallées d'Alausi et de Cañar, à plus de 4 000 mètres d'altitude, d'autres encore entre Cuenca et Deleg, d'autres encore entre Cuenca et Pucara.

Ces *tambos* renfermaient des approvisionnements souvent abondants et constituaient des places de refuge ; ainsi s'explique que l'on ait découvert des vestiges considérables dans des contrées désertiques, comme les régions de Jubones ou de l'Azuay. Des troupes nombreuses pouvaient s'abriter alors dans leurs murs et y trouver nourriture, vêtements et armes. Montaigne exagère à peine lorsqu'il écrit : « Au chef de chaque journée, il y a de beaux palais fournis de vivres, de vêtements et d'armes, tant pour les voyageurs que pour les armées qui ont à y passer. »

Le préposé indien au service du *tambo*, fourni à titre de tribut par la province où ce *tambo* était situé, devait procurer la nourriture et la boisson à tout fonctionnaire, envoyé du souverain ou personne travaillant pour le compte du souverain, mais il n'était pas tenu de ravitailler gratuitement les autres voyageurs. Ceux-ci devaient toujours avoir sur eux des vivres venant de leurs propres terres, ou des objets qu'ils troquaient dans les *tambos* contre les denrées qui leur étaient indispensables.

Les Espagnols avaient pris l'habitude au début de la conquête d'exiger pour eux le ravitaillement gratuit, aussi les *tambos* ne désemplissaient-ils plus. C'est pour mettre fin aux abus que furent édictées les *Ordenanzas de tambos* du 31 mai 1543. Aux termes de ces textes, les *tambos* devaient être placés sous la garde de préposés et pourvus de nourriture, de bois, d'eau et d'herbe ; nul ne pouvait y passer plus d'une nuit, les marchandises devaient être vendues d'après les tarifs fixés par le *corregidor* et des inspecteurs assuraient la stricte observance de ces dispositions.

Les divers « ponts »

Les travaux d'art les plus remarquables que nécessitait la construction des routes étaient *les ponts*. Il est vrai que la plupart des chemins étaient tracés de manière à passer au-delà des sources en montant le long des pentes andines et en traversant les nœuds ou les plateaux froids et élevés, comme celui de l'Azuay en Équateur. Mais il n'était pas toujours possible cependant d'éviter le passage des rivières.

Pour les torrents au cours rapide et aux bords escarpés on se servait souvent du pont de bois ordinaire, en poutres et branchages liés, que le temps a fait disparaître, ou, si le lit du fleuve était extrêmement resserré, de dalles de pierre : tel était le pont de Chavin, formé de trois énormes monolithes de 6 mètres de longueur posés sur des piliers de maçonnerie.

Le procédé le plus commun était celui de la *oroya* que nous décrit Garcilasso : un câble était jeté d'une rive à l'autre et solidement assujetti à des arbres, à des rochers ou à des pylones de pierre ; à ce câble était suspendu par une anse de bois un grand panier capable de contenir trois ou quatre personnes et relié à la rive opposée par une corde que tirait un Indien de service. De chaque côté de la rivière, il fallait donc que se tînt en permanence un préposé, fourni par la province. Certains voyageurs arrivaient cependant à passer seuls en saisissant le câble à deux mains, en se mettant debout dans le panier et en le faisant glisser le long du câble par un déplacement progressif des mains. Plus simple encore était le procédé connu actuellement sous le nom de *tarabita* ; le voyageur ne disposait d'aucune corbeille, il était ficelé comme une volaille, suspendu au câble et tiré par l'Indien de service, ou bien il passait seul en s'aidant des pieds et des mains. Nous avons vu encore une *tarabita* de ce genre sur un des affluents du Pastaza, dans la Cordillère orientale de l'Équateur.

On s'en tenait à ces modes sommaires de passage là où l'on craignait que des ponts trop bien faits fussent utilisés par des envahisseurs.

Plus rares étaient les ponts suspendus ou « ponts de hamac », comme disaient les Espagnols. Garcilasso parle de celui de l'Apurimac, Cieza de León et Cobo de celui du Vilcas, Calancha et Humboldt et celui de Penipe. De tels ponts se composaient de deux puissants câbles parallèles, en fibre d'agave, jetés au-dessus du torrent et attachés aux deux rives à des rochers ou à des piliers de maçonnerie. Des cordes verticales pendaient le long de ces câbles et supportaient un tablier fait de branches recouvertes de claies en bois. Ces ponts devaient être refaits tous les ans, certains atteignaient une longueur de 60 mètres et leur solidité était grande puisque les chevaux des Espagnols passaient dessus, quoiqu'avec difficulté, mais le fléchissement du tablier sous le poids des passagers et sa perpétuelle oscillation n'étaient pas sans faire naître quelques craintes, même chez les téméraires conquérants : « Ce n'est pas sans inquiétude que l'on passe pour la première fois sur ces ponts, avoue Estete, quoiqu'il n'y ait aucun danger. » Le mouvement oscillatoire du moins pouvait être diminué en attachant des cordes au milieu du pont et en les fixant aux rives, diagonalement, après les avoir bien tendues.

La seule vue du pont suspendu que fit construire l'Inka sur l'Apurimac remplit les tribus voisines de tant de crainte qu'elles se soumirent sans combat au maître de Cuzco.

Les ponts à piles étaient rares ; on voit encore les restes de l'un d'eux près d'Ollantaïtambo sur l'Urubamba ; trois blocs roulés en amont du fleuve empêchaient l'eau de miner la maçonnerie de la pile. Enfin, il existait toutes sortes de ponts rustiques, plus ou moins rassurants, faits de cordes et de lianes, où il arrivait fréquemment des accidents à l'époque coloniale.

Sur les rivières calmes, on utilisait le pont flottant. Le tablier de celui qui traversait le Desaguadero, canal naturel situé au sud du lac Titicaca, reposait sur des flotteurs en jonc et en chaume et devait être reconstruit tous les six mois, car il pourrissait.

On se servait aussi, soit d'un radeau composé de plusieurs troncs assemblés avec des cordes et que l'on tirait vers la rive opposée à l'aide d'un câble, soit d'une petite barque de jonc individuelle que le passager étendu à plat ventre dirigeait avec les bras comme avec des rames ou qu'il enfourchait en laissant pendre ses jambes dans l'eau et en pagayant.

Les chroniqueurs parlent encore de calebasses assemblées sur lesquelles étaient placés passagers et marchandises et que les Indiens en nageant tiraient avec des cordes, tandis que d'autres les poussaient par derrière, ou montés sur le radeau le faisaient avancer en appuyant sur le fond du lit de la rivière avec une perche.

Un pont suspendu sur le rio Urubamba à Ollantaïtambo, à l'époque de Wiener ; rien n'a changé, pas plus depuis un siècle que depuis un millénaire !

A l'entrée des ponts, des Indiens de garde étaient chargés non seulement de percevoir des droits, comme nous l'avons vu, mais encore de s'assurer que les passants étaient autorisés à circuler et qu'ils ne transportaient aucun objet dérobé. Ces Indiens devaient toujours avoir à leur disposition du bois et des cordes, pour effectuer les petites réparations.

Le sens de la hiérarchie était tel qu'en plusieurs endroits il existait un double pont, l'un d'eux étant réservé à l'Inka seul, ou à l'élite, ou à l'élite et à l'armée ; les avis diffèrent sur ce point.

Transmission des messages

Les routes étaient parcourues par des *courriers* dont l'organisation était remarquable, mais ne saurait être comparée à celle de notre service postal, car elle était établie au profit de l'Inka seul.

Les courriers ou *chaski* étaient depuis leur plus jeune âge nourris avec du maïs grillé et entraînés à boire une fois par jour seulement ; ils assuraient un service continu d'un mois par roulement ; ils habitaient des abris nommés par les Espagnols *chozas* ou également *tambos,* disposés le long des routes à des distances variables les uns des autres suivant la topographie des lieux et construits sur des hauteurs, de telle manière que de l'un quelconque d'entre eux on pût voir les environs immédiats de l'abri précédent et de l'abri suivant, sinon ces abris eux-mêmes.

Ces habitations primitives, simples cabanes, étaient généralement groupées deux par deux et dans chacune d'elles vivaient deux Indiens. Chaque couple assurait le service dans une direction. Les messages étaient transmis de la manière suivante : un courrier partait en courant aussi vite que possible sur la route ; un des courriers de l'abri suivant devait faire le guet devant son poste et observer cette route, dès qu'il apercevait l'Indien courant de la sorte, il allait à sa rencontre, puis, étant arrivé auprès de lui, revenait sur ses pas en l'accompagnant et en recevant le message, sans cesser de courir, après quoi il continuait seul sa course vers le poste suivant où la même scène se renouvelait. Ces courriers s'appelaient *chaski*, parce qu'au moment où deux d'entre eux se joignaient, l'un criait à l'autre : *chaski*, c'est-à-dire : *reçois* (le message). Tout était ainsi combiné pour ne pas perdre une seconde. Comme il y avait deux Indiens par abri, un deuxième message pouvait arriver immédiatement après le premier et être aussi transmis de suite.

Grâce à cette organisation, les messages ordinaires mettaient pour aller de Quito à Cuzco 15 jours suivant Morua, 10 suivant Ondegardo. Ce dernier auteur a vu lui-même des ordres transmis en 4 jours de Lima à Cuzco, de son temps, par une route particulièrement difficile.

En prenant comme moyenne de distance entre *2 tambos* 5 kilomètres et en supposant une route dont les 2/3 ou les 3/4 sont en palier, on peut estimer la vitesse d'un coureur entraîné à 18 minutes sur 5 kilomètres. Nurmi, champion du monde, couvre cette distance en 14 minutes 30 secondes, et Guillemot, champion de France, en 15 minutes 8 secondes. Étant donné que la route de Quito à Cuzco devait mesurer environ 2 400 kilomètres, en tenant compte de ce fait qu'elle faisait des détours, et en prenant pour base de calcul 18 minutes aux 5 kilomètres, on trouve qu'un message pouvait aller en 6 jours de l'une à l'autre de ces villes. Si l'on remarque d'une part que la route franchissait les nœuds et les contreforts de la Cordillère et d'autre part que la vitesse devait être moins grande de nuit que de jour, on voit que le chiffre de 6 jours est un minimum et que celui de 10 indiqué par Ondegardo est vraisemblable.

Les messages étaient oraux ou consistaient en *kipu*, accompagnés quelquefois d'un signe de reconnaissance tel qu'un fil rouge de la *borla* de l'Inka ou un bâton portant certaines marques. Les courriers, comme nos agents des Postes, étaient tenus au secret.

En outre, à côté de chaque abri, était dressé un bûcher prêt à être enflammé et qui devait être visible de l'abri suivant. En cas de rébellion, la nouvelle était transmise par le signal de feu avec une incroyable rapidité, et l'Inka préparait immédiatement l'expédition de répression, avant même d'avoir reçu des informations détaillées.

Parfois des marchandises empruntaient la voie des courriers : pierres ou métaux précieux, tissus, vases, fruits des tropiques et même poisson de mer. Ce dernier mettait deux ou trois jours pour aller de la côte à Cuzco. Un des dessins du manuscrit de Poma de Ayala, découvert à Copenhague, représente un *chaski* soufflant de la trompette et portant un panier de poissons pour l'Inka.

Réglementation de la circulation

Il est difficile de se faire une idée de l'importance de la circulation sur les routes péruviennes. Sans doute aux abords des marchés locaux devait régner une grande animation, mais sur les voies immenses qui traversaient des régions désolées les voyageurs devaient être rares : courriers, commerçants, pèlerins en petit nombre, autorisés à s'absenter quand leur travail n'était plus nécessaire à la communauté, *mitimaes* se rendant à leur nouveau domicile, armées en campagne, fonctionnaires surtout, soit allant à Cuzco trouver le souverain, soit effectuant des tournées en province, enfin l'Inka et son escorte. Le monarque voyageait dans une litière d'or massif, il demeurait constamment caché aux yeux du vulgaire par des tentures et cheminait lentement et majestueusement, ne couvrant pas plus de 4 lieues par jour ; les porteurs, choisis parmi les Indiens de certaines tribus et spécialement entraînés à cet effet, devaient éviter de buter et de tomber, car c'était là un mauvais présage, et la mort punissait toute chute ; aussi les gouverneurs des provinces que le cortège devait traverser faisaient-ils niveler la route avec le plus grand soin.

Seuls quelques grands seigneurs étaient autorisés par l'Inka à circuler en hamac ou en litière.

Au temps de la conquête, le nombre des voyageurs s'accrut prodigieusement ; les Espagnols se faisaient suivre d'un grand nombre d'hommes et de femmes qui portaient leurs bagages. Les *ordenanzas de tambos* spécifièrent qu'un cavalier ne pouvait exiger dans chaque *tambo* que 5 Indiens et un piéton 3 Indiens, que ces porteurs ne devaient pas dépasser la limite du *tambo* le plus voisin, que la charge de chacun d'eux devait être au plus égale à 30 livres, que tous devaient être payés. Nul enfin n'était autorisé à voyager en hamac, sauf maladie notoire.

Au reste, malgré toutes les dispositions législatives, les routes ont beaucoup souffert à l'époque coloniale. Certaines ont été détruites pendant les guerres civiles, d'autres très fréquentées et endommagées n'ont pu être suffisamment réparées, les Indiens des régions voisines s'étant enfuis pour éviter ce travail qu'ils jugeaient excessif. Les vice-rois donnèrent en vain l'ordre de reconstruire les ponts, les routes et les *tambos* ; les Blancs ne purent point maintenir ce que les Rouges avaient fait.

Détérioration des routes incas

Aujourd'hui les routes sont rares et mauvaises dans les États du Pacifique. Dans les vallées où le trafic est intense, il n'existe que des pistes, ailleurs il n'y a rien. Les chemins qui relient entre elles

les grandes villes datent du temps des Inka. A la fin du siècle dernier, Squier affirmait que « les moyens de communication de l'Empire des Inka étaient infiniment meilleurs qu'ils ne sont aujourd'hui », et de nos jours, P. Walle écrit à propos du Pérou : « On peut dire en principe qu'il n'y a pas de route. »

Il est vrai qu'actuellement des voies ferrées desservent certaines régions de l'intérieur, mais elles n'ont été établies qu'en un très petit nombre de points et c'est tout récemment que les ingénieurs ont pu vaincre la Cordillère. Il est encore moins coûteux aujourd'hui d'importer du charbon étranger au Callao par voie de mer que de faire venir du charbon péruvien de la *sierra* voisine.

Que l'on songe également à l'état des chemins en Espagne au moment où les conquérants découvraient les grandes voies péruviennes. « En vérité, écrit Fernando Pizarro à propos de ces dernières, on ne trouve pas d'aussi belles routes dans toute la Chrétienté. » Y a-t-il rien de plus mélancolique que l'aveu de Cieza de León, si fier cependant de ses origines : « Je crois que si l'Empereur voulait faire construire un autre chemin royal pareil à celui qui va de Quito à Cuzco ou qui part de Cuzco pour aller au Chili, malgré tout son pouvoir, il ne pourrait pas y parvenir » ? A cette époque, en effet, la grande route qui reliait Madrid à Irun était difficilement praticable pendant une grande partie de l'année et il faut attendre la fin du XVIIIe siècle pour trouver dans la péninsule des chemins dignes de ce nom.

Les Péruviens et la navigation

Si secondaire que fût jadis la route fluviale et maritime, elle eut pourtant une certaine influence sur le développement économique de l'Empire des Inka. Ici aussi, les Indiens ont réalisé des prodiges avec des moyens fort primitifs. Ils utilisaient la pirogue dans la région des forêts, la barque proprement dite en roseau (*totora*) sur le lac Titicaca et ailleurs presque exclusivement le radeau. Ce radeau se composait de plusieurs troncs de bois léger, amarrés ensemble par des cordes et disposés de manière que le tronc du milieu fût le plus long, la longueur des autres allant en diminuant comme les doigts d'une main ouverte. Au-dessus était placé un léger plancher que surmontait parfois un abri de roseau destiné à l'équipage. Un mât était fixé sur l'embarcation et quelquefois un second plancher permettait d'éviter que les marchandises ne fussent mouillées. La voile était de coton, l'ancre consistait en une grosse pierre attachée à un câble. Les grands radeaux pouvaient porter 4 à 500 quintaux ; Pizarro se servit d'eux pour le transport des Espagnols et, grâce à la clémence du Pacifique, les Indiens purent s'aventurer fort loin de la côte. C'est une flotte de ces radeaux, sous la direction de l'Inka Tupak-Yupanki, qui découvrit les deux îles Avachumbi et Ninachumbi, que l'on n'a pas encore réussi à identifier.

Les navigateurs les plus habiles étaient à coup sûr les indigènes vivant sur les rives de l'estuaire du Guayas ; de nombreux radeaux de commerce, de pêche et de guerre sillonnaient cette vaste baie et de véritables batailles navales eurent lieu à maintes reprises entre les insulaires de Puná et les habitants de Túmbez. Le tyran de Puná, pour conserver son indépendance, tendait un piège ingénieux aux conquérants étrangers qui arrivaient sur la côte : il leur prodiguait des démonstrations d'amitié et leur proposait de faire passer leurs armées sur ses propres radeaux ; au milieu de l'estuaire les marins de Puná dénouaient les cordes qui liaient les bois de ces radeaux et tout le monde tombait à l'eau, mais les insulaires bons nageurs se sauvaient, tandis que leurs adversaires se noyaient. La première fois que l'Inka voulut soumettre Puná, il fut victime de cette trahison et perdit un grand nombre d'hommes ; mais il ne se découragea pas ; avec une admirable patience il entraîna ses Indiens à naviguer et, le temps venu, passa dans l'île et vengea sa défaite. Les Espagnols à leur tour auraient subi le sort de l'armée du premier conquérant péruvien, si Pizarro prévenu n'avait donné ordre à ses soldats d'exercer une étroite surveillance sur les Indiens pour les empêcher de délier les cordes.

Exclusivement réservée à la pêche était l'embarcation sommaire désignée par les Espagnols sous le nom de : petit cheval de roseau (*caballito de totora*). Elle consistait en une botte de roseaux, assemblés en forme de cigare et relevés à une extrémité. Le pêcheur l'enfourchait comme un cheval, les jambes immergées, et la dirigeait avec une pagaie.

Enfin, les Chango utilisaient des outres gonflées, surmontées d'une plate-forme de bois. Frézier et Durret au début du XVIIIe siècle, Stevenson et Lesson au début du XIXe siècle décrivent des embarcations qu'ils ont vues sur les côtes du Chili et qui se composaient de deux peaux de veau marin gonflées et cousues ensemble.   L. BAUDIN

Chapitre VI

SACRIFICES HUMAINS

Lorsque les Espagnols ont découvert le Mexique et la civilisation aztèque, l'une des manifestations religieuses qui les a le plus vivement frappés est sans nul doute la pratique parfois massive des sacrifices humains. Les Aztèques n'étaient pas les seuls à avoir pratiqué ce type de sacrifice qu'on retrouve chez les Toltèques, les Mayas et, à un moindre degré, chez les Incas.

Il convient de noter que le sacrifice humain est une forme de sacrifice particulièrement répandue à travers le monde et qu'on retrouve à des époques diverses. Les tombes d'Anyang, celles d'Ur, ont porté témoignage du sacrifice de nombreux serviteurs destinés à accompagner leur maître dans l'autre monde. Ce type de sacrifice funéraire est aussi attesté dans la Grèce mycénienne et Homère s'en est fait l'écho dans l'Iliade quand il montre Achille sacrifiant de jeunes Troyens sur le bûcher de son ami Patrocle. En Inde, les épouses qui partageaient le bûcher de leur défunt mari perpétuaient un rite d'une nature analogue. En Égypte, bien qu'on ne trouve que de douteuses traces de sacrifices humains à de lointaines époques, les Oushebtis, petits personnages en faïence bleue, qu'on retrouve de plus en plus nombreux dans les tombes à mesure qu'on avance dans le temps, étaient peut-être les substituts de serviteurs sacrifiés à une époque indéterminée.

Un autre type de sacrifice est celui que pratiquaient les Celtes qui tranchaient la tête de leurs ennemis et les conservaient chez eux dans des coffrets ; leur but était de s'approprier la puissance magique qui émanait de la tête de la victime. C'est une conception similaire qui motivait les peuples chasseurs de têtes, aussi bien à Bornéo et aux îles Salomon en Mélanésie, que parmi certaines tribus indiennes de l'Amazonie, à une époque encore récente.

Enfin, le dernier grand type de sacrifice humain est le sacrifice à une divinité. C'est celui que pratiquaient les anciens Germains, comme nous le verrons dans un prochain volume de cette collection, c'est aussi le « moloch », chez les Carthaginois et les Phéniciens, sacrifice d'enfants à Baal. C'est dans cette catégorie que se classent les sacrifices pratiqués par les peuples de l'Amérique précolombienne.

Détail des accessoires qui accompagnaient la momie de l'enfant de la Montagne de Plomb (Musée de Santiago, Chili).

LE PUITS DES SACRIFICES

En 1885, Edward H. Thompson fut envoyé dans le Yucatan comme consul des États-Unis. Il avait alors vingt-cinq ans et s'intéressait depuis déjà plusieurs années aux civilisations de l'Amérique centrale. Mais à partir de ce moment il va se consacrer entièrement à l'archéologie maya. Ainsi en 1897 publia-t-il les résultats de ses recherches dans la caverne de Loltun, au Yucatan, où il détermina des niveaux pré-mayas et dans les salles souterraines (appelées chultunes) de Labna.

Mais c'est surtout Chichen-Itza qui retint toute son attention. Dès sa première visite, il avait subi la fascination de ces ruines, si bien qu'il acheta la propriété (hacienda) sur lesquelles elles étaient situées et qu'il vécut en ce lieu une trentaine d'années. Dans ces ruines qu'il explora en détail, son intérêt se porta cependant plus particulièrement à la pyramide-temple de Kukulcan, appelée El Castillo et surtout au « cenote », le célèbre « Puits des sacrifices ».

Dans son livre sur les Mayas, Ch. Gallenkamp rapporte avec d'intéressants détails, comment, après ses découvertes dans le temple de Kukulcan, Thompson (qu'il ne faut pas confondre avec Éric Thompson dont nous avons cité un texte et qui est décédé en 1975) entreprit de fouiller ce « cenote » avec l'aide de l'université de Harvard.

Les « cenotes » de Chichen-Itza

Une découverte de bien plus grande importance attendait la curiosité de Thompson. Au milieu de ses méditations, il fut saisi par une obsession qui devait mettre sa vie en danger, l'exposer au ridicule et en dernier lieu faire rapporter ses privilèges diplomatiques. Elle devait aussi le placer parmi les tout premiers pionniers de la recherche archéologique.

Une ébauche de route qui s'étendait sur quelque 300 mètres conduisait par la place principale d'un côté du temple de Kukulcan à l'entrée bordée de jungle d'un puits caverneux. Des formations de ce genre, connues sous le nom de *cenotes,* sont fréquentes dans la partie nord de la péninsule du Yucatan. Ce sont des dépressions naturelles de la surface calcaire, alimentées par des cours d'eau souterrains. Comme il n'y a nulle part dans la région de rivières ou de lacs, les *cenotes* fournissent les seules sources d'eau et, partout où on en trouve, on est sûr de se trouver à proximité de ruines.

Chichen-Itza tirait son nom de trois grands *cenotes* en bordure de la ville. Le mot *chi* se traduit littéralement par bouche et *chen* signifie puits. Aussi les mots Chichen-Itza sont interprétés : « La bouche du puits des Itzas. » L'un de ces *cenotes* en particulier souleva la curiosité de Thompson. Il avait environ 60 mètres de diamètre et était encaissé entre des murs verticaux de calcaire qui s'élevaient à une hauteur de 18 mètres au-dessus de la surface de ses eaux vert sombre. A l'orifice du puits s'élevaient les restes d'un petit temple. C'était l'endroit que mentionnaient les légendes et les chroniqueurs indigènes : le Cenote sacré, le Puits des sacrifices, dont les profondeurs noirâtres, d'après la rumeur publique, contenaient un trésor.

Le « Puits des sacrifices »

L'évêque Landa lui-même s'était penché sur le sinistre trou d'eau et avait évoqué son empressionnant secret tel qu'il était fixé dans la mémoire de ses scribes. « D'après ces traditions, écrivait Thompson, ... aux époques de sécheresse, de peste ou de calamité, des processions solennelles de prêtres, de dévots porteurs de riches offrandes, de victimes pour le sacrifice, descendaient l'escalier raide du temple de Kukulcan, le Serpent sacré, et se déroulaient le long de la Voie Sacrée vers le Puits des sacrifices. Là, au milieu du bruit monotone du *tunkul*, des coups de sifflet stridents et des plaintives notes de la flûte, de belles jeunes filles et des guerriers captifs, ainsi que de riches trésors, étaient jetés dans les eaux sombres du Puits sacré pour apaiser la colère des dieux qui, croyait-on, vivaient dans les profondeurs du trou. »

Des légendes renforcent cette croyance d'une manière vivante chez les habitants actuels du Yucatan. Souvent, disent-ils, leurs ancêtres avaient nourri les dieux affamés, surtout Yum Chac, l'Esprit des Eaux, avec la chair des victimes des sacrifices jetées dans les puits vaseux. Le Cenote sacré était encore un lieu de terreur superstitieuse. Pour la plupart des savants, de tels récits n'étaient que des fantaisies indignes d'un examen plus attentif. Thompson ne partageait pas leur scepticisme. « ... La pensée de ce vieux trou d'eau sinistre, écrivait-il, et les merveilleux objets qui gisaient cachés dans ses profondeurs devenaient pour moi une obsession... »

Puis Thompson parcourut un autre récit, écrit par un certain Diego Sarmiento de Figueroa, alcade de Madrid, qui avait visité le Yucatan au XVIe siècle et qui confirmait la description de Landa.

« Les seigneurs et principaux personnages du pays avaient coutume, après soixante jours d'abstinence et de jeûne, de se rendre au lever du jour au bord du Cenote et d'y jeter des femmes indiennes appartenant à chacun de ces seigneurs et personnages. Elles devaient demander aux dieux pour leurs maîtres une année favorable répondant à leurs besoins et souhaits particuliers.

« Les femmes, que l'on jetait sans les attacher, tombaient de tout leur poids dans l'eau avec un grand bruit. Au milieu du jour, celles qui le pouvaient encore poussaient des cris bruyants, et on leur descendait des cordes. Quand les femmes reparaissaient à demi mortes, on faisait des feux autour d'elles et on brûlait de l'encens de copal. Quand elles avaient repris leur sens, elles disaient qu'il y avait en bas beaucoup de gens de leur nation, qu'ils les avaient bien accueillies. Quand elles essayaient de lever la tête pour les regarder, elles recevaient de grands coups sur la tête et quand elles inclinaient la tête sous l'eau, elles croyaient voir beaucoup d'abîmes et de dépressions, et eux, les habitants des profondeurs, répondaient à leurs questions concernant la bonne ou la mauvaise année qui était réservée à leurs maîtres. »

Préparatifs pour l'exploration du puits

« Pendant des jours et des semaines après que j'eus acheté la plantation, écrivait Thompson, je fus un fidèle assidu du petit sanctuaire au bord du puits sacré. Je réfléchissais, méditais et calculais. Je fis des mesures et d'innombrables sondages... » Un plan audacieux se formait dans l'esprit de Thompson. S'il devait démontrer la justesse d'un mythe qui avait tellement séduit son imagination, il serait nécessaire de sonder sous la surface du puits pour rechercher les reliques de macabres hommages offerts, comme on le supposait, par les anciens Mayas à leurs dieux.

Avant de procéder à sa formidable entreprise, Thompson se rendit à Boston où il chercha à s'instruire sur les plongées en eau profonde et où il se familiarisa avec toutes sortes d'équipements sous-marins. Ensuite il créa et assembla un derrick transportable et un dispositif de dragage approprié à ses besoins, appareil qui pouvait être monté sur plate-forme au bord du puits et manœuvré par un treuil.

« Alors, et seulement alors, écrit-il, je me présentai aux honorables

Stephen Salisbury, de Worcester, Massachusetts, et Charles P. Bow-
ditch, de Boston, tous deux membres du bureau de la Société
américaine d'archéologie et de l'université Harvard, dont fait partie
le musée Peabody. Je leur expliquai mon projet et leur demandai
l'aide morale et financière des deux organisations qu'ils représentaient... Je trouvai ces deux messieurs très hésitants à apposer le
sceau de leur approbation sur ce qu'ils croyaient être une entreprise
très audacieuse. Ils voulaient bien financer le projet, mais hésitaient
à prendre sur eux la responsabilité de ma vie.

« Finalement, je discutai leurs sujets de crainte, et ayant surmonté
tous les autres obstacles, on installa dûment la drague et son
équipement sur la plate-forme à la droite du sanctuaire et près du
bord du grand trou d'eau, du Puits sacré. »

La « première » exploration subaquatique

Ainsi commença un chapitre significatif de l'histoire de l'exploration :
l'archéologie sous-marine, actuellement une science exigeante comme
l'ont prouvé les sensationnelles découvertes de Jacques-Yves
Cousteau, de Fernand Benoit et autres, fut pour la première fois

*Voici le Grand Cénote de Chichen Itza, entouré de végétation. C'est là qu'étaient
sacrifiés hommes et femmes, ce qui lui a valu son appellation de « puits des sacrifices ».*

appliquée à la recherche maya, à l'orifice du mystérieux *cenote* de Chichen-Itza.

L'opération de dragage commença finalement avec une équipe d'auxiliaires indiens pour manœuvrer le lourd outillage. Thompson avait auparavant déterminé les endroits du trou d'eau les plus susceptibles de contenir des restes humains en jetant dans le puits des billes de bois de la dimension et du poids d'un homme du haut du temple qui avait été élevé en cet endroit. Lentement la membrure rigide se mit en position au-dessus de l'endroit désigné, et l'on abaissa la drague sur l'eau.

Enfin, on mit en train le système de recherche longuement arrêté. Le scepticisme avéré de ses collègues archéologues influençait la pensée de Thompson ; il apparut tout d'abord que leurs déclarations étaient justifiées. Pendant des jours, le dragage continua à se répéter fastidieusement ; le lourd godet d'acier disparaissait dans les profondeurs inconnues du puits pour ne réapparaître qu'avec de la vase et du bois pourri.

« Parfois, rappelait Thompson, comme pour me mettre au supplice, la drague ramenait des morceaux de récipients de terre indéniablement anciens. J'écartais résolument la pensée qu'ils puissent être les preuves que je cherchais. Il y avait des chances, raisonnais-je, de trouver des tessons de pots cassés n'importe où sur l'emplacement de cette ancienne cité, entraînés par la pluie des dépôts de la surface du sol. Je ne pouvais les accepter... comme les preuves que j'exigeais. »

L'encens sacré

Peu de temps après, un fait se produisit qui ranima les espoirs affaiblis de Thompson. « Je m'en souviens comme si ce n'était qu'hier, écrivait-il. Je me levai au matin après une nuit sans sommeil. Le jour était aussi morne que mes pensées, et la brume épaisse tombait des feuilles des arbres comme des larmes silencieuses d'yeux mi-clos. Je m'en fus d'un pas pesant à travers l'humidité, là où m'appelaient les déclics saccadés du frein de la drague. Et assis sous l'appentis de feuilles de palmes, je surveillais les mouvements monotones des indigènes à peau brune qui travaillaient au treuil. Le godet émergea lentement de l'eau agitée qui bouillonnait tout autour, et... je vis deux boules blanc jaunâtre qui se trouvaient sur le dessus de la fange couleur chocolat qui remplissait le bassin. Lorsque le godet vira par-dessus bord et vers la plate-forme, j'en tirai les deux objets et les examinai attentivement. »

Ils avaient évidemment été fabriqués par des mains humaines, mais Thompson ne savait pas au juste quel avait bien pu être leur objet. Il en cassa un en deux et le sentit ; il lui vint à l'esprit de mettre cette substance au-dessus de charbons ardents. Un âcre parfum remplit instantanément l'air et un détail d'une légende ancienne dont il avait entendu parler longtemps auparavant, surgit dans le souvenir de Thompson. « Comme un rayon de soleil qui perce un brouillard épais, les paroles du vieux *H'Men*, le Sage d'Ebtun, me vinrent à l'esprit : « Dans les temps anciens, nos pères brûlaient la résine sacrée... afin que la fumée capiteuse emportât leurs prières jusqu'à leur dieu qui habite le soleil. »

« Ces boules jaunes de résine étaient des agglomérats d'encens sacré, le *pom (copal)*, et avaient été jetées avec les riches offrandes mentionnées dans les traditions. »

Enfin, les preuves

Par la suite, chaque charge de boue grasse draguée contenait de nouvelles confirmations de sa conviction. Des profondeurs mystérieuses du puits sortait une abondante collection d'objets portant l'empreinte indubitable de la dextérité manuelle des Mayas : « Une grande quantité de figures symboliques gravées sur jade et martelées sur des disques d'or et de cuivre, des blocs de copal et des nodules d'encens de résine... un certain nombre de *hul ches*, ou lance-javelines, et de nombreux traits avec des pointes habilement travaillées de silex, de calcite et d'obsidienne... » Ce n'est qu'au cours des derniers siècles de leur histoire que les peuples de l'Amérique centrale découvrirent la fonte des métaux et que les habitants mayas-toltèques de Chichen-Itza prodiguèrent pour le plaisir de leurs dieux ce qui avait dû être alors une quantité exagérée de métal d'ornement. Thompson sortit par douzaines des minuscules clochettes, des figurines, des pendentifs, des fers de hache et des disques travaillés de cuivre et d'or. « On trouva, écrivait-il, des objets en or presque pur martelés et gravés en repoussé, mais ils étaient en nombre restreint et relativement de peu d'importance. La plupart des soi-disant objets en or était d'un alliage de qualité inférieure comprenant plus de cuivre que d'or. Ce qui leur donnait leur principale valeur, c'était les figures symboliques et autres qui y étaient coulées ou gravées. » Enfin survint le dernier facteur de preuve que Thompson avait espéré retrouver : on remonta de nombreux squelettes humains parmi les autres trésors si longtemps immergés dans le sanctuaire aquatique de Yum Chac !

Après de nombreux mois, les opérations de dragage aboutirent à une impasse. Le godet commença à n'émerger qu'avec de la vase et des morceaux de bois ramassés par ses branches d'acier. Il avait évidemment creusé son chemin jusqu'au fond du trou d'eau. Thompson avait prévu cette éventualité ; il se proposait maintenant de descendre dans le puits et d'explorer ses crevasses cachées que la drague, trop grande, n'avait pu atteindre. Il avait déjà à sa disposition l'équipement nécessaire, et avait d'avance engagé deux plongeurs d'éponges grecs pour l'aider dans ses explorations périlleuses. A la profonde horreur des Indiens qui s'attroupaient sur le pourtour du *cenote*, les trois hommes entreprirent leur expédition souterraine : « Comme je mettais le pied sur le premier barreau de l'échelle, rappelait Thompson, les membres de l'équipe de dragage, mes fidèles garçons indigènes, quittèrent leur place à tour de rôle et, le visage très solennel, vinrent me serrer la main, puis s'en retournèrent pour attendre le signal. Il n'était pas difficile de lire leurs pensées. Ils me faisaient leurs derniers adieux, n'espérant plus me revoir. Puis, lâchant l'échelle, je m'enfonçai comme un sac de plomb, laissant derrière moi une traînée de bulles d'air. »

Plongées dans le puits

Il vit l'eau passer de l'ambre au vert, puis finalement au noir impénétrable. La lampe sous-marine était impuissante à percer le voile d'obscurité qui l'enveloppait. Il marcha à l'aveuglette sur le fond jusqu'à ce qu'il ait repéré une saillie ou une crevasse dont il examinait le contenu à la main. Il y avait çà et là des murs de boue à pic couronnés de rochers et de troncs d'arbres qui avaient échappé aux branches de la drague. Ces rochers et ces troncs d'arbres se révélaient constituer un risque dangereux, car, comme l'expliqua Thompson, « à tout moment l'un de ces blocs de pierre, dégagé de son logement dans le mur par l'infiltration de l'eau, pouvait tomber sur nous dans l'obscurité qui nous entourait, pire que celle du Styx ».

Pendant plusieurs semaines, les plongeurs firent des séjours quotidiens au fond du puits. Les Indiens, qui surveillaient les opérations avec une pitoyable fascination, attendaient les terribles conséquences qu'ils avaient la certitude de voir venir : les dieux outragés tapis dans quelque caverne invisible sous la surface de l'eau allaient sûrement fondre sur eux et les entraîner dans une sépulture aquatique. Mais il n'y eut pas de mésaventure sérieuse pour diminuer les amples récompenses de leurs efforts. Chaque fois qu'un plongeur réapparaissait des profondeurs, son sac regorgeait de nouvelles trouvailles : morceaux de jade gravés, objets d'or et de cuivre, pierres sculptées et restes humains. Plusieurs couteaux cérémoniels magnifiquement travaillés, du type employé pour trancher le cœur de la poitrine des victimes des sacrifices se trouvèrent parmi les trésors récupérés. L'un d'eux était fait de silex artistement taillé, et sa poignée était en bois sculpté en forme de deux serpents entrelacés recouverts d'or. Des squelettes identifiables, vingt et un étaient des enfants de dix-huit mois à douze ans, treize des hommes et huit des femmes.

La presque totalité des objets façonnés retirés du *cenote* paraissaient avoir été cassés intentionnellement. Thompson était d'avis que les Mayas étaient attachés à la tradition largement répandue parmi les anciens peuples de « tuer » les objets destinés aux offrandes votives, les cassant pour que leurs « esprits » puissent accompagner les défunts avec lesquels ils étaient ensevelis. La plupart des auteurs sont d'accord sur cette hypothèse : les objets d'art, de même que les offrandes de vies humaines, étaient considérés comme les dons des foules à leurs divins patrons. Leur esprit ne pouvait donc être transmis que par une mort rituelle, leur destruction des mains des prêtres.

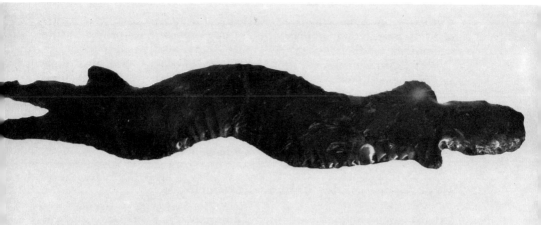

Couteau cérémoniel en obsidienne, en forme de serpent, utilisé pour les sacrifices.

Thompson quitte le Mexique

Les trouvailles de Thompson ne laissaient aucun doute raisonnable que le Cenote sacré avait bien été le théâtre de sacrifices humains effectués de la manière décrite par Landa et Figueroa. Mais son presque demi-siècle d'explorations à Chichen-Itza se termina par une série d'événements malheureux. Au cours des années 1909 à 1930, le Yucatan fut ravagé par des convulsions politiques et des révolutions déclarées. En une de ces occasions, l'hacienda où Thompson avait vécu et établi son laboratoire fut incendiée et entièrement détruite. Sa riche bibliothèque sur les antiquités mayas, ainsi qu'un grand nombre de pièces inestimables retirées des ruines, furent perdues sans retour. L'hacienda fut plus tard reconstruite et louée à l'Institut Carnegie de Washington comme quartier général pour son vaste programme de fouilles et de recherches à Chichen-Itza.

Des difficultés ultérieures d'ordre juridique se produisirent entre Thompson et le gouvernement mexicain au sujet de la valeur ébruitée des objets sortis du puits sacré. Des évaluations fixaient la valeur monétaire du « trésor de Thompson » à un chiffre aussi élevé que cinq cent mille dollars. Celui-ci maintint obstinément que de telles appréciations étaient « fantastiques et extravagantes » et souligna que leur valeur ne pouvait être calculée qu'au taux de la valeur de ses trouvailles pour la recherche scientifique. Mais le gouvernement mexicain ne partagea pas son rapprochement en la matière ; les objets en or, rétorqua-t-il, avaient une valeur marchande cotée, surtout ceux d'origine ancienne. Comme la collection avait été par mesure de sûreté transportée par Thompson au musée Peabody d'Harvard, sa propriété du Yucatan fut confisquée et retenue contre paiement d'environ un demi-million de dollars. Il fut forcé d'abandonner son droit de propriété de la plantation et de renoncer à ses projets futurs de fouilles à Chichen-Itza.

« ... J'aurais manqué à mon devoir d'archéologue, écrivait-il pour sa défense, si, persuadé que des trésors scientifiques étaient au fond du puits sacré, j'avais manqué de profiter de l'occasion et d'essayer de les ramener à la lumière, en les rendant ainsi accessibles à une étude scientifique... J'aurais également manqué à mon devoir de savant, si j'avais négligé de prendre toutes les mesures possibles pour leur sécurité immédiate et leur sûreté définitive. »

Hypothèses sur les débuts des sacrifices

La quantité d'objets retirés par Thompson du Puits des sacrifices indiquait que des offrandes de vies humaines avaient été effectuées avec une sinistre régularité. A cause de l'obligation marquée de sacrifices de la religion toltèque, de nombreux savants sont portés à croire que l'utilisation ritualiste du puits ne s'était produite qu'à une date postérieure à l'occupation du Yucatan par les Itzas.

Des études récentes ont jeté une ombre de doute sur cette hypothèse. Quelques-uns des jades sculptés provenant des profondeurs du puits sont incontestablement de facture de période classique. L'un d'eux, sculpté à Piedras Negras, portait gravé la date 706 de l'ère chrétienne, et un autre en provenance presque certaine de Palenque, portait une inscription de l'an 690. Les archéologues furent obligés de se demander si ces jades indiquaient que des pèlerinages venant de centres aussi éloignés s'étaient rendus au puits des Sacrifices à une époque aussi reculée que les VIIe et VIIIe siècles, ou bien si ces objets n'avaient pas été conservés pendant des années, peut-être comme bijoux de famille soigneusement gardés, et jetés dans le puits, à une date bien postérieure.

Mais la pyramide qui contenait les tombes et la sépulture du grand prêtre était nettement d'origine toltèque. Ses balustrades de serpentine représentaient le puissant Kukulcan, et l'habitude de mettre à mort des esclaves ou des prêtres de rang inférieur et de les ensevelir avec un personnage de plus haut rang était en rapports étroits avec les coutumes toltèques. Les trouvailles de Thompson avaient apporté une confirmation encore plus grande de ce qu'avaient déjà commencé à soupçonner les archéologues de son temps, à savoir que l'empreinte de la civilisation toltèque était profondément marquée sur la grande métropole maya de Chichen-Itza.

CH. GALLENKAMP

Les mains liées derrière le dos, les chevilles entravées, ce prisonnier attend avec résignation le moment où il sera offert en sacrifice à quelque dieu aztèque, sans doute Huitzilopochtli.

UN SACRIFICE
A L'ÉPOQUE ESPAGNOLE

Pour les Indiens christianisés par la violence, la nouvelle religion imposée n'est jamais qu'un nouveau vêtement dont on a affublé les dieux anciens et la religion ancestrale. Ce fait a été mis en lumière aussi bien au Pérou où les Indiens se sont arrangés pour faire coïncider leurs anciennes fêtes avec celles du christianisme, ont identifié le Christ au dieu Soleil et la Vierge à Pacha-mama « *la Terre-mère* », *conservé nombre de « superstitions » anciennes, qu'au Mexique où l'on assista parfois à des retours plus ou moins spectaculaires aux cultes « idolâtres » comme disent les chrétiens ; ce fut le cas, par exemple, en 1867 dans le sud du Mexique, où les réactions de l'administration conduisirent à une véritable révolte en 1869, insurrection qui fut noyée dans le sang.*

A une époque plus ancienne, quelques décennies après la conquête, Eric Thompson rapporte l'exemple d'un retour non seulement aux anciens cultes, mais encore au sacrifice humain.

Retour à l'ancienne religion

Dans ce que nous venons de résumer, un point est bien apparent : les dieux réclamaient de l'adoration et des sacrifices. Aux yeux des Mayas, les dieux n'étaient pas des bienfaiteurs désintéressés, ils n'accordaient pas gratuitement leurs faveurs mais les troquaient contre des offrandes d'encens, de nourriture, de sang. L'idée révèle le désir, de la part des Mayas, de n'être redevables envers personne, de ne pas s'abaisser. Dans une prière kekchi, le voyageur demande au dieu de la terre de lui envoyer du gibier, après lui avoir discrètement rappelé qu'il a déjà reçu une offrande.

Très certainement, les Mayas ont pratiqué les sacrifices humains à toutes les périodes de leur histoire, mais jamais à la même échelle que les Aztèques, qui se vautraient dans le sang. Sans doute cette pratique se développa-t-elle encore à partir de la période mexicaine, puisque la base du système militariste était de rendre les dieux plus forts en les abreuvant de sang.

Le récit le plus dramatique que nous possédions sur une cérémonie de ce genre fait partie de témoignages recueillis en 1562, à l'occasion d'une enquête sur le retour au paganisme des Indiens baptisés. France Scholes l'a découvert, il y a quelques années, parmi une masse de documents analogues, aux archives de l'ancienne administration des Indes, à Séville. Cette enquête eut lieu 21 ans seulement après la fin de la conquête du Yucatan, alors que le christianisme n'exerçait pas encore une bien forte emprise sur les indigènes. Les Franciscains n'étaient pas assez nombreux pour instruire la multitude des convertis, ni pour empêcher ceux-ci, particulièrement parmi la plus vieille génération de la classe anciennement dirigeante, de retourner à leurs croyances et à leurs pratiques païennes.

Ce témoignage provient de Juan Couoh, jeune Maya qui avait probablement été formé par les Franciscains et nommé, par eux, instituteur à Yaxcaba. Il semble avoir été déchiré entre sa loyauté envers l'ancienne classe dirigeante et sa fidélité à la foi nouvelle dans laquelle on l'avait élevé. Dans l'esprit de compromis habituel aux Mayas, il gardait un pied dans chaque camp, car il avoua avoir dissimulé dans une grotte soixante idoles qui avaient appartenu à son père, et leur avoir fait des sacrifices. Il déclara également qu'il avait assisté, dans une église voisine, à une cérémonie où un cerf et quelques tortues avaient été sacrifiés. Puis il raconta sa propre histoire :

« Je me trouvais chez moi, un mardi soir, lorsque, à minuit, Diego Pech, cacique d'Yaxcaba, me convoqua pour lui lire une lettre. En me rendant chez lui, je passai par l'église où je vis Pedro Euan, principal d'Yaxcaba, qui, à l'ancienne époque, était chargé de sacrifier des hommes et des enfants aux idoles. Auprès de lui il y avait un jeune garçon de Tekax, dans la province de Mani, dont les mains étaient attachées dans le dos. Ce garçon, Francisco Cauich, était venu passer ses vacances chez des parents qu'il possédait à Yaxcaba. Il était assis au pied de l'autel, dans l'église, avec les mains attachées comme je viens de le dire. Un cierge brûlait. Je leur demandai ce qu'ils faisaient là, et Pedro Euan me répondit :

— Pourquoi veux-tu le savoir ? Va lire la lettre au cacique et reviens ici. Tu sauras alors ce que nous faisons.

« J'allai donc chez le cacique où je trouvai Diego Pech, Juan Ku, cacique, Juan Tzek, principal, Francisco Pot, Gaspar Chim et Juan Cambal, anciens prêtres païens tous les trois, Lorenzo Ku, directeur de l'école, et Diego Ku, son père. J'ai reconnu ceux-ci, je ne me rappelle pas si d'autres étaient présents.

« A mon arrivée, Diego Pech m'adressa des reproches, déclarant que je lui devais beaucoup de gratitude pour l'appui qu'il m'avait apporté dans le passé et que je le récompensais en soutenant les moines de la ville, bien que je ne les crusse pas quand ils disaient que j'étais comme un fils pour eux. Il poursuivit en déclarant qu'ils allaient sacrifier un jeune garçon, que je devais approuver cet acte et assister à la cérémonie.

« Je répondis que c'était très grave et qu'il n'était pas juste d'agir ainsi. Les chrétiens n'accomplissaient pas de telles choses. Diego Pech me dit que je n'avais qu'à obéir, et il envoya chercher Pedro Euan, qui gardait l'enfant dans l'église. A son arrivée, Pedro Euan m'accusa de ne pas vouloir faire ce qu'on me demandait. Je répondis que je refusais, en effet, qu'ils pouvaient faire ce qu'ils désiraient, mais que je n'y participerais pas. Alors, Pedro Euan me saisit par les cheveux (geste symbolique pour s'emparer d'un prisonnier destiné au sacrifice) et me dit : « Si tu t'obstines dans ce refus, nous te ferons la même chose qu'à ce garçon ». J'eus tellement peur que je cédai en acceptant d'agir comme ils le voulaient.

Préparation du sacrifice

« Ils allèrent prendre alors dix idoles, ramenées du champ de maïs de Diego Pech, ainsi que tout ce qui était nécessaire au sacrifice, et se rendirent à l'église. En y entrant, ils ne firent aucune prière et ne s'inclinèrent pas devant l'autel, mais ils alignèrent les dix idoles sur des feuilles de *copo* (un figuier, utilisé dans les cérémonies maya). Devant elles, ils placèrent une grande natte et, sur celle-ci, un grand couteau en silex, dont la poignée était enveloppée par une étoffe blanche. Alors, Gaspar Chim et Pedro Pech, anciens païens, prirent deux cierges puis tout le monde s'assit sur de petits tabourets. On ordonna d'amener l'Indien, attaché près de l'autel, et ils firent asseoir celui-ci au milieu d'eux. Il avait les mains liées, un drap couvrait ses yeux, il ne portait pas de chemise, mais seulement une culotte courte. Gaspar Chim dit que je rapporterais la chose aux frères et, sous la menace d'être moi-même sacrifié, je m'engageai à ne rien

révéler de ce que je verrais. Alors, Diego Pech s'adressa au jeune garçon qui pleurait : « Aie du courage. Ne crains rien. Nous n'allons pas te faire de mal. Nous ne t'enverrons pas en enfer, mais dans le ciel, avec gloire, comme le faisaient nos ancêtres.

— Faites ce que vous voudrez, répondit l'enfant. Dieu qui est dans le ciel viendra à mon aide.

— Déliez-le, dit Gaspar Chim, et faisons ce qui doit être fait avant que l'aube ne se lève et que des gens ne viennent par ici.

« Ils détachèrent le garçon et le jetèrent sur la natte. Les prêtres déposèrent les cierges qu'ils tenaient, quatre d'entre eux le saisirent par les jambes et par les bras, et le maintinrent couché. Pedro Euan prit le couteau de silex, pratiqua une entaille à gauche du cœur, saisit celui-ci à pleine main et coupa les artères avec son couteau. Il remit le cœur au prêtre Gaspar Chim qui fit une coupure en croix à son extrémité, puis l'éleva au-dessus de sa tête. Ensuite, il en détacha une partie — j'ignore laquelle — et la plaça dans la bouche de la plus grande des idoles, qui était celle d'Itzamna. Alors, ils prirent le corps du garçon, son cœur, son sang, qu'ils avaient recueilli dans une grande gourde, les idoles, et retournèrent à la maison du cacique. Je ne sais pas ce qu'ils y firent. En repartant, ils m'engagèrent de nouveau à ne rien dire aux frères de ce que j'avais vu. « Même s'ils nous brûlent vivants, déclarèrent-ils, nous ne devons pas prononcer un mot. »

« Je rentrai chez moi, car ce qu'ils avaient fait me semblait très mal. »

En traduisant le passage j'ai transposé le témoignage à la première personne et raccourci quelques phrases. Nous ne saurons jamais si l'instituteur fut bien un témoin involontaire, comme il le prétend. Si les chefs locaux craignaient d'être dénoncés par lui, pourquoi le convoquèrent-ils ? Peut-être espéraient-ils le compromettre suffisamment pour qu'il n'osât parler. En tout cas, c'est un récit très émouvant dont l'horreur est rehaussée par le fait que la chose eut lieu dans un édifice voué à Celui qui a dit : « Qui ferait du mal à l'un de ces enfants... ? »

Sacrifices d'enfants

La croyance que les dieux qui envoyaient les pluies réclamaient des sacrifices d'enfants était très répandue, et ces sacrifices étaient habituels non seulement au Mexique mais dans diverses parties de l'Amérique du Sud. Un autre témoignage, recueilli à l'occasion d'une enquête semblable, nous apprend que les corps de trois enfants ainsi sacrifiés furent jetés dans une grotte profonde dont l'entrée fut recouverte avec une large pierre. Au Mexique central on disposait ainsi les corps des enfants sacrifiés aux dieux de la pluie. Cependant,

Cette statuette aztèque, creusée en son centre, constitue un réceptacle pour recevoir le cœur des victimes humaines.

les ossements recueillis dans le cenote sacré de Chichen Itza appartenaient à des hommes et à des femmes aussi bien qu'à des enfants. Un adulte était peut-être nécessaire pour rapporter le message des dieux. Les enfants sacrifiés étaient habituellement des orphelins, des parents éloignés recueillis par un chef de famille, ou bien de jeunes garçons enlevés ou achetés dans une autre ville (Francisco Cauich n'était pas d'Yaxcaba). Nous savons que, dans une de ces ventes, le prix varia de cinq à dix grains rouges, c'est-à-dire des grains taillés dans un spondyle. Dans un autre cas, la petite victime fut acquise pour une poignée de grands grains. Si l'on choisissait des enfants, c'était parce que, dans l'esprit des Mayas, le sacrifice devait être *zuhuy*, autrement dit pur, vierge, qu'on parlât d'être vivants ou, comme nous, de forêts et de terres vierges. D'autre part, le Soleil et certains autres dieux réclamaient des adultes, un petit enfant ne leur eût pas donné la force nécessaire.

Diverses formes de sacrifice

La méthode habituelle était l'arrachage du cœur, mais, dans quelques cérémonies, la personne à sacrifier était attachée à un poteau ou à une charpente en bois et tuée avec des flèches par les hommes rassemblés, qui dansaient autour d'elle. La victime participait à cette

Ce beau relief maya qui provient du site de Piedras Negras, dans l'angle nord-ouest du Guatemala, sur la rive droite de l'Usumacinta, servait d'autel à sacrifice.

danse, au début, mais on la liait ensuite au poteau et on faisait une marque blanche à l'emplacement du cœur pour bien le désigner comme cible. Une telle participation de celui qui allait mourir était coutumière dans le rituel mexicain. En fait, cette forme de sacrifice par les flèches émanait presque certainement du Mexique, où elle se trouvait associée plus particulièrement avec le culte de Toci, la déesse-mère de la fécondité.

En certaines occasions, on précipitait le corps en bas de l'escalier de la pyramide, où il était écorché. Le prêtre revêtait alors la peau pour exécuter une danse. Cette pratique était courante au Mexique, en l'honneur du dieu Xipe Totec, dans les cérémonies patronnées par les ordres militaires des Jaguars et des Aigles, ainsi que lors des fêtes données en l'honneur de certaines déesses du sol et des récoltes, dont la déesse Toci, susnommée. Elle fut sans doute introduite par les envahisseurs toltèques, car on ne peut guère porter au compte des Mayas un rituel aussi barbare.

Parfois, on précipitait la victime d'une hauteur sur un tas de pierres où on lui arrachait le cœur. Cette forme de sacrifice s'associait encore

269

à Toci, mais, au Yucatan, on l'incorporait à des cérémonies en l'honneur d'Itzamna.

L'attachement à un poteau est signalé au Yucatan, au Peten et dans la vallée de l'Usumacinta. Ce fut le sort de deux martyrs de la foi chrétienne, les Dominicains Cristobal de Prada et Jacinto de Vargas, qui tombèrent entre les mains des Itzas de Tayasal, en mars 1696. L'un et l'autre furent liés par les pieds et par les mains à des perches disposées en forme d'X, et on leur arracha le cœur. Un témoignage, recueilli au cours d'une enquête sur un retour au paganisme, révèle un rituel particulièrement cruel. Une petite fille fut attachée à un poteau et battue à mort avec un bâton épineux. Ce bâton était en ceiba, bois spécialement sacré pour les Mayas parce que des ceibas se dressaient aux quatre points cardinaux.

Les adultes étaient enfermés dans des cages en bois. Chez les Lacandones, la coutume voulait qu'on les y enfermât à la nuit ; et des gardes couchaient au sommet pour empêcher une évasion. Dans la journée, on laissait là victime circuler dans la ville, mais sous la surveillance étroite de gardiens.

On remettait le corps des sacrifiés aux personnages les plus importants de l'assistance, les mains, les pieds et la tête étant réservés au prêtre et à ses aides. Selon les croyances mexicaines, la victime représentait le dieu en l'honneur de qui elle avait été tuée. Par conséquent, en mangeant sa chair, on s'assimilait certaines des qualités de la divinité en cause.

Origine mexicaine des sacrifices

La grande similitude entre les pratiques signalées par les observateurs espagnols du XVIᵉ siècle, et celles du Mexique central, suggère que la plupart d'entre elles furent adoptées par les Mayas sous des influences mexicaines. On pense immédiatement à l'invasion des Toltèques, il est cependant possible que certaines d'entre elles vinrent de Teotihuacan, à la période classique, comme le montrent certains indices, particulièrement à Kaminal-Juyu. En fait, on trouve des représentations des dieux mexicains de la pluie, les Tlalocs, sur des stèles de la zone centrale et un graffiti de Tikal montre un sacrifice par les flèches (il est effectué avec une lance, car l'arc restait ignoré à cette époque).

Certes, l'idée des sacrifices humains répugne à notre esprit, cependant on doit les considérer comme logiques si l'on part de la croyance que les dieux ont besoin de sang pour acquérir la force d'accomplir leur tâche et si l'on accepte le corollaire qu'un peuple pieux a le devoir de leur en fournir. D'après certains indices, la victime aurait été droguée, au préalable, tout au moins en diverses occasions. C'était peut-être pour lui épargner des souffrances, mais, beaucoup plus probablement, pour s'assurer qu'elle n'offrirait pas de résistance. A la défense des Mayas, on peut dire que tout le monde, y compris la victime, croyait que celle-ci mourait pour le plus grand

Un royaume fabuleux : l'Eldorado

En février 1541, peu après la conquête du Pérou, Gonzalo Pizarro, frère de Francisco, se mit en route avec 500 Espagnols et 4 000 Indiens pour se rendre depuis Cuzco en quête du royaume de Cundirumarca, riche en or, situé quelque part vers la Colombie ; c'est la première tentative de conquête de ce mystérieux Eldorado. L'expédition se solda par un échec : tous les Indiens périrent et Pizarro rentra à Quito seize mois plus tard avec une poignée d'hommes à demi morts de faim. Moins de trois ans plus tard, Fernan Perez de Quesada partait à son tour à la recherche de l'Eldorado avec 200 cavaliers et 50 fantassins ; harcelés par des Indiens qui les accablaient de fléchettes empoisonnées tirées à la sarbacane, Quesedo et ses compagnons durent rebrousser chemin après avoir perdu 80 hommes. Dans le même temps un Allemand, Philip von Hutten, à la tête de 134 hommes, recherchait de son côté ce même Eldorado ; le guide indien de von Hutten lui avait décrit la capitale du royaume, Macatoa, comme une ville remplie d'or, d'argent et de pierres précieuses où l'on façonnait des fruits en or.

Sa troupe ayant été décimée par des maladies, von Hutten rentra à sa base au bout d'un an, mais il repartit aussitôt remis de ses fatigues. Cette fois il parvint à Macatoa, capitale des Uapes, mais ce n'était qu'un village où il ne récolta que peu d'or ; il poursuivit sa route vers le royaume des Omaguas, territoire difficilement pénétrable au sud-est de la Colombie. Là il aurait découvert une ville immense aux rues rectilignes, pourvue de palais et de temples remplis de statues d'or massif. Blessé en voulant enlever la cité, von Hutten dut battre en retraite. Il voulut organiser une troisième expédition, mais il fut assassiné par un Espagnol désireux de se substituer à lui pour commander la nouvelle expédition, qui n'eut jamais lieu. Quant au véritable Eldorado, son nom, « le Doré », lui vient des rites d'intronisation du roi de la confédération des Indiens Chibchas de la Colombie. Ce roi, appelé *zipa* en langue indigène, est recouvert de poudre d'or et il prend place sur un radeau qui s'avance au milieu du lac de Guatabita où il se plonge de manière que l'eau le lave de l'or qui apparaît comme une offrande aux dieux.

---

bien de tous. Peut-on dire que l'exécution des sorcières de Salem, victimes d'une hystérie collective, rencontrait une approbation aussi unanime ?

Autres offrandes

Les offrandes aux dieux ne se limitaient pas à des êtres humains, elles englobaient des animaux, des produits agricoles, des mets préparés, de l'encens de copal, du caoutchouc, des fleurs, et des objets précieux comme le jade, les coquilles, et des plumes très recherchées. Un commentaire de l'évêque Landa nous permet d'apercevoir leur échelle : « Ils frottent toujours la figure de leurs démons avec le sang de tout ce qu'ils ont : oiseaux du ciel, animaux de la terre ou poissons de la mer. Ils offrent aussi d'autres choses. Ils enlèvent et offrent le cœur de quelques animaux, parfois ils offrent ceux-ci en entier.

Certains sont vivants, d'autres tués ; certains sont crus, d'autres cuits. Ils offrent aussi beaucoup de pain et de vin, des préparations de maïs et du *balche* (miel fermenté), et toute sorte d'aliments et de boissons qu'ils utilisent. »

En plusieurs régions du pays maya, particulièrement dans les hautes terres occidentales du Guatemala, on présente encore aux divinités païennes, des dindons, diverses préparations de maïs, des haricots, des graines de courge, ainsi que des fleurs. Comme nous l'avons vu, on fait toujours des offrandes aux Chacs, au Yucatan. Dans les villages les plus éloignés, aucun Maya ne défricherait sa terre ou ne procéderait aux semailles avant d'avoir fait une oblation, ordinairement de copal et de *posole*, aux dieux du sol (la fumée noire du copal représente les nuages de pluie ; le *posole* est une sorte de gruau de maïs, très commun). Autrefois, on sacrifiait très souvent son propre sang, habituellement en se passant une corde avec des épines à travers la langue, méthode représentée dans la sculpture et sur les fresques de Bonampak. On laissait le sang couler sur des bandes de papier en écorce qu'on offrait ensuite aux dieux. D'après Landa, les prêtres employaient l'aiguillon de la raie pastenague pour se tirer du sang, et l'on trouve fréquemment ces aiguillons dans les tombes, comme nous l'avons dit. L'évêque dit encore qu'une sorte de paille s'enfonçait dans les trous de la langue et des oreilles. Selon un autre auteur, il était d'usage, dans l'Alta Verapaz, de se tirer du sang, deux fois par jour, des bras, des jambes, du nez, de la langue, des oreilles, 60, 80 ou 100 jours (c'est-à-dire trois ou quatre ou cinq « mois ») avant une grande fête. Habituellement, on prenait ce sang à la langue, aux oreilles, au creux des coudes et au pénis. La coutume existait dans tout le Mexique.

J. E. S. THOMPSON

LES COMPAGNONS
DE L'AIGLE

En « réponse » à certains discours que Paul Claudel fait tenir par ses personnages relativement aux divinités des Aztèques dans sa célèbre pièce Christophe Colomb, *Jacques Soustelle a publié en 1953, dans les* Cahiers de la compagnie Madeleine Renaud-Jean-Louis Barrault, *une défense de la religion mexicaine, qui se double d'une critique parfois acerbe de Claudel qui parlait avec désinvolture et partialité d'une question dont il était parfaitement ignorant. Cet article a été à nouveau récemment publié avec diverses autres études du professeur Soustelle sur les anciens Mexicains. Nous extrayons de cet ouvrage quelques pages qui invitent à la réflexion sur un sujet sur lequel on porte trop souvent des jugements hâtifs et superficiels.*

Cette gravure, extraite de la Nueva Cronica de Felipe Guama Poma de Ayola (1587-1613), illustre la passion de l'or qui a conduit les Espagnols à tous les crimes : « Cet or, nous le mangeons », dit l'Espagnol à l'Inca.

Sacrifices volontaires

La question des sacrifices humains dans l'ancien Mexique ne peut pas être éludée. Sans doute on peut plaider que leur importance a été systématiquement exagérée par les conquérants et par les missionnaires. L'horreur bien compréhensible que les Castillans ont éprouvée lorsqu'ils ont vu à Tenochtitlan le sang des victimes couvrir la statue du grand dieu tribal, et à plus forte raison lorsqu'ils ont pu contempler de loin les têtes de leurs propres camarades exhibées sur les macabres chevalets, cette révulsion devant le spectacle d'une cruauté *inaccoutumée* les a portés à fausser l'image. Les mêmes Castillans, notons-le en passant, trouvaient tout naturel que Cortès fît pendre, mutiler, brûler vifs, Espagnols ou Indiens : la cruauté *habituelle* ne choque pas. Très sincèrement, les Espagnols trouvèrent les Indiens féroces parce qu'ils sacrifiaient des êtres humains devant les dieux ; non moins sincèrement, les Indiens frissonnèrent devant la férocité espagnole lorsque les *conquistadores* commencèrent à massacrer à Cholula et à Mexico : car — on l'ignore trop souvent — l'idéal des Indiens, à la guerre, était de ne tuer personne. Une bataille consistait à faire des prisonniers qui devaient être ensuite sacrifiés. Ainsi les sacrifices humains, au Mexique, tenaient lieu des pertes sur les champs de bataille dans notre monde. Si l'on veut comparer la civilisation des Aztèques et la nôtre, dans ce domaine, il ne faut pas rapprocher les chiffres des sacrifices humains : « Chrétiens, 0 ; Aztèques, tant de milliers », mais ceux des pertes en temps de guerre pour l'Europe et ceux des sacrifices humains pour le Mexique. Il est alors évident que même l'empereur Auitzotl, qui consacra le grand temple de Mexico avec le sang de 20 000 victimes, n'est qu'un enfant à côté de nos chefs de guerre et hommes d'État. Il eût fallu de nombreux siècles aux dieux aztèques pour dévorer autant de cœurs que ceux qui ont cessé de battre de 1914 à 1918 et de 1939 à 1945. Même multiplié, le sacrifice est un acte individuel et non une destruction en masse : le couteau de silex ne tue qu'un homme à la fois.

Sens du sacrifice

Mais, plus que le nombre des victimes, nous intéresse le sens du sacrifice. Or, si étrange que cela puisse nous paraître, on ne peut nier que le sacrifice ait été presque toujours volontaire ou en tout cas vaillamment accepté. Dès son enfance, l'homme mexicain s'entend dire qu'il est venu au monde pour donner son cœur et son sang *intonan intota tlaltecuhtli tonatiuh* « à notre Mère et à notre Père, la Terre et le Soleil », selon la formule rituelle. Il apprend que, s'il meurt paisiblement dans sa maison, il est destiné à se dissoudre, englouti dans les cavernes ténébreuses de *Mictlan :* si, au contraire, il meurt sacrifié, il sait qu'une éternité radieuse l'attend, d'abord aux côtés du dieu solaire, dans les rangs de l'éclatant cortège qui l'accompagne de l'Orient au zénith, puis, réincarné, sous la forme gracieuse de l'oiseau-mouche qui bourdonne parmi les fleurs. Jeune homme, à l'école élémentaire du *telpochcalli* ou au collège supérieur du *calmecac*, il écoute avec respect les chefs militaires et les prêtres-instructeurs qui révèlent la vérité cachée sous le décor du monde : le soleil est un dieu qui s'est sacrifié, qui a voulu mourir pour renaître éternellement. Ceux qui, sacrifiés à leur tour, lui apportent leur sang — « l'eau précieuse » — et leur cœur, deviennent ses émules et ses servants, les « Compagnons de l'Aigle ». Qu'est-ce que Uitzilopochtli, notre seigneur, sinon le symbole du guerrier devenu dieu ? Ainsi se lève dans l'âme du jeune Mexicain un rêve de fierté surhumaine, le désir de surmonter la mort par la volonté de mourir, la foi dans la renaissance donnée à celui qui accepte sa propre destruction. Et le voici enrôlé dans ses premières expéditions, capturant un prisonnier qu'il accompagne au *teocalli* pour assister à son immolation : déjà, quand succombe l'ennemi devenu, dans cette heure ultime, étrangement fraternel, c'est comme si lui-même passait la limite. Puis, un jour, l'empereur pose sur ses épaules le casque de chevalier-aigle, et lui remet le bouclier orné de plumes, d'or et de jade. Enfin, dans un combat, il est saisi, entraîné, et bientôt va gravir les degrés d'une pyramide aiguë pour y devenir à son tour un dieu...

Ainsi s'explique que des guerriers faits prisonniers aient refusé la vie sauve et exigé la mort c'est-à-dire l'apothéose — les chroniques indigènes rapportent plus d'un cas de ce genre ; ainsi s'explique que, chaque année, un jeune homme ait accepté de jouer le rôle d'un prince entouré de toutes les délices pour périr sur la pyramide de Tezcatlipoca ; que les femmes revêtues des ornements de la déesse-mère aient stoïquement chanté et dansé en feignant d'ignorer leur sort, jusqu'au moment où leur tête roulait sur les dalles (car les femmes aussi pouvaient gagner leur paradis) ; qu'enfin on ait inventé la « Guerre Fleurie », simulacre de bataille en pleine paix, à seule fin de fournir les autels de victimes en fait volontaires.

Exaltation et espérance chez la victime, certitude d'accomplir un devoir cosmique chez le prêtre, tels sont les sentiments qui animent les acteurs du drame. Devoir cosmique : car le soleil ne se lèvera, la pluie ne descendra des sommets de montagnes, le maïs ne surgira du sol, le temps lui-même ne poursuivra sa course majestueuse, que si les sacrifices sont consommés. Ainsi fut fait dès le premier jour du monde. Le sang des hommes est la force vitale du soleil. « Grâce à moi le soleil s'est levé ! » : c'est par ce cri que s'annonce Uitzilopochtli, dans l'hymne rituel qui lui est dédié. Uitzilopochtli, incarnation de l'orgueil et de l'espoir de la nation aztèque.

J. SOUSTELLE

LE PETIT GARÇON
DE LA MONTAGNE DE PLOMB

*Voici une histoire qui nous ramène dans le monde inca, au XVᵉ siècle. En 1954 fut trouvé au Chili, dans la montagne appelée El Plomo, le Plomb, le corps d'un petit garçon conservé grâce au froid de ces hauteurs. Grete Mostny, attachée au Musée national d'histoire naturelle de Santiago du Chili, a donné un rapport de cette découverte et en a fait une analyse exemplaire, grâce à quoi elle a pu en tirer des conclusions inattendues. Cette étude a été publiée dans les Annales du XXXIᵉ Congrès international des Américanistes qui s'est tenu à São Paulo, au Brésil, en 1955 (*Anais do XXXIᵉ Congresso Internacional de Americanistas, *en portugais). Lady Wheeler, femme du célèbre archéologue britannique dont nous aurons l'occasion de parler plus longuement dans le prochain volume, a reproduit ce texte dans un volume consacré à quelques découvertes de l'archéologie.*

Une heureuse acquisition

Le 16 février 1954, je vis venir dans mon bureau, au Musée national d'histoire naturelle à Santiago du Chili, deux hommes qui me dirent avoir fait une découverte archéologique dans la montagne. Ils m'apportaient une statuette d'argent vêtue d'étoffes et de plumes

et me décrivirent leurs autres trouvailles parmi lesquelles la momie d'une petite Indienne dont l'accoutrement différait singulièrement de celles qui se trouvaient déjà au musée. Près de cette momie ils avaient remarqué plusieurs sacs et deux lamas en peluche. Je laissai entendre que le Musée serait intéressé par cette collection, et ils me dirent qu'il avaient trouvé la momie dans une tombe située à 2 300 mètres d'altitude. Comme l'été tirait à sa fin ils avaient jugé sage de la transporter dans un endroit moins élevé en attendant de savoir ce qu'ils devaient en faire. Aussitôt je suggérai qu'ils l'apportent à Santiago, puis qu'ils fassent un nouveau rapport au Musée. Le 15 mars, je vis revenir les deux hommes avec la statuette d'argent et une autre en coquillage. Ils informèrent le directeur du Musée, Don Humberto Fuenzalida, et moi-même, que la momie était chez eux à Puenté Alto (village des faubourgs de Santiago). Le lendemain, j'allai la voir. Il apparut alors que cette momie n'était autre que le corps congelé d'un jeune garçon habillé à la mode inca et si bien conservé qu'il semblait endormi. Prenant conscience de l'importance de la découverte, je retournai directement au Musée et laissai une note pour le directeur, le priant instamment de se rendre acquéreur de toute la collection. C'est ainsi que dans l'après-midi même, le Senor Fuenzalida se rendit à Puente Alto et conclut l'achat au nom du Musée pour 45 000 pesos chiliens (environ 4 000 francs).

Le corps fut ensuite remis au département de la médecine légale pour être tenu dès le soir dans la chambre froide. Nous pensions que c'était la meilleure façon de traiter un corps gelé, mais après quelques heures il fallut bien se rendre compte que l'atmosphère froide et humide lui était nocive et les docteurs décidèrent de le garder dans un endroit sec à une température normale. Le jour suivant il fut transféré au Musée où il est demeuré depuis.

J'ai jugé nécessaire de faire cette longue introduction, car mon récit constitue le premier compte rendu officiel de cette extra-ordinaire découverte. L'intérêt du monde entier fut éveillé et les journaux publièrent maints reportages contradictoires...

Les monuments de la Montagne de plomb

Selon les mineurs qui avaient fait la découverte, le corps se trouvait près du sommet d'une montagne appelée « El Plomo » (la Montagne de plomb) dans la province de Santiago. Il existe dans cette région trois monuments auxquels les montagnards ont donné le nom de « Pircas des Indiens ». Pirca est un mot sud-américain qui désigne un mur de pierres sèches. Dans l'un de ces pircas, au-dessous du niveau du sol se trouvait la tombe contenant le jeune garçon et ses trésors.

Le petit garçon de la Montagne de Plomb continue de dormir son éternel sommeil dans une vitrine du musée de Santiago du Chili.

Le premier février, des montagnards passaient en cet endroit quand ils aperçurent par hasard deux hommes qui dévalaient la montagne, les épaules lourdement chargées d'un sac. On sut plus tard que ce sac contenait le corps du petit garçon.

En avril, une expédition organisée par le Musée national d'histoire naturelle et comprenant des alpinistes du club chilien « Andino » sous la direction du Senor Luis Krahl, en collaboration avec les étudiants en anthropologie de l'Université, gravit « El Plomo » pour vérifier les faits révélés par les mineurs. Seuls le Senor Krahl et deux de ses compagnons atteignirent l'endroit et firent le rapport de ce qu'ils avaient vu.

Il y a sur cette montagne deux groupes de bâtiments, l'un à une altitude de 5 100 mètres, formant un enclos de forme elliptique que les montagnards appellent « l'autel » ; ce fut probablement un temple précolombien. L'axe principal dévie de 22° vers le N.-E. Le deuxième groupe se trouve non loin du sommet à 5 300 mètres ; il est constitué par trois bâtiments rectangulaires dont le plus grand est flanqué d'une annexe. Il est intéressant de noter que l'axe principal, tout comme dans le premier groupe, dévie de 22° vers le N.-E. L'enclos fait à peine plus de 6 mètres de long sur 3 de large, et les murs ont une hauteur de 1 mètre environ. L'intérieur en est comblé par de la terre et des pierres. Au centre se trouve une tombe : elle se présente comme un creux de 1 mètre de fond ; le sol est gelé et une pierre plate lui sert de toit. Ce rapport confirma les dires des mineurs. D'après ceux-ci le corps était entouré d'objets personnels (c'était le mobilier funéraire) ; quand ils le découvrirent, il était tendre et flexible, il durcit par la suite. En fait, quand ce corps parvint au Musée il était encore très élastique, bien qu'il eût été au contact de l'air durant six semaines.

Du rapport du Senor Krahl nous pouvons déduire que ces monuments cultuels ont été construits par un peuple précolombien, probablement le peuple inca ; mais naturellement, l'endroit a pu être fréquenté par des tribus plus anciennes.

Le corps d'un petit garçon

Le corps fut trouvé dans une position assise, genoux repliés, jambes croisées, le bras droit reposant sur les genoux, la main gauche soutenant la main droite. Les deux dernières phalanges des trois doigts du milieu de la main gauche furent gelés 24 à 48 heures avant la mort ainsi que le prouvent leur couleur et leur aspect très caractéristique. C'est un phénomène bien connu des montagnards des Andes et le Senor Krahl ne manqua pas de le noter.

Des examens médicaux et radiologiques prouvèrent que le corps était celui d'un petit garçon ; l'ossification du squelette n'était pas terminée et il avait encore des dents de lait. Il pouvait avoir 8 ou 9 ans. Son premier métatarsal (le 1er os de la voûte plantaire) était exceptionnellement petit et épais, comme s'il retournait à un type ancestral. Il fut possible d'identifier des organes tels que le cerveau, le cœur, le diaphragme et peut-être le foie. En somme, le squelette était normal bien que les mains et les pieds fussent petits par rapport au reste du corps. Il ne fut pas possible d'observer d'autres détails par les rayons X à cause de la densité excessive des vêtements, densité aggravée par la congélation partielle du corps et le début de la momification.

La chevelure était lisse, huilée et noire et le follicule capillaire bien conservé. Le visage était large, le nez épaté mais il est difficile d'en tirer des conclusions car il a pu se produire une déformation *post mortem*. Mais ses traits classaient le petit garçon dans le type mongolien, ce qui était à prévoir. La couleur de sa peau passait par tous les tons de brun, plus foncée là où manquait la protection des vêtements. Il fut possible d'effectuer une analyse du sang : il appartenait au groupe O ; on prit ensuite ses empreintes digitales : elles ne différaient pas sensiblement de celles qu'on relève de nos jours.

Vêtu d'une tunique de laine...

L'enfant était vêtu d'une tunique de laine noire tissée d'une seule pièce, repliée, avec pour la tête une ouverture qui n'était pas exactement au milieu de la pièce d'étoffe. Les deux côtés étaient cousus ; le dos et le devant étaient garnis d'une frange de laine rouge et de quatre bandes de fourrure de vigogne blanche. Sur ses épaules, il portait une couverture de bure tissée comme du chanvre, grise avec des bandes multicolores. Cette couverture, usée et reprisée en plusieurs endroits, était faite en deux morceaux et attachée sous le menton par un gros nœud qui est peut-être à l'origine de la déformation *post mortem* du nez car la tête se penchait en avant, le nez appuyé sur le nœud. Des bribes de vêtements sur les avant-bras et les mains témoignent des efforts de l'enfant pour recouvrir ces parties de son corps restées nues. Il portait des mocassins faits d'une seule pièce de cuir garnis de fourrure avec une lanière brodée retenue par une bordure. Il n'y avait qu'une couture au milieu de l'orteil. Ces mocassins présentaient peu de signes d'usure et la semelle était parfaitement nette.

Sa coiffure consistait en un ruban d'où pendait une longue et épaisse frange de laine noire, le tout surmonté d'une crête de plumes de condor noires et blanches. Il portait aussi le llantu caractéristique (serre-tête des Incas ou de leurs sujets). Sa tête était encore serrée de cinq tours d'une corde noire bien entortillée qu'une seconde corde retenait sous le menton.

Sur sa poitrine pendait un pectoral d'argent en forme de double croissant. Quand le corps fut apporté au Musée cet ornement s'était détaché et on le retrouva ensuite dans les plis du llantu. Autour de son bras un bracelet d'une seule feuille d'argent en forme de trapèze était retenu par un mince fil de laine qui passait par deux trous dans sa face interne.

Sa chevelure retombait au-dessous de ses épaules en une multitude de petites tresses. Son visage était peint en rouge et rayé de bandes jaune. Il portait une sorte de musette faite d'une étoffe pliée en deux et cousue sur les côtés. Cette musette contenait des bribes de feuilles de coca. A côté de ses affaires personnelles l'enfant avait près de lui un autre sac fait de la même façon, mais entièrement recouvert de plumes rouges et jaunes. Ce sac était garni de feuilles de coca bien tassées. Il y avait encore cinq autres sacs en peau fine, découpée sans doute dans l'intestin d'un mammifère de l'espèce du lama. Les deux plus grands renfermaient des petites boules de cheveux humains, des bribes de laine rouge et une matière rugueuse qui n'a pas encore été identifiée. Dans un autre on trouva des rognures d'ongle découpées de façon très irrégulière, des dents de lait très usées et un tout petit brin de laine rouge. Les deux autres contenaient aussi des rognures d'ongle et de la laine.

Il y avait en outre, dans la collection, deux petites figurines dont la forme rappelait celle des lamas ou de quelque autre animal de cette espèce. L'un représentait un animal mâle dans un alliage d'or et d'argent ; l'autre, sculpté dans un coquillage, était plus petit et moins bien travaillé.

A l'écart du mobilier, mais toujours dans l'enclos on trouva une statuette de femme, haute de 10 centimètres environ ; c'était une statuette d'argent battu et soudé. Les bras étaient repliés, les mains sur les seins, les cheveux partagés par une raie médiane et retombant

Maria Ovalle et Pedro Miranda, pesant la momie de l'enfant à la faculté de médecine légale de Santiago du Chili, où fut soigneusement étudiée la momie.

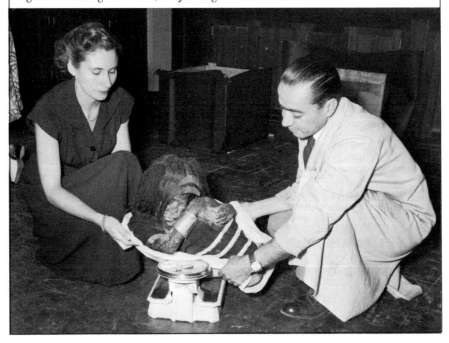

en deux tresses sur les épaules. La figurine était habillée avec soin à la mode des femmes incas. On connaît déjà cinq de ces figurines habillées — trois sont en or, une autre en argent et la cinquième en coquillage. Toutes furent découvertes sur l'El Plomo. Deux seulement ont encore leur coiffure : la nôtre et celle qui est faite de coquillage.

Une analyse archéologique

De cette découverte on peut tirer diverses conclusions. Le corps était celui d'un enfant de 8 à 9 ans, sujet inca. Mais nous ignorons à laquelle des multiples races de l'Empire inca il appartenait ; mais sa coiffure nous fournit un indice : en effet, tous les chroniqueurs du temps insistent sur le fait que les Indiens des différentes parties de l'Empire se distinguaient par les différences de leurs coiffures dont d'ailleurs il leur était interdit de changer sous peine de châtiments sévères. Toutefois nul n'a jamais décrit une coiffure semblable à celle de ce petit garçon. D'autres observations semblent néanmoins indiquer qu'il était du peuple de l'Altiplano (la haute chaîne montagneuse des Andes). On croit savoir en effet que les gens de l'Altiplano usaient de mocassins et non de sandales.

Le pectoral est pareil à celui que l'on a trouvé dans l'île de Titicaca ; il ressemble aussi à celui qui figure sur le portrait d'un chef à Collasuyu. Et de plus, ce chef avait le même bracelet que le petit garçon. Or nous savons que le riche peuple de La Paz portait des bracelets d'or et d'argent. La crête de plumes de condor prouve également que l'enfant était originaire de l'Altiplano. Au coin du portrait du chef de Collasuyu on voit un condor peint sur un bouclier.

Le port du llantu noir constitue un privilège accordé par les Incas aux nations conquises — durant les cérémonies du Capak Raymi les jeunes candidats revêtaient aussi le llantu noir. Mais le petit garçon d'El Plomo était trop jeune pour avoir participé à cette cérémonie. Il faut noter cependant que dans certaines tribus le port du llantu noir était habituel et constant.

La tunique, comme la couverture, était faite de tissu grossier, ordinaire. Elle était si courte qu'elle n'atteignait pas les jambes de l'enfant alors que l'usage voulait qu'elle descende jusqu'à mi-cuisse. Mais n'oublions pas qu'il s'agit d'un enfant et que nous n'avons aucun renseignement sur la mode enfantine. D'après les dessins que nous connaissons, nous déduisons seulement que cette tunique ne ressemble pas à celle d'un price royal. Ce petit garçon était sans doute le fils d'un noble provincial, ou en tout cas d'un homme riche.

Il n'était pas d'âge à porter des pantalons ou à avoir les oreilles percées. Selon l'usage inca, un jeune homme recevait sa première paire de pantalons à 14 ou 15 ans. Cela se passait au cours d'une cérémonie dans laquelle tous les garçons de sang noble étaient soumis à des épreuves physiques. Ils obtenaient ainsi le privilège de se faire percer les oreilles, de s'habiller d'un pantalon, de porter les armes et d'avoir les cheveux coupés. Et on leur donnait leur vrai nom.

Au cours de sa brève existence, l'enfant d'El Plomo devait avoir déjà passé par une cérémonie vers l'âge de 1 ou 2 ans. En cette occasion, le plus vieux de ses oncles avait dû lui couper les cheveux et les ongles et lui donner un nom qu'il garderait jusqu'à sa puberté. On avait dû conserver avec soin ces cheveux et ces ongles ; en fait nous les trouvâmes, ainsi que les dents de lait, dans ces petits sacs faits d'intestins d'animaux.

Après sa mort les cheveux — comme les ongles — de l'enfant avaient encore poussé jusqu'à tomber sur ses épaules. Ils semblent avoir été arrangés pour une occasion particulière juste avant sa mort. L'un des traits les plus intéressants de la découverte d'El Plomo fut la peinture du visage. Le rouge était la couleur de prédilection ; on l'employait pour les guerriers afin d'effrayer les ennemis et aussi pour les fêtes et les danses.

Un sacrifice humain

Mais comment le petit garçon a-t-il été enseveli au sommet d'une montagne ? On sait que les Incas et autres peuples andins attribuaient des pouvoirs surnaturels aux montagnes. Plus la montagne était haute et imposante, plus grand était son pouvoir et ils avaient un respect particulier pour celles que recouvraient les neiges éternelles. « El Plomo » était de celles-là, d'où les monuments que l'on découvrit sur son sommet ou près du sommet et les traces de sentiers qui y menaient. Depuis longtemps l'endroit était connu des mineurs et des muletiers et, comme je l'ai dit plus haut, ils appelaient ces monuments « Pircas des Indiens ». Le même mineur qui découvrit le corps de l'enfant trouva des statues d'or et d'argent dans l'un de ces monuments. Mais il y avait beau temps déjà qu'elles avaient été vendues et nul ne fut capable de retrouver leurs actuels possesseurs. Les montagnards avaient dit qu'il existait un autre endroit dans ces monuments, qui était susceptible de contenir le corps d'un autre enfant sacrifié. Je suis sûr que le corps actuellement au Musée national constitue un sacrifice humain.

La plupart des chroniqueurs du Pérou ancien admettent l'existence des sacrifices humains au temps des Incas. En des occasions particulières, des hommes, des femmes et des enfants étaient sacrifiés comme offrandes des provinces de l'Empire. On faisait ces sacrifices quand un nouvel Inca accédait au trône, ou en cas de victoire, ou quand l'Inca était malade, ou pour toutes sortes de calamités. Il y avait quatre modes de sacrifices ; étrangler, arracher le cœur, briser la nuque avec une pierre, ensevelir vivant. Il semble que pour sacrifier les enfants la dernière de ces méthodes était la plus répandue chez les gens des montagnes. Il y avait parfois des sacrifices par couple : un garçon et une fille, d'environ 10 ans : les victimes étaient vêtues de leurs plus beaux habits. Parmi les objets qui les accompagnaient dans la tombe on avait remarqué particulièrement des petites figurines de lama en or et en argent. Certainement le sac de plumes

Voici « l'Amphithéâtre des Sacrifices » dans le temple inca de Huaca-Kenko, aux environs de Cuzco.

contenant des feuilles de coca faisait partie du matériel funéraire tandis que la musette et les petits sacs avec la laine, les rognures d'ongle et les dents faisaient partie des affaires personnelles de la victime.

L'enfant d'El Plomo fut sans aucun doute enterré vivant. Les examens radiologiques ont montré que le corps n'avait subi aucune blessure et aucun choc. On avait dû lui faire prendre un breuvage enivrant, le « chicha », puis, alors qu'il était encore sous l'effet de l'alcool, on l'avait déposé dans sa tombe et, là, le froid l'avait saisi, il était mort sans reprendre ses sens ainsi qu'en témoigne l'expression paisible de son visage.

G. MOSTNY

Chapitre VII

LA MÉTALLURGIE AMÉRINDIENNE

Les premiers métaux apparaissent en Anatolie au VIIe millénaire avant notre ère, sous la forme du cuivre martelé, suivis par la métallurgie de l'or. Les premiers essais de mélange du cuivre et de l'étain grâce à quoi on obtient le bronze se décèlent, toujours en Anatolie, à l'orée du IIIe millénaire ; un millénaire plus tard, l'époque du Bronze, avec toutes les révolutions économiques, techniques et sociales qu'elle implique, parvient à son apogée dans le Proche-Orient et en Grèce. Depuis le foyer est-méditerranéen, la technologie du bronze se répand au IIe millénaire vers l'Europe occidentale et l'Asie orientale. Enfin le fer, connu, toujours en Anatolie, au début du IIe millénaire, devient commun en Asie occidentale et en Europe au début du Ier millénaire avant notre ère : il faudra que s'écoulent près de cinq siècles pour qu'il devienne aussi commun dans la vallée du Nil jusqu'au Soudan d'où il se répand à travers l'Afrique noire, et d'un autre côté dans l'Inde et en Asie orientale.

Or, le Nouveau Continent s'éloigne sensiblement de ce schéma évolutif et chronologique. Les Andes sont riches en or, argent, cuivre, étain, mais aussi en fer : des gisements de minerais de ce métal se trouvent vers les côtes sud du Pérou (Marcona, Pampachiri) et surtout au Chili (gisements de l'Atacama, de Coquimbo). Au demeurant, le continent américain est riche en mines de fer et plus particulièrement le Brésil, le Venezuela, le Mexique, et à un moindre degré, les États-Unis. Or, comme nous l'avons déjà précisé, les Précolombiens ont totalement ignoré la métallurgie du fer, constatation qui met en défaut, parmi bien d'autres, au reste, les hypothèses aventureuses d'une « colonisation » phénicienne ou viking ; nous y reviendrons dans un autre volume.

C'est vers les côtes septentrionales du Pérou qu'apparaît la métallurgie du cuivre et de l'or, à la fin du Ier millénaire avant notre ère, mais ce n'est qu'à la période suivante dite de Florescence, entre

On voit sur cette gravure de la Cosmographie Universelle (1555) de Le Testu, comment fonctionnait une forge en Espagne au XVIe s. Ce sont les Espagnols qui ont introduit en Amérique les techniques du travail du fer, jusqu'alors ignorées des Indiens.

200 et 600 de notre ère, que se développe réellement cette métallurgie : l'argent fait alors son apparition, les armes en cuivre deviennent plus communes, les métallurgistes expérimentent les premiers alliages d'or, cuivre et argent. La présence en Ecuador d'une culture datée du IIe siècle av. J.-C. et qui présenterait des aspects asiatiques a incliné plusieurs éminents archéologues à admettre en ces régions l'existence d'influences venues de l'Extrême-Orient à travers le Pacifique, par le canal desquelles les anciens Péruviens et Équatoriens auraient pris connaissance des premières techniques métallurgiques. Il n'en reste pas moins que c'est beaucoup plus tard, à l'orée de la période Inca, que les populations andéennes ont connu la métallurgie du bronze. Quant aux peuples du Mexique leur apprentissage de la métallurgie est encore plus tardif : la brillante civilisation de Teotihuacan qui parvient à son apogée entre 200 et 600 de notre ère ignore les métaux qui n'apparaissent dans le Mexique central qu'au Xe siècle. Les Mayas ne les ont aussi réellement connus qu'à l'époque du Nouvel Empire, peut-être par l'intermédiaire des Toltèques. Ils n'ont pas connu le bronze qui commençait à peine à se répandre lors de la conquête espagnole.

MÉTAUX
ET TECHNIQUES

Bien qu'ils fussent tard venus à la métallurgie, les Amérindiens ont cependant mis au point des techniques très élaborées et ils se sont révélés, en particulier les Indiens du Panama et du Costa-Rica, les Colombiens et les Ecuadoriens, de remarquables orfèvres.

Un grand américaniste que nous avons déjà rencontré, Paul Rivet, a consacré un remarquable ouvrage de synthèse à la métallurgie dans l'Amérique précolombienne, en collaboration avec H. Arsandaux. Voici les conclusions de ce travail qui donnent une vue d'ensemble des connaissances des Indiens d'Amérique en ce domaine.

Les « provinces métallurgiques »

Des observations qui précèdent ressortent des faits clairs et précis. Le premier est l'autonomie complète de la métallurgie américaine vis-à-vis de la métallurgie de l'Ancien Monde. Tout démontre que c'est l'Indien qui a découvert tous les métaux, tous les alliages, toutes les techniques qu'il a utilisés à l'époque précolombienne.

L'Amérique du Nord constitue une province métallurgique originale, indépendante de tous les pays américains où le travail des métaux était pratiqué avant l'arrivée des Espagnols. Certes, il n'est pas exclu que quelques objets de cuivre, tels certains grelots rencontrés dans l'Arizona, ni que quelques objets d'or de Floride, de l'Ohio ou de Georgie aient été importés du Mexique aux États-Unis, et il est certain que l'industrie de l'or en Floride, avec sa connaissance de la *tumbaga* * et du coulage, est liée à une migration karib ** et arawak d'origine antillaise, mais ces contaminations n'altèrent pas l'originalité d'ensemble de la métallurgie nord-américaine.

Les artisans nord-américains ne savaient pas fondre le fer météorique, non plus que l'or et l'argent natifs qu'ils n'employaient d'ailleurs qu'assez exceptionnellement. Ils opéraient uniquement par martelage à froid et à chaud. C'est également par ce procédé primitif qu'ils pratiquaient parfois le placage de l'argent et, beaucoup plus rarement, de l'or sur cuivre. Ils ignoraient les alliages.

Une seconde province métallurgique comprend toute l'Amérique centrale, la Colombie, les Antilles et l'extrémité méridionale de la Floride, les Guyanes, le Venezuela, et, d'une façon générale, tout le territoire qui s'étend au nord de l'Amazone et, enfin, toutes les régions qui constituaient l'ancien empire inca.

Cette province ne constitue pas une unité, mais un complexe dont les différents composants ont exercé l'un sur l'autre une action qu'il importe de déterminer.

Dans ce complexe, la métallurgie mexicaine occupe une place à part, que nous ne pourrons bien définir que lorsque nous aurons caractérisé les zones et courants culturels dont elle dérive et établi leurs rapports et leur filiation.

Dans cette étude, il convient tout d'abord de mettre à part l'industrie du platine, qui s'est développée dans une zone strictement limitée, la province septentrionale côtière de l'Ecuador et les régions adjacentes du littoral colombien. Il s'agit d'une industrie locale déterminée par la présence de pépites de platine dans les sables aurifères de la région.

L'or et le cuivre

L'utilisation de l'or natif et du cuivre, par contre, est générale dans tout le domaine que nous étudions en sorte qu'il est impossible, dans l'état actuel de nos connaissances, de deviner quel a pu être le centre de découverte de ces métaux et dans quelles conditions leur connaissance a pu se répandre dans toute l'aire considérée. Il n'est d'ailleurs pas exclu qu'il y ait eu deux centres de découverte, l'un au Pérou, l'autre dans l'arrière pays guyanais.

Il n'est pas douteux que l'utilisation de l'or soit antérieure à celle du cuivre, puisque l'or apparaît dès le début de la période de Nazca sur la côte péruvienne, et dès le début de la période de Chavin, qui

---

* Ce mot a été emprunté par les Espagnols au malais *tambaga*, terme désignant un alliage de cuivre et de zinc. Par extension, il représente en Amérique un alliage d'or natif argentifère et de cuivre.

** Ou caraïbe.

lui est sensiblement contemporaine dans la cordillère septentrionale du Pérou, et en Ecuador, dès l'époque de Tuncahuán, au nord, dès l'époque de Narrío, au sud, tandis que le cuivre, inconnu chez les Proto-Nazca et à la période de Chavin, n'entre dans la métallurgie péruvienne qu'avec la civilisation de Tiahuanaco, c'est-à-dire vers le IVe siècle, et avec la civilisation, sensiblement contemporaine, de l'ancien Chimú.

Dans le nord de l'Ecuador, par contre, le cuivre est utilisé dès la période Proto-Panzaleo II, c'est-à-dire à une époque sensiblement plus ancienne qu'au Pérou. Il est possible que cette apparition du cuivre dans le nord de l'Ecuador soit liée à l'influence de la métallurgie colombienne, qui se manifeste dans la même région par l'apparition d'autres techniques, comme nous le montrerons plus loin, dès l'époque de Tuncahuán. Ce qui est certain, c'est que dans toute la zone nord-orientale (Antilles, Floride, Guyanes, Venezuela, nord de l'Amazone), en Colombie, dans des provinces andines septentrionales et les provinces maritimes de l'Ecuador et même sur le littoral péruvien, le cuivre n'a été utilisé qu'exceptionnellement pour la fabrication d'outils et n'a joué un rôle important qu'allié à l'or natif, tandis que, dans tout le domaine inca, le rôle utilitaire de ce métal a été primordial, soit à l'état pur, soit allié à l'étain.

Le Potosi était particulièrement célèbre pour ses mines d'argent : le voici, avec les sentiers tracés le long de ses pentes, sur une gravure de la Cronica del Peru de Cieza de Leon (1553).

Découverte de la tumbaga

Le travail de l'or et de son alliage avec le cuivre ou *tumbaga* atteint son plus haut degré de développement en Colombie, dans l'isthme de Panama et au Costa-Rica. Néanmoins, il y a tout lieu de croire que le centre de découverte de la *tumbaga* n'est pas la Colombie, mais doit être recherché beaucoup plus à l'est, dans l'arrière-pays guyanais, chez les tribus karib et arawak de la région, d'où la connaissance de cet alliage a été apportée d'une part aux Antilles et à la Floride méridionale par des invasions karib et arawak, d'autre part aux hauts plateaux andins colombiens par une migration karib.

Enrichie de nouvelles techniques par les orfèvres colombiens (mise en couleur, placage de l'or, soudure autogène et soudure par alliage, coulage « à la cire perdue »), cette métallurgie se propage vers le nord à travers l'isthme de Panama jusqu'au Costa-Rica, où nous croyons qu'elle est à la base de la civilisation chorotèk de Spinden, et vers le sud, aux provinces septentrionales de la vallée interandine et aux provinces côtières de l'Ecuador et du Pérou.

Dans les provinces septentrionales de l'Ecuador, le placage de l'or sur cuivre était pratiqué dès la période de Tuncahuán, c'est-à-dire, d'après la chronologie de Jijón y Caamaño, vers le IIIe siècle et plus au sud dès la période de Narrío, en même temps que la mise en couleur. Dans les provinces côtières péruviennes, la *tumbaga* apparaît à la période chimú ancienne, le placage de l'or, la soudure par alliage et la soudure autogène au Chimú moyen, la mise en couleur au Chimú final, c'est-à-dire que la connaissance de l'alliage précède, comme il est naturel, l'acquisition des techniques plus compliquées auxquelles il est lié.

L'influence colombienne sur la côte péruvienne commence donc à se manifester nettement plus tard qu'en Ecuador, vers le VIe siècle. Ainsi se trouve confirmé par la chronologie le sens de la migration qui a porté jusqu'au littoral péruvien les connaissances techniques essentielles de la métallurgie colombienne.

Ces faits, qui paraissent définitivement acquis, nous permettent de nous faire une idée approchée de l'ancienneté de la connaissance de l'alliage d'or natif et de cuivre en Colombie. Sans doute remonte-t-elle au moins au début de l'ère chrétienne, et ceci nous conduit à assigner à la migration karib, qui l'a introduite dans ce pays, une date sensiblement plus ancienne.

Tous ces faits, d'ordre archéologique, sont en parfait accord avec les faits linguistiques actuellement acquis à la science : extension septentrionale de la famille linguistique chibcha jusqu'aux confins du Costa-Rica et du Nicaragua, parenté du Pasto, ancienne langue du département de Nariño en Colombie et de la province du Carchí en Ecuador, et du Kuaiker, dialecte de la famille linguistique chibcha, du Kara, ancienne langue des provinces de l'Imbabura et du Pichincha en Ecuador, et des langues du groupe barbakoa, de la même famille chibcha. La seule discordance entre les résultats obtenus par les deux disciplines réside dans le fait que l'archéologie nous permet de suivre l'influence chibcha jusqu'au littoral péruvien, alors que la linguistique, dans l'état actuel de nos connaissances, ne l'établit que pour l'Ecuador septentrional et côtier.

L'arrivée relativement tardive de la métallurgie colombienne de l'or à la côte péruvienne explique qu'elle ait peu pénétré dans le haut plateau péruano-bolivien. Les Incas ne s'en assimilèrent les éléments qu'après conquête des régions du littoral. Rappelons que, d'après Means, cette conquête, qui commence par les provinces méridonales, dans la première moitié du xIV^e siècle, ne s'étend aux provinces septentrionales que dans la seconde moitié du xV^e siècle et à l'Ecuador qu'à la fin de ce siècle et au début du xVI^e.

Métallurgie de l'argent et du plomb

La métallurgie de l'argent est essentiellement une métallurgie du littoral péruvien, où elle apparaît dès l'époque de Paracas, alors qu'elle ne s'étend aux hauts plateaux qu'à partir de la 2e époque de Tiahuanaco. Le placage d'argent était pratiqué sur la côte péruvienne dès le début du Chimú moyen, mais paraît avoir été ignoré des artisans du haut plateau jusqu'à l'époque inca. Par contre, l'alliage d'argent et de cuivre est plus tardif sur le littoral, où il apparaît seulement à la période Chimú finale, que sur le haut plateau, où il était en usage dès la 2e période de Tiahuanaco.

L'argent n'apparaît en Ecuador, sous forme d'outils ou d'ornements *entièrement* fabriqués avec ce métal, qu'à l'époque inca. Les objets composés de bandes d'or et d'argent et les objets de cuivre plaqués d'argent, trouvés dès l'époque de Narrío et d'Elénpata, ont été sans doute importés du Pérou. De toute façon, l'argent ne pénètre que tout à fait exceptionnellement dans les provinces septentrionales du pays.

Le plomb n'entre dans l'outillage métallurgique péruvien que très tardivement, c'est-à-dire à l'époque inca. Il est impossible, dans l'état actuel de nos connaissances, de déterminer son centre d'apparition : littoral ou haut plateau. Il n'est pas impossible que ce centre soit le Mexique, où la métallurgie de ce métal paraît avoir été plus développée qu'au Pérou (alliage du plomb et du cuivre), et que sa connaissance ait été apportée dans ce dernier pays et sur la côte d'Esmeraldas par l'intense trafic maritime le long des côtes du Pacifique.

Découverte du bronze

Le centre de découverte du bronze est certainement le haut plateau péruano-bolivien, que cette découverte soit le fait des métallurgistes de la 2e période de Tiahuanaco, comme nous inclinons à le penser avec Nordenskiöld et Lothrop, ou des Chincha-Atacameños, comme le croit Jijón y Caamaño. L'alliage de cuivre et d'étain n'apparaît sur la côte péruvienne qu'à la période Chimú finale et en Ecuador

qu'à l'époque inca, puisque la période d'Elén-Pata l'ignore encore.
Il est possible qu'il ait été introduit dans l'extrême nord chilien par
les Atacameños, mais, jusqu'au temps des Incas, il ne pénétra pas
au sud du rio Choapa. Les Incas furent, sans aucun doute, les
principaux propagateurs du bronze dans toutes les provinces soumises
à leur empire. Avant leur expansion, des contaminations culturelles,
comme nous l'avons signalé dans les lignes qui précèdent, s'étaient
certainement produites entre la métallurgie péruvienne du littoral
et celle des hauts plateaux, mais la véritable fusion ne s'opéra
vraiment qu'après la conquête inca des provinces de la côte du
Pacifique. Ayant hérité, soit des Aymará, soit des Chincha-
Atacameños, de la connaissance du bronze, les conquérants Kichua
la propagèrent dans tout leur empire, conjointement avec les
connaissances métallurgiques d'origine colombienne et d'origine
autochtone (métallurgie de l'argent) des populations côtières, qu'ils
assimilèrent rapidement. Cet empire délimite ainsi une province
métallurgique très nette, dont les éléments caractéristiques essentiels
sont constitués par des apports colombiens, par des apports du haut
plateau péruano-bolivien et par des apports spéciaux au littoral
péruvien.

Les deux zones métallurgiques, dont nous venons d'esquisser la
formation et de délimiter l'étendue, ont eu primitivement chacune
un centre d'irradiation : le haut plateau colombien d'une part, le
haut plateau péruano-bolivien d'autre part, dont les éléments,
antérieurement à toute contamination provenant de l'industrie

*Les sculptures en métal sont rares en Amérique précolombienne : ce lama, fondu dans
un alliage d'argent et de plomb de l'époque inca, provient des environs de Cuzco (Musée
de l'Homme, Paris).*

côtière péruvienne, notamment en ce qui concerne la métallurgie de l'argent, peuvent être ainsi déterminés :

	MÉTAUX CONNUS.	ALLIAGES CONNUS.	TECHNIQUES CONNUES.
Colombie.	Cuivre, Or natif.	Cuivre et or natif en toutes proportions.	Martelage. Coulage ordinaire et à la cire perdue. Mise en couleur. Placage de l'or sur cuivre. Soudure autogène et soudure ordinaire. Tréfilage. Procédé du repoussé. Découpage.
Haut plateau péruano-bolivien	Cuivre, Étain, Or.	Bronze.	Martelage. Durcissement par martelage à froid. Coulage. Procédé du repoussé. Découpage.

L'expansion des peuples colombiens et l'expansion inca ont eu pour résultat la constitution, dans une partie des territoires du nord-ouest de l'Amérique du Sud, de zones mixtes correspondant aux zones de recouvrement des deux influences primordiales et nettement limitées à celles-ci. Ces zones de recouvrement sont l'Ecuador et la côte du Pérou. Ainsi, tandis que le bronze, l'argent et ses alliages, le plomb sont totalement inconnus en Colombie et que le haut plateau péruano-péruvien ignore la *tumbaga* et les techniques qui sont liées à cet alliage, nous trouvons ces métaux et alliages utilisés à la fois en Ecuador et sur le littoral péruvien, et ceci nous explique pourquoi l'industrie de l'Ecuador, qui participe à la fois de l'industrie colombienne et de l'industrie péruvienne, présente des affinités plus marquées pour l'industrie du littoral péruvien que pour celle des hauts plateaux péruano-boliviens. Par contre, le Chili et la région andine de la République Argentine, que n'a pas atteints la migration colombienne, se rattachent bien davantage par leur métallurgie aux hauts plateaux péruano-boliviens qu'au littoral péruvien.

Comparaisons entre le Mexique et le Pérou

Ceci établi, si l'on compare la métallurgie de la côte péruvienne et la métallurgie du Mexique, on constate entre elles des similitudes extraordinaires, pour ne pas dire une identité complète.

Le tableau suivant montre cette ressemblance :

	MÉTAUX CONNUS.	ALLIAGES CONNUS	TECHNIQUES CONNUES.
Côte péruvienne	Or, Argent, Cuivre, Étain, Plomb.	Cuivre et étain. Or et cuivre. Argent et cuivre. Argent et or. Argent, or et cuivre.	Martelage. Durcissement par martelage à froid. Coulage ordinaire et à la cire du perdue. Mise en couleur. Placage d'or sur argent et sur cuivre. Placage d'argent sur cuivre ou sur alliage de cuivre et d'argent. Soudure autogène et soudure ordinaire. Tréfilage. Procédé du repoussé. Revêtement métallique. Découpage.
Mexique.	Or, Argent, Cuivre, Étain, Plomb.	Cuivre et étain. Or et cuivre. Argent et cuivre (?). Argent et or (?) Cuivre et plomb.	Martelage. Durcissement par martelage à froid. Coulage ordinaire et à la cire perdue. Mise en couleur. Placage d'or sur argent et sur cuivre. Soudure autogène et soudure ordinaire. Tréfilage. Procédé du repoussé. Revêtement métallique. Dorure sur bois.

L'arsenal des métaux est le même dans les deux régions. Les alliages à base d'argent ne sont pas attestés avec certitude au Mexique, mais il y a lieu de tenir compte de la pénurie des analyses réalisées jusqu'à ce jour. Nous avons la certitude que l'étude chimique des bijoux de Monte Albán viendra combler cette lacune et apportera de nouveaux faits de concordance. En ce qui concerne les techniques, elles sont sensiblement les mêmes. Nous nous contenterons de signaler les différences. La dorure sur bois n'est pas attestée sur le littoral péruvien ; par contre, l'argenture par apport et les plaques découpées n'ont pas été signalées jusqu'ici au Mexique. Ajoutons encore que l'alliage du plomb et du cuivre est spécial à ce pays.

Ce masque en or qui provient d'un temple de Monte Albán (Oaxaca, Mexique) a été réalisé en partie grâce à la technique de la cire perdue.

Apparition tardive des métaux au Mexique

Par ailleurs, il est manifeste que l'usage des métaux était encore peu répandu au Mexique au moment de la découverte. Nous n'en voulons pour preuve que la rareté des objets en métal, provenant de ce pays, dans les collections des musées d'Amérique et d'Europe ; il semble que le pillage espagnol ait en quelque sorte vidé le pays de son stock d'objets en métal, alors qu'au Pérou, en Ecuador, en Colombie, etc., encore que le pillage ait été au moins aussi intense, une quantité considérable d'objets métalliques a pu y échapper, parce qu'ils faisaient, depuis des siècles, partie du mobilier que la piété des vivants plaçait dans les sépultures. L'absence de tout métal à l'époque de Teotihuacán est particulièrement significative.

Par contre, cette métallurgie mexicaine, qui ne paraît pas avoir de racines profondes dans le passé, nous apparaît, dès son début, dotée d'une technique complexe et d'un arsenal de métaux remarquable. En vain cherche-t-on dans ce pays trace des essais et des maladresses, qui attestent au Pérou les tâtonnements d'une métallurgie qui élabore ses techniques.

Le fait est particulièrement remarquable à Monte Albán, où l'on ne voit apparaître les métaux qu'à la période IV, c'est-à-dire vers le XIe siècle, et d'une façon très discrète (on n'y a trouvé en effet que des haches-monnaies et quelques grelots de cuivre, à l'exclusion de tout objet d'or ou d'argent), tandis qu'à la période V, à laquelle appartient la fameuse tombe 7, c'est-à-dire au début du XVIe siècle, apparaît brusquement toute une riche et complexe orfèvrerie : objets d'or, d'argent et de cuivre, laminage, repoussé, coulage à la cire perdue, soudure ordinaire.

L'identité de la métallurgie mexicaine avec la métallurgie côtière péruvienne, sa faible ancienneté, sa faible diffusion, qui contraste avec la perfection et la multiplicité de ses techniques, sans que rien

La fonte à la « cire perdue »

Cette technique est très ancienne dans l'Ancien Monde. Elle semble avoir été inventée par les Sumériens, peut-être simultanément avec les Égyptiens. Beaucoup plus tardivement, par la voie du Nil, elle sera connue, au Ier mill. avant notre ère, des régions soudanaises, d'où bien des siècles plus tard elle se diffusera à travers l'Afrique noire. Quant aux Indiens des régions andines, ils semblent avoir inventé cette même technique de leur côté, bien que certains auteurs pensent que cette technologie leur aurait été révélée par l'intermédiaire de navigateurs chinois.

Dans cette technique avec laquelle on ne coule en général des objets que d'une taille assez réduite, on modèle l'objet ou la statuette (animale ou humaine) dans de la cire d'abeille. Il faut veiller à disposer aux extrémités de l'objet ainsi façonné des sortes de petites antennes en cire. On enduit ensuite l'objet d'une argile délayée dans de l'eau de manière à former une couche assez épaisse mais suffisamment fluide pour ne pas déformer la cire. On laisse un moment sécher l'argile avant de l'enrober dans de l'argile plus épaisse de manière à constituer un moule. On met alors l'argile à cuire dans un four de manière que, tandis que l'argile durcit, la cire fonde et s'écoule par les antennes devenues ainsi des canaux d'évacuation. Le moule solide et creux ainsi obtenu sera rempli de métal fondu, cuivre, laiton ou bronze, lequel remplacera la cire. Le métal sera coulé par un canal constitué grâce à l'une des antennes de cire, tandis que l'air sera chassé par un canal opposé. Une fois le métal refroidi, il suffira de casser le moule d'argile, de briser les antennes de bronze formées par la coulée dans les canaux et de polir le métal à la lime. Pour les objets atteignant une certaine taille, on est obligé d'obtenir un bronze creux ; c'est pourquoi il est nécessaire de ménager à la base du moule une ouverture suffisamment grande pour pouvoir retirer une âme en bois autour de laquelle aura été modelée la forme de cire.

n'en révèle sur place l'élaboration laborieuse, tout, en un mot, impose la conclusion que l'industrie des métaux a été introduite au Mexique déjà toute constituée et en possession de tous ses moyens techniques et que cette importation est venue du littoral péruvien.

Le grand hiatus, qui existe entre la côte péruvienne et l'Ecuador d'une part et le Mexique d'autre part, exclut l'hypothèse d'une transmission par voie de terre et conduit à penser à une transmission par voie maritime.

Relations maritimes

Or, il est prouvé qu'un trafic commercial existait à l'époque précolombienne entre le Pérou et l'Amérique centrale et que les Indiens de l'isthme de Panama avaient une connaissance exacte de l'Empire inca. La trouvaille dans les tombes équatoriennes et péruviennes de coquilles marines provenant de l'Amérique centrale, la découverte de haches analogues aux haches-monnaies mexicaines, sur la côte de Colombie, de l'Ecuador et du Pérou, d'émeraudes et d'autres objets d'origine équatorienne à Coclé, confirment ces données historiques.

Ce trafic commercial se faisait à l'aide de *balsas*, dont les anciens auteurs nous ont laissé des descriptions précises et des dessins. C'étaient des radeaux faits de poutres d'un bois très léger (*Ochroma piscatoria*) ; le nombre de ces poutres était toujours impair ; il y en avait communément 5 et quelquefois 7, 9, et plus. Elles étaient fixées sur deux autres poutres transversales et leur longueur allait en décroissant du centre vers les bords du bateau, de façon à dessiner une proue ; du côté de la poupe, au contraire, elles venaient finir sur un même plan, en sorte que l'ensemble avait la forme d'une main ouverte, suivant la comparaison expressive des anciens auteurs. Sur ce premier plancher, on en construisait un second, un peu surélevé, où les passagers et les marchandises se trouvaient à l'abri de l'eau de mer. Tous les assemblages étaient faits à l'aide de lianes flexibles ou de cordes d'agave. Les mâts et les antennes étaient en bois fin, les voiles en coton, les cordages en fibres d'agave ; une grosse pierre en forme de meule de barbier (*a manera de muela de barbero*) servait d'ancre. Celui qui dirigeait l'embarcation était assis à l'extrémité de la poutre centrale ; les rameurs se trouvaient en abord, car ces bateaux se manœuvraient à la rame et à la voile. Certains pouvaient transporter facilement 50 passagers et jaugeaient jusqu'à 30 tonneaux ; ils tenaient parfaitement la mer.

Une de ces *balsas* fut capturée au large de la côte de l'Ecuador, à la hauteur du cap de la Galera, un peu au nord du cap San Francisco, par Bartolomé Ruiz, envoyé en reconnaissance vers le sud par Pizarro et Almagro depuis l'embouchure du rio San Juan ou Patia.

Samanos nous a laissé l'inventaire complet du chargement de l'embarcation, qui ne laisse aucun doute sur le but commercial des navigateurs [Suit le texte original, en espagnol] :

Voici la traduction aussi exacte que possible de ce texte précieux :
« Les navigateurs transportaient beaucoup d'ornements d'argent
et d'or pour les échanger avec ceux avec lesquels ils allaient trafiquer ;
c'étaient des couronnes, des diadèmes, des ceintures, des bracelets,
des jambières, des devants de cuirasses, des pinces, des grelots, des
colliers et des rubans de grains et d'argent rouge, des miroirs garnis
d'argent, des tasses et récipients divers pour boire ; ils transportaient
aussi beaucoup de couvertures de laine et de coton, de chemises,
de vêtements de toute nature, pour la plupart décorés de riches
broderies grenat, cramoisies, bleues, jaunes et d'autres couleurs,
représentant des figurations variées d'oiseaux, d'animaux, de poissons
et d'arbres ; ils transportaient également de petites balances avec
leurs poids pour peser l'or, semblables à des balances romaines, et
bien d'autres objets ; quelques colliers avaient comme grains de
petites émeraudes, des calcédoines, et d'autres pierres ainsi que des
morceaux de cristal de roche et de résine de courbaril. Toutes ces
choses étaient destinées à être échangées contre des coquilles marines,
dont ils font des perles rouges comme le corail, ou blanches ; le
chargement du navire était presque entièrement composé de ces
coquilles. »

Introduction de la métallurgie au Mexique

Ce trafic, qui devait pourtant fatalement toucher les côtes de
Colombie, n'a pas eu d'influence visible sur la civilisation des peuples
qui y habitaient, comme il ressort des recherches effectuées par Linné
le long de cette côte. Ces tribus indiennes de culture inférieure, les

*Cet artisan moderne du rio Perené, en Amazonie péruvienne, a conservé la technique
traditionnelle de la fabrication des radeaux en balsa sur lesquels les Précolombiens
communiquaient entre eux le long des fleuves et en suivant les côtes. Les relations
entre le Mexique et les régions andines n'étaient possibles que par les voies maritimes.*

Chokó, ont formé écran entre les populations, beaucoup plus civilisées, de l'intérieur et les trafiquants du Pacifique. Les quelques objets péruviens, découverts dans des tombes préhispaniques de la vallée du Cauca, ont pu cependant être importés par leur intermédiaire, encore qu'il soit plus probable qu'ils y sont parvenus de la région andine de l'Ecuador. Les caboteurs ne pouvaient pas trouver chez les Chokó les conditions favorables à une pénétration pacifique, qu'ils trouvèrent chez les habitants de la côte occidentale de l'Amérique centrale et en particulier du Mexique. C'est par eux que la connaissance du bronze pénétra dans l'isthme de Panama, comme le pense Nordenskiöld, et que la métallurgie péruvienne fut introduite au Mexique.

Il est évident que ce transfert de connaissances complexes, par relations pacifiques, de nature essentiellement commerciale, ne s'est pas fait en un seul temps et qu'il fut le résultat d'une infiltration lente et progressive.

Comme nous savons que la métallurgie côtière péruvienne ne fut en pleine possession de tout son arsenal et de toutes ses techniques qu'au cours des périodes chimú moyenne et finale, c'est-à-dire sensiblement à partir du IXᵉ siècle, nous devons en inférer que le transport de cette industrie au Mexique n'a pu se réaliser qu'après cette date.

Nous savons, d'autre part, que le cuivre et l'or étaient inconnus au Mexique pendant la période de Teotihuacán et qu'à Monte Albán, le cuivre n'apparaît qu'à la période IV. Il est donc certain que la métallurgie mexicaine ne commence pas avant le XIᵉ siècle. De son côté, Spinden, dans ses belles recherches sur les anciennes civilisations de l'Amérique centrale et du Mexique, arrive à la conclusion que l'âge des métaux n'a pu commencer dans ces régions qu'entre l'an 600 et l'an 1100. Nous pensons que la première date, la plus ancienne, se rapporte à l'apparition de la métallurgie de l'or en Amérique centrale, que nous rattachons à la métallurgie colombienne, et la seconde date, la plus récente, à l'introduction de la métallurgie au Mexique, que nous rattachons à la métallurgie péruvienne.

De précieuses observations de Lothrop apportent un élément nouveau pour déterminer la date des communications culturelles entre le Pérou et l'Amérique centrale. Le savant américain a montré que deux disques d'or trouvés à Zacualpa, Haut Guatemala, sont d'origine péruvienne et présentent des caractères de la civilisation de Chavin, modifiés par une influence des styles Chimú moyen ou récent. Lothrop signale également, dans le trésor de Monte Albán, une couronne ornée d'une plume en or, semblable à des objets fabriqués au Pérou, présentant une décoration caractéristique du style de la dernière période Chimú, et d'un disque de cuivre analogue à des disques péruviens de la même période. Suivant Lothrop, le site de Zacualpa remonte soit à l'an 930, soit à l'an 1190. La Vᵉ période de Monte Albán, à laquelle appartiennent les objets d'origine péruvienne dont nous venons de parler, est beaucoup plus tardive puisqu'elle se place au début du XVIᵉ siècle environ.

Tous ces faits concordent remarquablement, surtout si l'on tient compe de l'incertitude de la chronologie sud-américaine, et nous pensons que l'on peut faire remonter les relations commerciales entre le Pérou et le Mexique au Xe siècle environ et l'introduction de l'industrie métallurgique péruvienne dans ce dernier pays au XIe siècle approximativement.

Les métaux chez les Mayas

Le monde maya paraît avoir eu une industrie métallurgique très rudimentaire. L'Ancien Empire ignorait le cuivre et même toute industrie métallurgique. Cependant, Stromsvík attribue à cette période deux fragments de figurines creuses en or et Joyce avec doute, deux grelots, en or également, dont l'un aurait été fabriqué par le procédé « à la cire perdue ».

Il est possible, sinon probable, que, dès cette époque, les Mayas aient reçu, par voie d'échange, des objets d'or d'origine exotique, comme cela est attesté à l'époque de la domination toltèque, où la plupart des bijoux rencontrés dans le *cenote* de Chichen Itza proviennent du Costa Rica, de Panama, de Colombie et du Mexique. Deux grelots-masques en cuivre, trouvés au Yucatan, ont certainement été importés du Mexique et vraisemblablement de la région d'Oaxaca. Le magnifique essor de l'industrie de l'or en Colombie, à Panama et au Costa-Rica, dont nous avons essayé de déterminer l'origine et la date approximative, devait faire de ces régions des centres importants d'exportation d'objets manufacturés, particulièrement appréciés par un peuple aussi avancé que les Mayas, mais qui, par une singulière contradiction, n'avait pas de métallurgie.

Les Mayas du Nouvel Empire n'ont vraisemblablement pas connu le bronze ; tout au moins, son emploi n'y a jamais été attesté. Tous les objets de cette période qui ont été soumis à une analyse sont en cuivre. Il en est de même d'une hache trouvée à Lubaantun, dans le Honduras britannique. Par contre, les Huastèques, sans doute du fait de leur contact avec les populations mexicaines, l'ont fréquemment utilisé.

Les Mayas du Nouvel Empire travaillaient l'or, mais nous ne savons pas s'ils savaient l'allier au cuivre ; ils connaissaient le coulage « à la cire perdue » et n'employaient l'argent qu'exceptionnellement. A Chipal, Alta Verapaz (Guatemala), les métaux n'apparaissent qu'à la période ultime qui correspond à la période finale de Chichen Itza au Yucatan, de la civilisation aztèque au Mexique central et de Monte Albán à Oaxaca, et, comme au Mexique, cette métallurgie apparaît, dès ses débuts, en possession d'un arsenal et d'une technique complexes : cuivre, alliages d'or et de cuivre, d'or et d'argent, coulage à la cire perdue et probablement mise en couleur.

Il semble que la métallurgie maya du Yucatan ne soit qu'un effet atténué de la métallurgie mexicaine, tandis qu'au Guatemala, l'influence directe des trafiquants péruviens a pu intervenir d'une façon plus discrète mais dans les mêmes conditions qu'au Mexique.

P. RIVET ET H. ARSANDAUX

SOURCES DES TEXTES CITÉS

BAUDIN, L., *L'Empire socialiste des Inkas*, 1928, Institut d'Ethnologie, Paris (p. 189-202).

CERAM, C.-W., *Le Premier Américain*. Traduction Denise Meunier, 1971, Fayard, Paris (p. 35-48 ; 84-97).

GALLEMKAMP, Ch., *Les Mayas : la découverte d'une civilisation perdue*. Traduction Robert Lartigau, 2ᵉ édition remaniée et revue, 1979, Payot, Paris (p. 157-166 ; 206-216).

HIBBEN, F.-C., *L'Homme primitif américain*. Traduction Bernard de Zélicourt, 1953, Payot, Paris (p. 136-152).

KEATINGE, R.-W. et DAY, K., « Chanchan », *Archaelogy*, vol. 27, n° 4 (p. 228-235).

LANDA, D. de, *Relacion de Las Cosas de Yucatan*, 1864, Paris. Traduction Guy Rachet (chap. v, vi, ix, x).

MOSTNY, G., « Le Petit garçon de la montagne de Plomb », in *Lady Wheeler : les grandes aventures de l'archéologie*, 1960. Traduction Éliette Vasseur, Robert Laffont, Paris (p. 217-227).

RIVET, P. et ARSANDAUX, H., *La Métallurgie en Amérique précolombienne*, 1946, Institut d'Ethnologie, Paris (p. 173-187).

SOUSTELLE, J., *Les Olmèques*, 1979, Arthaud, Paris (p. 23-29 ; 41-52). *L'Univers des Aztèques*, 1979, Hermann, Paris (p. 5-7 ; 94-111).

SPIER, E. et DAVIS, E.-H., *Ancient Monuments of the Mississipi Valley*, 1847, The Smithsonian Institution, Washington. Traduction Louis Frédéric (p. 14-16).

SQUIER, E.-G., *Peru : Incidents of Travel and Exploration in the Land of Incas*, 1877, Londres. Traduction Louis Frédéric (p. 464-475).

STEPHENS, J.-L., *Incidents of Travels in Central America : Chiapas and Yucatan*, 1843, Londres. Traduction Louis Frédéric (T. 1 : p. 118-123 ; 128-135 ; 289-307 — T. 2 : p. 420-431).

THOMPSON, J.-E.-S., *Grandeur et décadence de la civilisation Maya*. Traduction René Jouan, 1958, Payot, Paris (p. 96-102 ; 263-270).

WIENER, Ch., *Pérou et Bolivie, récit de voyage suivi d'études archéologiques et ethnologiques*, 1880, Hachette, Paris (p. 41-50 ; 61-68 ; 199-204 ; 208-219 ; 331-342).

SOURCES DES ILLUSTRATIONS

BIBLIOGRAPHIE
(outre les ouvrages utilisés dans le texte)

Bankes, G., *Peru before Pizarro*, Oxford et New York 1977.

Beuchat, H., *Manuel d'archéologie américaine*, A. Picard, Paris 1912.

Bosch-Gimpera, P., *L'Amérique avant Christophe Colomb*, Payot, Paris 1967.
   L'America precolombiana, Turin 1970.

Bushnell, G.-H.-S., *Le Pérou*, Arthaud, Paris 1966.

Canals Frau, S., *Préhistoire de l'Amérique*, Payot, Paris 1953.

Disselhoff, H.-D., *Les grandes civilisations de l'Amérique ancienne*, Arthaud, Paris 1963.

Disselhoff, H.-D. et Linné, S., *Amérique précolombienne*, Albin Michel, Paris 1961.

Fitting, J.-E., *The Development of North American Archaeology*, New York 1973.

Girard, R., *Le Popol Vuh, histoire culturelle des Maya-Quichés*, Payot, Paris 1972.

Jennings, J.-D. et Norbeck, E. (édit.), *Prehistoric Man in the New World*, Chicago 1964.

Karsten, R., *La civilisation de l'Empire Inca*, Payot, Paris 1979.

Kauffman-Duig, F., *La Cultura Chavin*, Lima 1963.

Kutscher, G., *Chimú, eine altperuanische Hochkultur*, Berlin 1950.

Larco-Hoyle, R., *Pérou* (Archaeologia Mundi) Nagel, Genève 1968.

Martin, P.-S., Quimby, G.-I., Collier, D., *Indians before Columbus*, Chicago 1947.

Metraux, A., *Les Incas*, Le Seuil, Paris 1961.

Radin, P., *Histoire de la civilisation indienne*, Payot, Paris 1935.

Rivet, P., *Cités Maya*, Guillot, Paris 1954.

Rivet, P. et Freund, G., *Mexique précolombien*, Neuchâtel 1954.

Sphani, J.-C., *Les Indiens des Andes*, Payot, Paris 1974.

Soustelle, J., *La vie quotidienne des Aztèques*, Hachette 1955.
   L'art du Mexique ancien, Arthaud, Paris 1966.
   Mexique (Archaeologia Mundi) Nagel, Genève 1967.

Thompson, J.-E., *La civilisation aztèque*, Payot, Paris 1934.

Villagra Caleti, A., *Bonampak, la ciudad de los muros pintados*, Mexico 1949.

Waldeck, J. de, *Voyage pittoresque et archéologique dans la province d'Yucatan et aux ruines d'Iztalane*, Paris 1838.

Willey, G.-R. et Sabloff, J.-A., *A History of American Archaeology*, Londres 1974.

CE VOLUME, DONT LA MAQUETTE ET LA RÉALISA-
TION TECHNIQUE SONT DE CLAUDE CHAPUIS ET
L'ICONOGRAPHIE DE MARIELLE COURTOIS, A ÉTÉ
ACHEVÉ D'IMPRIMER LE 20 AVRIL 1982 SUR LES
PRESSES DE MAURY, MALESHERBES. NUMÉRO
D'ÉDITEUR : 9827 – NUMÉRO D'IMPRIMEUR :
D 82/11409 – DÉPÔT LÉGAL : MAI 1982.

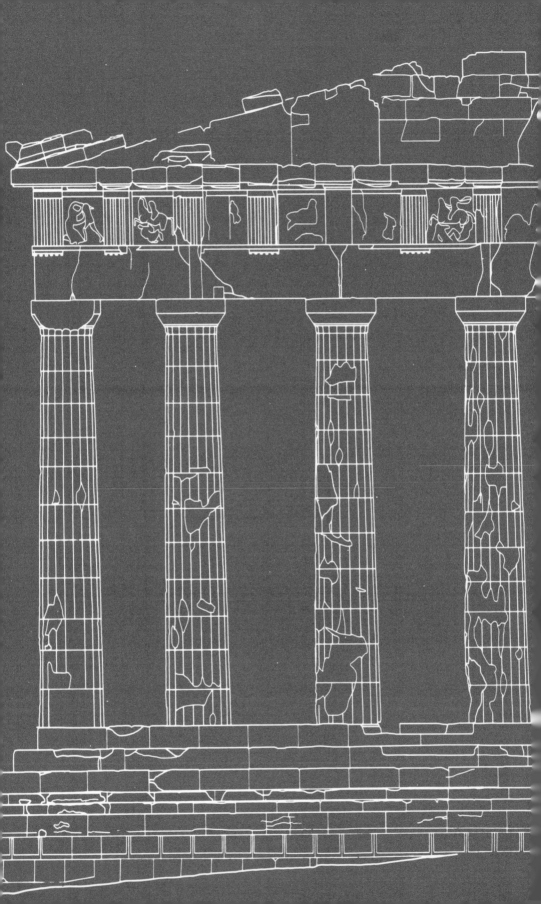